Springer-Lehrbuch

Springer
*Berlin
Heidelberg
New York
Barcelona
Budapest
Hongkong
London
Mailand
Paris
Santa Clara
Singapur
Tokio*

Gunter Stephan · Michael Ahlheim

Ökonomische Ökologie

Mit 26 Abbildungen
und 5 Tabellen

Springer

Abteilung Angewandte Mikroökonomik
Gesellschaftsstr. 49
CH-3012 Bern, Schweiz

Professor Dr. Michael Ahlheim
Brandenburgische Technische Universität Cottbus
Lehrstuhl für Umweltökonomie, Fakultät 4
Karl-Marx-Str. 17
D-03013 Cottbus

Die Deutsche Bibliothek - CIP-Einheitsaufnahme

Stephan, Gunter:
Ökonomische Ökologie : mit 5 Tabellen / Gunther Stephan ;
Michael Ahlheim. - Berlin ; Heidelberg ; New York ;
Barcelona ; Budapest ; Hongkong ; London ; Mailand ; Paris ;
Santa Clara ; Singapur ; Tokio : Springer, 1996
(Springer-Lehrbuch)
ISBN-13:978-3-540-61168-4   e-ISBN:978-3-642-61464-4
DOI: 10.1007/978-3-642-61464-4
NE: Ahlheim, Michael:

Dieses Werk ist urheberrechtlich geschützt. Die dadurch begründeten Rechte, insbesondere die der Übersetzung, des Nachdruckes, des Vortrags, der Entnahme von Abbildungen und Tabellen, der Funksendungen, der Mikroverfilmung oder der Vervielfältigung auf anderen Wegen und der Speicherung in Datenverarbeitungsanlagen, bleiben auch bei nur auszugsweiser Verwertung, vorbehalten. Eine Vervielfältigung dieses Werkes oder von Teilen dieses Werkes ist auch im Einzelfall nur in den Grenzen der gesetzlichen Bestimmungen des Urheberrechtsgesetzes der Bundesrepublik Deutschland vom 9. September 1965 in der jeweils geltenden Fassung zulässig. Sie ist grundsätzlich vergütungspflichtig. Zuwiderhandlungen unterliegen den Strafbestimmungen des Urheberrechtsgesetzes.

© Springer-Verlag Berlin Heidelberg 1996

Die Wiedergabe von Gebrauchsnamen, Handelsnamen, Warenbezeichnungen usw. in diesem Werk berechtigt auch ohne besondere Kennzeichnung nicht zu der Annahme, daß solche Namen im Sinne der Warenzeichen- und Markenschutz-Gesetzgebung als frei zu betrachten wären und daher von jedermann benutzt werden dürften.

SPIN 10486965   42/2202-5 4 3 2 1 0 - Gedruckt auf säurefreiem Papier

Vorwort und Dank

Ökonomische Ökologie - was ist das, mögen viele nach einem flüchtigen Blick auf den Einband dieses Buches fragen. Hervorgegangen aus "Mit Ökonomie Ökologie verstehen" soll dieser Titel Eindrücke und Erfahrungen umreißen, die wir in den letzten Jahren in der Forschung und Lehre, vor allem aber in vielen Diskussionen über Umweltprobleme in und außerhalb der Universität gewonnen haben.

Beide unterrichten wir Umweltökonomie in Studiengängen mit interdisziplinärem Profil. Beiden ist uns in Gesprächen mit Kollegen, Fachleuten und Studierenden aufgefallen, welch erstaunlicher Wandel sich vollzogen hat, wenn die Bedeutung einzelner Fachdisziplinen für die Lösung von Umweltproblemen beurteilt wird. War früher in der Öffentlichkeit die Meinung vorherrschend, die Auseinandersetzung mit der Umweltproblematik sei primär eine naturwissenschaftlich-technische, medizinische und bestenfalls noch eine juristische Aufgabe, so wird in jüngster Zeit gefordert, daß gerade die Ökonomie einen entscheidenden Beitrag zur Bewältigung von Umweltproblemen leisten müsse.

Wir halten diese Forderungen für berechtigt. Schließlich gibt es zwei Arten von Wissen über Umweltprobleme: das Verständnis einerseits, daß menschliches Handeln zu Umweltbelastungen führt, und die Kenntnisse darüber andererseits, wie umweltschädigendes Verhalten vermieden und besser mit der Natur gehaushaltet werden kann. Ohne ökologische Grundprinzipien zu verstehen, kann niemand ernsthaft über Umweltprobleme und ihre Lösung diskutieren. Ebensowenig darf das in der ökonomischen Theorie vorhandene Wissen darüber, was menschliches Handeln bestimmt und wie Verhalten beeinflußt werden kann, brach liegen, sondern muß in den Dienst einer auf Lösungen ausgerichteten Umweltpolitik gestellt sein.

Doch die ideale, die beste Umweltpolitik kann es nicht geben. Die Welt, in der wir leben, zwingt uns zu Behelfsmaßnahmen; zwingt uns, zwischen verschiedenen, mehr oder weniger unvollkommenen Instrumenten zu wählen. Und wir können nicht warten, bis Ursachen mit letzter Gewißheit bekannt sind. Im Gegenteil, Lösungen müssen auf Grund von Teilkenntnissen erarbeitet werden. Ob sie richtig sind, wird erst die Zukunft zeigen. Dies gilt nicht erst in der praktischen Umweltpolitik, sondern bereits für die theoretische Auseinandersetzung mit Umweltproblemen. Eine Aufgabe der Wissenschaften ist es daher, durch sorgfältige Analyse die Wahrscheinlichkeit von Fehlentscheidungen so gering wie möglich zu halten.

Wissenschaftliches Arbeiten setzt stets Abstraktion, damit Vereinfachungen und Verkürzungen der Realität, voraus. Jedes Ergebnis, so elegant und logisch bestechend es auch sein mag, ist nur ein Schritt auf dem Weg zur Meisterung der Umweltkrise. Deduktion und Verallgemeinerung sind deshalb nicht Selbstzweck, sondern notwendige Elemente des Erkenntnisprozesses, und Modelle und Theorien sind das Bindeglied zwischen Beobachten und Verstehen. Die Auseinandersetzung mit dieser Problematik und Komplexität ist ein Ziel dieses Buches.

Vor allem soll aber Interesse für ökonomische Beiträge und deren Stellenwert in der Umweltdiskussion geweckt werden. Daß das, was wir schätzen, im allgemeinen etwas kostet und daher einen Preis hat, ist den meisten verständlich. Dieses Prinzip auf die Umwelt anzuwenden, stößt aber häufig auf Widerstand, ebenso wie die Aussage oft Unverständnis auslöst, Preise beeinflußten und lenkten das menschliche Verhalten. Umdenken beim Umweltschutz ist aber dringend gefordert. Denn trotz enormer Anstrengungen ist es nicht gelungen, die Umweltbelastung allgemein zu senken, und immer noch bestehen in unserer Gesellschaft merkwürdige Gegensätze: Obwohl heute mehr für die Umwelt getan wird als je zuvor, ist die Meinung weit verbreitet, es geschehe zu wenig. Obwohl wir uns durch den Verlust an Natur bedroht fühlen, bestimmt dieses Gefühl selten unser tägliches Handeln.

Wie eigenverantwortliches Handeln gefördert und Strukturen geschaffen werden können, die es dem einzelnen ermöglichen, sich zu entfalten und gleichzeitig das Wohl aller zu bewahren, sind Fragen an die moderne wirtschaftswissenschaftliche Forschung. Einsichten in wirtschaftliche Prozesse zu gewinnen mit dem Ziel, die Umwelt besser zu schützen, ist der Gegenstand der Umweltökonomie. Dies zu vermitteln, ist ein weiteres Anliegen unseres Buches. Dabei wenden wir uns nicht an die spezialisierte Leserschaft, sondern in erster Linie an Studierende, interdisziplinär arbeitende Kolleginnen und Kollegen und interessierte Laien. Entsprechend haben wir eine Darstellungsform gewählt, die so wenig wie möglich an fachspezifischem Wissen voraussetzt und soweit wie möglich ohne formalen Apparat auskommt.

Ohne die Unterstützung durch andere entsteht kein Buch. Dank schulden wir unseren Studierenden an den Universitäten Bern, Stuttgart-Hohenheim und Cottbus, aber auch unseren Mitarbeiterinnen, Mitarbeitern und Kollegen. Insbesondere sei Eliane Känel, Georg Müller-Fürstenberger, Pascal Previdoli, Jürgen Schneider, Karin Gross-Stephan und Sylvia Steffen gedankt.

Bern, Cottbus im Februar 1996   Gunter Stephan, Michael Ahlheim

GLIEDERUNG

1.	Einführung, Abgrenzung und Motivation	1
1.1	Neue Probleme, veränderte Wahrnehmung	1
1.2	Wissenschaftliche Erkenntnisse und Fortschritt	3
1.3	Schwierigkeiten und Probleme beim Umweltschutz	4
1.4	Umweltmoral, Handeln und individuelle Rationalität	7
1.5	Ökonomische Ökologie: Handeln durch ökonomische Anreize	10
Teil I:	Ökologische und ökonomische Grundlagen	
2.	Ökologische Grundlagen	17
2.1	Das Ökosystem und der Stoffhaushalt	18
2.1.1	Ökologische Kreisläufe und ökonomische Systeme	19
2.1.2	Der Materialbilanzansatz	21
2.1.3	Quantitative Ursachen des Umweltproblems	22
2.2	Qualitative Aspekte: Eine thermodynamische Betrachtung	25
2.2.1	Entropie und freie, verfügbare Energie	26
2.2.2	Entropie, Ordnung und Konzentration	29
2.3	Anwendungen entropietheoretischer Betrachtungen	31
2.3.1	Ressourcenextraktion, Energiebedarf und Entropiefluß	32
2.3.2	Wirtschaftliches Handeln und Entropie	33
2.3.3	Entropie und Umweltbelastung	35
2.4	Schlußfolgerungen	37
2.5	Exkurs: Eine Formalisierung entropietheoretischer Überlegungen	40
3.	Ökonomische Grundlagen	44
3.1	Knappheit und der Erste Hauptsatz der Wohlfahrtstheorie	46
3.1.1	Mikroökonomische Grundlagen	48
3.1.2	Märkte und pareto-effiziente Allokationen	51
3.2	Private und öffentliche Güter, externe Effekte und Common Pools	55
3.3	Externe Effekte und Marktversagen	59
3.4	Theoretische Begründung für marktwirtschaftliche Umweltpolitik	62
3.5	Exkurs: Pareto-Ineffizienz bei externen Effekten	64

Teil II: Prinzipien der Umweltpolitik und Instrumente

4.	Umweltmoral, Kooperation und Staat	69
4.1	Handelbare Emissionsrechte	70
4.2	Das Theorem von Coase	72
4.2.1	Aussage und Voraussetzung	73
4.2.2	Kritik und Probleme bei der Anwendung	74
4.2.2.1	Transaktionskosten	74
4.2.2.2	Informationsaspekte	75
4.2.2.3	Öffentliche-Gut-Problematik	75
4.2.2.4	Das Verursacherprinzip	76
4.2.2.5	Überwachung und Staat	77
4.3	Demokratie und Umweltschutz	78
4.3.1	Politische Märkte und freiwillige Kooperation	79
4.3.2	Wahrnehmung, Bewußtsein und Handeln	81
4.4	Kriterien der Umweltpolitik	85
5.	Anreize und umweltpolitische Instrumente	89
5.1	Auflagen, Abgaben und Zertifikate	90
5.1.1	Auflagen	92
5.1.2	Abgaben	93
5.1.3	Zertifikate	95
5.2	Bewertung der Instrumente	97
5.2.1	Ökonomische und ökologische Effizienz	97
5.2.2	Dynamische Anreizwirkungen	100
5.2.3	Transaktionskosten, Staatshaushalt und Verteilung	101
5.3	Umweltmoral und polit-ökonomische Folgerungen	103
5.4	Ökobonus und Ökosteuern	107
5.5	Exkurs: Auflagen, Abgaben und Zertifikate in einer idealen Welt	108

Teil III: Umweltschutz, staatliche Eingriffe und Bewertung

6.	Die ökonomische Bewertung von Umweltschutz: Einführende Überlegungen	117
6.1	Die Bedeutung ökonomischer Bewertungen	119
6.2	Die Struktur ökonomischer Bewertungsanalysen	121
6.2.1	Individuelle Wohlfahrtmessung	122
6.2.2	Gesellschaftliche Vorteilhaftigkeit	125
6.3	Die Gesamtbewertung umweltpolitischer Projekte	128
6.3.1	Exakte Wohlfahrtsmessung im Umweltbereich	128
6.3.2	Pragmatische Ansätze zur Bewertung von Umweltprojekten	130

7.	Die ökonomische Bewertung von Umweltschutz: Eine detaillierte Analyse	135
7.1	Die Bewertung von Marktpreiseffekten	135
7.1.1	Komparativ-statische Analysen	136
7.1.2	Intertemporale Aspekte	141
7.1.3	Risiko	145
7.2	Die Bewertung von Änderungen der Umweltqualität	150
7.2.1	Indirekte Methoden der Bewertung von Umweltgütern	154
7.2.1.1	Schwache Komplementarität	154
7.2.1.2	Reisekostenmethode und Haushaltsproduktionsansatz	156
7.2.1.3	Hedonische Preise	159
7.2.2	Die direkte Bewertung: Die Kontingente Evaluierung	162
8.	Anhang: Definitionen und Erläuterungen	171
8.1	Ein einfaches Haushaltsmodell	171
8.2	Die Hicks-Maße	172
8.3	Aggregation	175
8.4	Die Zerlegung der Hicks-Maße	175
8.5	Hicks-Maße und die Kosten-Nutzen-Analyse	176
8.6	Hicks-Maße und vorab-spezifizierte Nutzenfunktionen	179
8.7	Hicks-Maße als Integrale über Hicks-Nachfragefunktionen	180
8.8	Intertemporale Wohlfahrtsmessung	181
8.9	Die Bewertung von Änderungen der Umweltqualität	183
8.10	Änderungen der Umweltqualität und schwache Komplementarität	184
9.	Literaturhinweise	185

1. EINFÜHRUNG, ABGRENZUNG UND MOTIVATION

Umfragen in der Europäischen Union (EU) zeigen, daß dort in der Beseitigung der Arbeitslosigkeit und dem Erhalt der natürlichen Lebensgrundlagen die zentralen Herausforderungen der nahen Zukunft gesehen werden. 72% der Bevölkerung aller EU-Länder schätzt den Umweltschutz sogar als ein "dringendes und sofort zu lösendes Problem" ein (siehe Umweltbundesamt 1989). Tatsächlich vergeht kaum ein Tag, an dem nicht in der Presse über die Belastung, ja sogar die Zerstörung der Umwelt berichtet wird, und Worte wie Waldsterben, Klimakatastrophe oder Müllnotstand sind denn auch weniger geeignet, Tatbestände objektiv zu beschreiben, als vielmehr auszudrücken, wie sehr wir uns durch den potentiellen Verlust unserer natürlichen Umwelt bedroht fühlen.

Doch Umweltprobleme sind nicht erst ein Phänomen unserer Zeit. Umweltprobleme haben die Menschheit schon immer begleitet, und sie haben die Entwicklung der menschlichen Gemeinschaft nachhaltig beeinflußt. Auch werden die Eingriffe des Menschen in die Natur und die fortschreitende Erschöpfung der natürlichen Ressourcen nicht erst heute wissenschaftlich erforscht, sondern sind seit langem Gegenstand der wissenschaftlichen Diskussion.

Schon die Klassiker der ökonomischen Literatur wie beispielsweise Malthus (1798) mit seiner Bevölkerungstheorie, Ricardo (1817) mit der Theorie der Bodenrente, oder Jevons (1871) mit der Erkenntnis, daß Produktion mit umweltbelastenden Emissionen verbunden ist, haben die Umwelt explizit in ihre Betrachtungen einbezogen. Bereits 1895 erließ Preußen eine "Technische Anleitung Luft", um die massive Beeinträchtigung der Lebensqualität in Ballungsgebieten durch Schwefeldioxid und Ruß zu bekämpfen. Erste wissenschaftliche Hinweise darauf, daß der Verbrauch von Kohle als Energieträger zu einer Anreicherung von Kohlendioxid (CO_2) in der Atmosphäre und einer globalen Erwärmung führen könne, datieren auf das Ende des letzten Jahrhunderts. Aus derselben Zeit stammen übrigens auch Forderungen, Energieressourcen rationell zu verwenden, ohne dadurch die Wohlfahrt der kommenden Generationen übermäßig zu beeinträchtigen (siehe Müller-Fürstenberger 1995). Heute würden wir in diesem Zusammenhang von nachhaltigem Wachstum und intergenerativer Gerechtigkeit sprechen.

1.1 Neue Probleme, veränderte Wahrnehmung

Wenn trotzdem die Meinung vorherrscht, die Zerstörung der Umwelt und die Verschwendung von Ressourcen seien Phänomene unserer Zeit, so hat dies unter anderem drei Gründe. Erstens ist früher die Bedeutung von Umweltproblemen nicht ins Bewußtsein der breiten Allgemeinheit vorgedrungen. Umwelt- und Ressourcenprobleme wurden, wenn überhaupt, nur in kleinen, meist akademischen Zirkeln diskutiert. In der Öffentlichkeit dagegen entstand um die Jahrhundertwende, insbesondere aber nach dem Zweiten Weltkrieg der Eindruck, der naturwissenschaftlich-technische Fortschritt ermögliche langfristig jedes, auch das Umweltproblem zu beherrschen. Zweitens nehmen wir heute Umweltprobleme in bisher nicht gekannten Dimensionen, von neuer Qualität und in globalem Ausmaß wahr. Und schließlich haben in den hochentwickelten Industriestaaten viele Menschen einen Grad an materieller Versorgung erreicht, der sie sich fragen läßt: Was nutzt noch mehr materieller Wohlstand, wenn der Preis dafür große, negative Veränderungen der Natur sind, und damit verbunden Lebensqualität verloren geht?

Wie sich in unserer Gesellschaft die Einschätzung von Umweltproblemen und die Einstellung der Umwelt gegenüber geändert hat, drückt sich auch im Wandel aus, den die umweltpolitische Diskussion in den letzten zwanzig Jahren durchlaufen hat. Noch zu Beginn der siebziger Jahre wurden Umweltbelastung und Umweltzerstörung als Probleme wahrgenommen, die typischerweise in industrialisierten Ballungsräumen auftreten. Vor allem aber wurde die Umweltpolitik von der Vorstellung bestimmt, negative Einwirkungen auf die Umwelt ließen sich, wenn auch mit enormem Aufwand, durch den Einsatz geeigneter Technologien beseitigen. Der Staat müsse nur die entsprechenden Gesetze erlassen, dann würden in genügendem Umfang Anlagen gebaut, in denen Schad- und Abfallstoffe entsorgt werden: Abwässer werden in Kläranlagen, Abgase durch Filter und Katalysatoren gereinigt, Abfälle werden verbrannt und deponiert.

Der ehemals unbedingte Glaube an die Beherrschbarkeit der Umwelt ist heute einer eher nüchternen Einschätzung, in einigen Fällen sogar einem prinzipiellen Zweifel an unseren technischen Möglichkeiten gewichen. Es ist offensichtlich geworden, daß der technische, der nachsorgende Umweltschutz langfristig betriebs- und volkswirtschaftlich zu teuer ist. Solche Anlagen zu betreiben, ist meist energieintensiv und daher kostspielig. Je mehr produziert und konsumiert wird, desto mehr Entsorgungskapazitäten müssen bereitgestellt, desto mehr Produktionsfaktoren, desto mehr Energie und Kapital muß für die Entsorgung aufgewendet werden. Diese knappen Faktoren sind dann im eigentlichen Wirtschaftskreislauf nicht mehr verfügbar, was langfristig negativ auf die wirtschaftliche Entwicklung wirkt. Damit mündet der nachsorgende Umweltschutz in einen Teufelskreis. Auf der einen Seite müssen die Entsorgungsleistungen ständig erhöht werden. Auf der anderen Seite ist die Volkswirtschaft langfristig nicht mehr in der Lage, die dazu notwendigen Mittel aufzubringen.

Es wäre aber auch ökologisch zu teuer, die Umwelt nur auf diese Weise schützen zu wollen. Entsorgungsanlagen, die der Produktion und dem Konsum nachgeschaltet sind, lassen die Emissionen nicht verschwinden. Dies ist physikalisch nicht möglich. Sie werden lediglich in andere Zustandsformen umgewandelt. Dank dieser Aggregatsänderung können sie in der Regel dann zwar leichter in die Natur gebracht, müssen dort aber gleichwohl umweltbelastend abgelagert werden. Auf diese Weise werden Umweltprobleme nicht gelöst, sondern nur zwischen den Umweltmedien Luft, Wasser und Boden hin und her geschoben.

Schließlich ist die öffentliche Auffassung, Umweltprobleme seien lokal begrenzt und man erkenne sie an stinkenden Müllhalden, verschmutzten Gewässern und schlechter Luft, heute der erschreckenden Erkenntnis gewichen, daß Umweltbelastungen eine globale und allgegenwärtige Bedrohung darstellen.

1.2 Wissenschaftliche Erkenntnisse und Fortschritt

Die Gründe für dieses veränderte Umweltbewußtsein sind auch darin zu finden, daß sich unser Wissen um und die wissenschaftlichen Erkenntnisse über Umweltprobleme im Vergleich zur Vergangenheit drastisch verändert haben. Beispielsweise hat uns die verbesserte Meß- und Analysemethodik erst auf Umweltprobleme, deren Auswirkungen und Ursachen aufmerksam gemacht, die vorher gar nicht erkannt oder aber als harmlos eingeschätzt wurden. So galten FCKWs (Fluorchlorkohlenwasserstoffe) lange Zeit als unproblematische Kühl- oder Schäummittel, bis belegt wurde, daß diese maßgeblich an der Zerstörung der Ozonschicht beteiligt sind.

Gleichzeitig hat die Wissenschaft erkannt, daß Konzepte, Vorstellungen und Arbeitsweisen, die über Jahrzehnte als erfolgbringend angesehen wurden, nicht zwangsläufig geeignet sein müssen, das komplizierte Wechselspiel zwischen menschlichen Tätigkeiten und ökologischen Auswirkungen adäquat zu erfassen. So ist heute klar: Mit einseitigem Spezialistentum allein ist die Wissenschaft der ökologischen Herausforderung nicht gewachsen. Umweltprobleme sind zu vielschichtig und zu komplex. Unvoreingenommenheit und vor allem die Bereitschaft, über Fachgrenzen hinaus zusammenzuarbeiten, sind unverzichtbar für die Bewältigung dieser Aufgabe.

Aber auch innerhalb der einzelnen Fachdisziplinen entwickelte sich ein neues Problembewußtsein. In der Folge davon kam und kommt es immer noch zu neuen Sichtweisen und einem immer besseren Verständnis ökonomisch-ökologischer Zusammenhänge. Beispielsweise haben Ayres und Kneese (siehe hierzu Ayres und Kneese 1989) schon in den frühen Siebzigern die aus der Wachstumstheorie stammende Vorstellung, nur mit Kapital und Arbeit allein könne produziert werden, dahingehend weiterentwickelt, daß sie Produktion und Konsum als die kontrollierte Umwandlung von Energie und Materie auffaßten.

Diese Definition stellt deshalb eine entscheidende Verbesserung dar, weil sie auf zwei zentrale Funktionen der Umwelt aufmerksam macht. Erstens müssen Energie und Materie aus der Umwelt gewonnen werden, um überhaupt produzieren und konsumieren zu können. Die Umwelt hat also die Funktion, Rohstoffe zu liefern. Zweitens gehen bei der Produktion oder dem Konsum weder Materie noch Energie verloren. Materie und Energie werden deshalb zwangsläufig nach der Nutzung wieder an die Umwelt zurückgegeben. Diese beiden Funktionen der Umwelt sind wie zwei Seiten einer Münze: Alles, was Menschen an Energie und Materie der Umwelt entnehmen, kehrt irgendwann und irgendwie auch wieder in diese zurück.

Doch auch diese Sichtweise hat Grenzen, denn sie erfaßt nur die quantitativen Aspekte wirtschaftlichen Handelns. Unberücksichtigt bleiben die qualitativen Änderungen, die der Konsum und die Produktion an Materie und Energie selbst auslösen. Wie uns die Realität nämlich lehrt, wird durch Gebrauch aus ehemals wertvollen Rohstoffen Abfall, aus nutzbarer Energie Abwärme. Dabei ändert sich die Qualität so, daß wirtschaftliche Tätigkeit nicht in einen immerwährenden Kreislauf münden kann, in dem Güter aus Abfällen und Emissionen vollständig reproduziert werden.

Qualitative Änderungen und die Unmöglichkeit vollständiger Kreislaufproduktion treten in der ökonomischen Analyse klar hervor, wenn weitere Konzepte aus der Physik verwendet werden, um wirtschaftliche Tätigkeiten zu charakterisieren (siehe dazu Faber, Niemes und Stephan 1987, 1995). Entropietheoretische Überlegungen verdeutlichen, warum wirtschaftliches Handeln unausweichlich zu qualitativen Änderungen an Materie und Energie führt. Denn nach dem Entropiegesetz wird bei jeder wirtschaftlichen Aktivität nur ein Teil der in den Inputs gespeicherten Energie und Rohstoffe in den gewünschten Output umgesetzt. Der Rest geht einer neueren Nutzung unwiederbringbar verloren.

Wirtschaftliches Handeln ist untrennbar mit einem Strom an Emissionen verbunden. Bei den Technologien, die heute im großtechnischen Maßstab verwendet werden, bedeutet wirtschaftliches Wachstum deshalb, daß immer mehr Energie und Ressourcen in den Wirtschaftskreislauf eingespeist werden und damit den Fluß an Schad- und Abfallstoffen in die Umwelt erhöhen. Die Umwelt besitzt aber nur in begrenztem Umfang die Fähigkeit, Schad- und Abfallstoffe aufzunehmen und zu verarbeiten. So besteht die Gefahr, daß die natürlichen Entsorgungskapazitäten überschritten werden und das ökologische System irreversibel geschädigt wird. Ohne eine funktionsfähige Umwelt, ohne die Möglichkeit, Rohstoffe aus der Umwelt zu beziehen und belastende Abfallstoffe auf natürlichem Weg zu entsorgen, ist aber Wirtschaften selbst auf niedrigstem Niveau nicht möglich.

1.3 Schwierigkeiten und Probleme beim Umweltschutz

In dieser Situation ist ein Umdenken zugunsten eines flexiblen, kostengünstigen und innovationsfördernden Umweltschutzes gefordert. Neue, emissionsarme Produkte und Techniken müssen erdacht, zur Anwendungsreife gebracht und durch gezielte Anreize gefördert werden. Das Umweltbewußtsein und die Bereitschaft des Einzelnen, umweltverantwortlich zu handeln, sollten gestärkt werden. Gesetze müssen im Hinblick auf ihre Umweltrelevanz geprüft und ausgestaltet werden.

Warum aber wird der eben gestellte Forderungskatalog nicht unverzüglich umgesetzt? Nach unserem Dafürhalten gibt es hierfür im wesentlichen vier Gründe (siehe dazu Faber und Stephan 1987):

(1) Mangelnde Kenntnisse über ökologische Wirkungszusammenhänge und fehlende Informationen über Handlungsalternativen.

Die Einsicht, handeln zu müssen, geht in der Regel mit einer Identifikation von Umweltproblemen und der Erkenntnis einher, daß gewohnte Handlungsabläufe die Umwelt beeinträchtigen (siehe Gessner und Kaufmann 1995). Häufig wissen wir aber gar nicht, wann wir uns umweltschädigend verhalten und wann nicht, und welche Möglichkeiten wir haben, Emissionen und damit Umweltbelastungen zu vermeiden. Denn auch heute fehlen noch wesentliche Daten über die Umwelt, und ökologische Wirkungszusammenhänge sind nur zum Teil wissenschaftlich geklärt. Einerseits liegt dies daran, daß wir es uns nicht leisten können, mit der Umwelt wie in einem Labor zu experimentieren. Andererseits resultieren Umweltbelastungen häufig aus zeitlich weit zurückliegenden Schadstoffemissionen, deren Quellen sich nicht mehr eindeutig bestimmen lassen.

Schließlich sind die heutigen Produktions- und Konsumstrukturen entwickelt worden, ohne auf die Natur ausgerichtet zu sein und ihren Schutz zu berücksichtigen. Dies ist nur zu verständlich, lag unser Bestreben doch darin, die Wirtschaftlichkeit von Produktion und Konsum zu steigern. Entsorgung ist da nur ein notwendiges Übel, aus dem unmittelbar kein Nutzen gezogen werden kann. Entsprechend erheblich sind die Diskrepanzen, die in modernen Volkswirtschaften zwischen der Versorgungs- und der Entsorgungsseite bestehen (siehe Stephan 1995b): Während die Produktion und die Vermarktung von Gütern technisch, organisatorisch und logistisch gut ausgebaut ist und unter Wirtschaftlichkeitsbedingungen betrieben wird, bestimmen in der Entsorgung Zufälligkeiten und Unordnung die Stoffflüsse, nutzt die Entsorgung rudimentäre Techniken und folgt dem staatlichen Anordnungszwang. Einer hochentwickelten Produktions-, Dienstleistungs- und Konsumwirtschaft steht eine unterentwickelte Entsorgungsstruktur gegenüber.

Doch selbst wenn uns die ökologischen Konsequenzen unseres Handelns bewußt sind, verhalten wir uns häufig nicht dementsprechend. Neben mangelnden Kenntnissen darüber, wie Umweltbelastungen vermieden werden können, spielt folgendes eine entscheidende Rolle:

(2) Umweltschutz greift in die wirtschaftliche Entwicklung ein und berührt die Einkommens- und Vermögensverhältnisse.

Verlieren zum Beispiel als Folge von Umweltschutzmaßnahmen gewisse Produkte an Wettbewerbsfähigkeit und können nur noch erschwert am Markt abgesetzt werden, oder müssen Produktionsverfahren massiv geändert und sogar aufgegeben werden, dann besteht die Gefahr, daß die entsprechenden Betriebe schließen und Arbeitsplätze verloren gehen. Es ist nur zu verständlich, wenn sich die Betroffenen zur Wehr setzen, selbst wenn sie den Umweltschutz eigentlich befürworten. Ähnliches gilt, wenn eine staatliche Behörde Preise korrigiert, beispielsweise durch eine Abgabe auf Benzin. Häufig wird eingewendet, solche Maßnahmen seien unsozial, weil sie hauptsächlich die Armen träfen und die Reichen sich nach wie vor umweltschädliches Verhalten leisten könnten.

Erschwerend wirkt weiterhin, daß die meisten Menschen ihr Denken am Bestehenden orientieren. Sicher ist es schwierig, Traditionen und bewährte Gewohnheiten aufzugeben, um sich auf Neues, Unbekanntes und damit auch Riskantes einzulassen. Doch Umdenken, Flexibilität und die Bereitschaft, Neuerungen für die Umwelt zu wagen, sind dringend geboten.

(3) Umweltschutz erfordert häufig institutionelle Änderungen und/oder Erneuerungen des bestehenden Rechts.

Voraussetzung für rationales und erfolgreiches Handeln ist, daß Probleme erkannt und Zielsetzungen evaluiert wurden sowie eine Einigung über geeignete Maßnahmen erzielt wird. Bevor also Umweltschutz praktiziert werden kann, hat eine Gesellschaft eine Reihe von Vorleistungen zu erbringen (siehe hierzu nochmals Faber und Stephan 1987): Zunächst müssen die naturwissenschaftlichen Grundlagen soweit wie möglich erforscht, die Schädlichkeit von Emissionen ermittelt sowie Grenzwerte für Emissionen und Immissionen festgelegt werden. Darauf aufbauend sollten die politischen Entscheidungsgremien die umweltpolitischen Ziele formulieren. Anschließend müssen Ökonomen und Juristen überlegen, wie diese Ziele im bestehenden System unter den herrschenden Rahmenbedingungen erreicht werden können, und wie gegebenenfalls eine entsprechende Gesellschafts- und Rechtsinnovation gestaltet werden muß. Schließlich ist es die Aufgabe der Politiker, die Akzeptanz solcher Regulierungen sicherzustellen, und die der Behörden, diese dann auch zu vollziehen und durchzusetzen.

Gerade dem letzten Schritt fällt besondere Bedeutung zu. Dem Einzelnen muß unabhängig von philosophischen Positionen eine Handlungsorientierung gegeben werden, die es ihm ermöglicht, im Fall von Wertkonflikten abzuwägen und bestimmte Verhaltensweisen als problematisch einschätzen zu können. Weiterhin macht diese Liste klar: Die Umsetzung von umweltpolitischen Maßnahmen benötigt in Demokratien einen langen Atem. Tatsächlich ist es wichtig, auf eine langfristige Perspektive zu setzen. Zum einen sind Umweltschäden in der Regel nicht das Ergebnis einer einmaligen Belastung, sondern einer über viele Jahre andauernden Überlastung des ökologischen Systems. Zum anderen benötigt jedes ökonomische System Zeit, um den notwendigen Umbau und die notwendige Umstrukturierung zu vollziehen (siehe Stephan 1989). Gerade wegen dieses Zeitbedarfs dürfen wir es uns in der Umweltpolitik nicht erlauben, zögerlich und kurzsichtig zu agieren. Im Gegenteil, wir müssen den Mut aufbringen, Entscheidungen zu fällen, ohne letzte Gewißheit über Wirkungszusammenhänge zu besitzen. Das heißt:

(4) Umweltschutz erfordert eine langfristige Perspektive und setzt die Fähigkeit voraus, auch unter Unsicherheit handeln zu können.

Wir sollten also offen sein für neue Erkenntnisse und flexibel auf Änderungen reagieren. Es dürfte allerdings schwierig sein, diese Forderung in den bestehenden politischen Strukturen zu erfüllen. Dies liegt nicht nur am wahltaktischen Verhalten von Politikern und Politikerinnen, die angeblich den kurzfristigen Opportunismus pflegen, nur um ihre Wiederwahl zu sichern. Es liegt vor allem an unserem persönlichen Entscheidungsverhalten. Menschen sind meist durch Kurzsichtigkeit, durch eine systematische Minderschätzung ihrer eigenen, künftigen Bedürfnisse und eine entsprechende Ungeduld gekennzeichnet. Haben Individuen eine hohe Umweltmoral, so folgt daraus meist eine starke Präferenz für sofortiges und rasch wirksames Handeln (siehe Stephan, Steffen und Wiedmer 1994). Ein hohe Umweltmoral muß deshalb nicht dazu führen, daß die auf lange Sicht ökologisch sinnvollste und ökonomisch wirksamste Maßnahme gewählt wird, wie man vermuten könnte: Schnelles Handeln mag in einigen Fällen durchaus erwünscht sein, ist aber problematisch, wenn es längerfristig wirkungsvollere Maßnahmen behindert und verdrängt.

1.4 Umweltmoral, Handeln und individuelle Rationalität

Vergegenwärtigt man sich die Komplexität und Dynamik, welche die Wechselwirkungen zwischen Menschen, den von ihnen errichteten Strukturen und der Natur bestimmen, dann kommen Zweifel auf: Kann die ökonomische Theorie denn überhaupt zur Lösung von Umweltproblemen beitragen? Oder anders, provokativer gefragt: Kommt die Lösung von Umweltproblemen nicht ohne Ökonomen und deren theoretische Erkenntnisse aus? Man bräuchte doch nur die geeigneten Produkte und Produktionsverfahren zu entwickeln, das Wissen und die technischen Möglichkeiten unter die Mitmenschen zu bringen und das Umweltbewußtsein der Bevölkerung zu schärfen. Dieser Bewußtseinswandel führte dann gemeinsam mit dem Wissen um Handlungsalternativen dazu, daß in Zukunft nur noch umweltfreundliche Produkte benutzt und umweltschädigende Verhaltensweisen vermieden würden.

Tatsächlich hat nicht nur in der politischen Diskussion, sondern auch in der wissenschaftlichen Auseinandersetzung darüber, wie mit Umweltproblemen umgegangen werden soll, eine gewisse Polarisierung stattgefunden. Die eine, meist von Soziologen und Psychologen vertretene Seite sieht im Wertewandel, ja einem neuen Gesellschaftsmodell die Lösung. Bornschier (1988) zum Beispiel argumentiert, daß soziale Strukturen und damit Gesellschaften Karrieren durchmachen, die von der Entfaltung über die Sättigung und die Auflösung zum Zerfall führen. Man könnte demnach von einem Achterbahnmodell gesellschaftlicher Strukturen sprechen. Nach diesem Schema wäre für das Gesellschaftsmodell des Wohlfahrts- oder Sozialstaates seit den siebziger Jahren eine rasante Talfahrt zu beobachten. In der heutigen Umbruchphase seien dabei schon die Konturen eines neuen Gesellschaftsmodells zu erkennen, wobei neues Denken die Versöhnung zwischen Ökonomie und Ökologie leistet und so den Übergang zu einer nachhaltigen Entwicklung sichert.

Auch unter Ökonomen wird die rein wirtschaftswissenschaftliche Vorgehensweise mit dem Argument kritisiert, sie werde der Komplexität des Umweltproblems nicht gerecht. Die Empfehlungen für eine rationale Umweltpolitik seien deshalb nicht maßgebend. Insbesondere im Umgang mit Risiko und Unsicherheit sei von der ökonomischen Theorie wenig Brauchbares und Operationales entwickelt worden (siehe dazu Binswanger, Faber und Manstetten 1990). Doch die Mehrzahl (siehe beispielsweise Stähler 1991) dürfte dem entgegenhalten, so werde die Bedeutung des Wertewandels und der Handlungskonsequenzen von Wertorientierung kraß überschätzt. Wie generell in der Ökonomik wird in der Mehrzahl umweltökonomischer Publikationen (stellvertretend sei hier Frey, Staehelin-Witt und Blöchlinger 1993 erwähnt) betont, daß die Menschen grundsätzlich wissen, was sie tun. Von Aufklärungskampagnen wird daher keine unmittelbare Änderung im Verhalten erwartet. Damit ist die Bedeutung von Bewußtseinswandel keineswegs generell bestritten. Der Stellenwert wird aber korrigiert und deutlich gemacht: Neben Bewußtsein gibt es weitere sehr wichtige Determinanten, die unser Verhalten und Entscheiden bestimmen (siehe auch Frey 1992).

Dennoch, auf den ersten Blick wirkt dieses Setzen auf die Umweltmoral überzeugend. Machen wir uns deshalb an einem Beispiel klar, was passieren könnte, wenn wir zur Lösung von Umweltproblemen nur auf die Moral der Beteiligten vertrauten. Dazu betrachten wir eine Gesellschaft, die aus den Individuen A und B besteht. Beide wohnen an einem Fluß, in den sie ihre Abwässer einleiten. Beide haben Umweltmoral und schätzen daher eine gute Wasserqualität positiv ein.

Für beide gibt es nun jeweils zwei Möglichkeiten. A kann entweder seine Abwässer reinigen oder nicht, B kann seine Abwässer reinigen oder nicht. Je nachdem, wie sich die beiden verhalten, fallen die ökonomischen Ergebnisse für den einzelnen unterschiedlich aus. Wir haben somit eine strategische Entscheidungssituation, ein "Spiel", vor uns, dessen Ausgang für jeden nicht nur vom eigenen Verhalten, sondern auch von der Entscheidung des anderen abhängt (für eine einfache Einführung in spieltheoretische Überlegungen in der Umweltökonomie siehe Weimann 1991).

	B reinigt	B reinigt nicht
A reinigt	(10/10)	(-10/20)
A reinigt nicht	(20/-10)	(-10/-10)

Tabelle 1.1

Alle möglichen Ergebnisse können als Kombinationen von Entscheidungen in einer sogenannten Auszahlungsmatrix angegeben werden (siehe Tabelle 1.1). Die einzelnen Einträge (a/b) in der Auszahlungsmatrix bezeichnen den Nettonutzen von A beziehungsweise B, in Abhängigkeit davon, welche Kombination sich durch die Entscheidungen der Individuen eingestellt hat.

Nehmen wir zur Vereinfachung der Argumentation an, der individuelle Nutzen von Gewässerschutzmaßnahmen lasse sich ebenso wie deren Kosten in Geldeinheiten ausdrücken. Die Kosten der Abwasserreinigung betrügen für jeden Haushalt jeweils 30 Geldeinheiten. Wenn beide Haushalte Abwasser klären, wird eine Wasserqualität erreicht, die jedem einen Nutzen von 40 Einheiten stiftet. Reinigt nur einer von beiden, so ziehen beide daraus noch einen Nutzen von je 20 Einheiten, während der ungeklärte Zustand des Flusses von beiden mit -10 Einheiten negativ bewertet wird. Beide schätzen also den Umwelteffekt der Abwasserreinigung positiv, die Verschmutzung des Gewässers dagegen negativ ein. Wäre ihnen dagegen der Zustand der Umwelt gleichgültig, würden sie keinen Nutzen, keine Freude aus der Tatsache schöpfen, daß Abwässer behandelt werden, und es würde sie kein schlechtes Gewissen plagen, wenn Abwässer nicht gereinigt werden.

Wenn beide ihre Abwässer reinigen, dann erzielen beide einen Nettonutzen von 10 Einheiten. Dies entspricht der Differenz aus dem Nutzen (40) der Maßnahme minus den Kosten (30), die jeder tragen muß. Reinigt allein B seine Abwässer, während A dazu nicht bereit ist, so muß B Kosten in Höhe von 30 Einheiten alleine tragen, sein Nettonutzen ist somit -10. A erzielt dennoch einen individuellen Nutzen von 20 Einheiten. Ein spiegelbildliches Ergebnis beobachten wir, wenn nur A seine Abwässer behandelt. Sind schließlich weder A noch B bereit, eine Abwasserbehandlung durchzuführen, dann müssen beide mit ihrem schlechten Gewissen der Umwelt gegenüber leben und realisieren einen Nettonutzen von jeweils -10 Einheiten.

Das Zahlenbeispiel in Tabelle 1.1 suggeriert, daß gemeinsame Anstrengungen zur Abwassersanierung gesellschaftlich optimal sind. Wie sieht das Spielergebnis aber tatsächlich aus? Verhielten sich alle ausschließlich umweltmoralisch, und könnte jeder sicher sein, daß sich der jeweils andere ebenfalls an seine Umweltmoral gebunden fühlt, dann würden alle zur Wasserreinigung beitragen, und jeder könnte für sich einen positiven Nettonutzen daraus ziehen. Kann Haushalt A jedoch nicht sicher sein, daß auch B Anstrengungen zur Abwassersanierung unternimmt, dann wird er sich fragen: Warum soll ich allein Kosten für die Abwasserbehandlung tragen? Warum sollte gerade ich auf mein angestammtes Recht verzichten, Abwasser in den Fluß zu leiten? Analog wird B argumentieren, und es kommt es zu einer Lösung, in der überhaupt keine Abwasserbehandlung durchgeführt wird. Mit anderen Worten: Verhalten sich beide individuell rational und maximieren ohne Rücksicht auf den anderen ihren persönlichen Nutzen, so kommt es zu einer Lösung, die für beide nicht optimal ist. Jeder hat offensichtlich Umweltbewußtsein, jeder handelt rational, und dennoch wird die Umwelt verschmutzt.

Dieses Beispiel zeigt dreierlei. Erstens, Umweltbelastungen entstehen, weil individuell rationales Handeln nicht notwendig auch gesamtgesellschaftlich rational ist. In solchen Fällen ist nämlich gerade eines der zentralen Prinzipien der Ökonomie verletzt, das besagt, daß einzelwirtschaftlich rationales Handeln zum sozialen Optimum führe. Zweitens besteht immer die Gefahr eines zerstörerischen Umgangs mit der Umwelt, solange nicht alle konsequent umweltmoralisch handeln, selbst wenn dies für den einzelnen unwirtschaftlich erscheint. Drittens kann es zu Umweltproblemen kommen, wenn die individuelle Perspektive mit der Rolle als Akteur in einem sozialen Umfeld nicht verträglich ist. Bestehen nämlich wechselseitig keine Beziehungen, so wird soziale Verantwortung für das ganze durch den Einzelnen nicht wahrgenommen. Gibt es zudem keine Möglichkeiten, soziale Unverantwortlichkeit zu sanktionieren, dann ist es schwierig, persönliche Verantwortung für Umweltprobleme zu entwickeln und auch zu tragen (siehe Gessner und Kaufmann 1995).

1.5 Ökonomische Ökologie: Handeln durch ökonomische Anreize

Solange die Natur unentgeltlich in Anspruch genommen werden kann und menschliches Handeln nicht ausschließlich durch Umweltmoral, sondern auch durch wirtschaftliche Überlegungen bestimmt ist, besteht die Gefahr, daß es zu Umweltproblemen kommt. Denn kostet eine Umweltdienstleistung nichts, wird sie von jedem ohne Gegenleistung in beliebigem Umfang genutzt, und keiner bezieht die möglichen negativen Auswirkungen seines Tuns auf andere in sein Handeln ein. Beispielsweise wird ein Autofahrer nach Belieben fahren, auch wenn er dabei die Mitmenschen belästigt. Die der Gesellschaft insgesamt auferlegten Schäden bleiben unberücksichtigt, da ein Individuum weder Anreize hat, noch gezwungen wird, alle Konsequenzen seines Handelns zu tragen.

In dieser Situation sind Appelle an die Moral meist wirkungslos. Selbst eine individuell stark ausgeprägte Bereitschaft, das eigene Verhalten zu ändern, mündet nur dann in tatsächliche Handlungsänderungen, wenn die sozio-ökonomischen Rahmenbedingungen dies zulassen oder sogar fördern. Auch die Philosophie weiß, daß jede Gesellschaft aus Regeln und dafür zuständige Instanzen besteht. Weil dadurch die Handlungsfreiheit eingeschränkt und persönliche wie finanzielle Kosten verursacht werden, nimmt man vernünftigerweise nur jene Einschränkungen und Pflichten auf sich, die sich per saldo lohnen (siehe Höffe 1995).

Besonders deutlich wird dies bei Firmen, an die auch moralische Aufrufe gerichtet sind. Während es bei Individuen noch vorstellbar ist, daß sie als Folge eines schlechten Gewissens ihr Handeln auch gegen die ökonomische Rationalität ändern und Kosten zu tragen bereit sind, die sich für sie individuell nicht auszahlen, ist dies bei Unternehmungen zweifelhaft. Unternehmungen, die dem Wettbewerb ausgesetzt sind, können nicht moralischer als ihre Konkurrenten handeln, solange dies mit Wettbewerbsnachteilen verbunden ist (siehe Stephan, Steffen und Wiedmer 1994).

Diese Überlegungen verdeutlichen, daß die Erkenntnisse der ökonomischen Theorie eben doch von Bedeutung sind, wenn Strategien zur Lösung von Umweltproblemen entwickelt und umgesetzt werden sollen.

Erstens können die Wirtschaftswissenschaften erklären, warum Umweltbelastungen auftreten, obwohl alle Mitglieder einer Gesellschaft rational handeln und ein Interesse daran haben, die Umwelt zu schützen. Umweltzerstörung ist nicht ausschließlich die Folge unmoralischen oder unethischen Verhaltens. Umweltbelastungen sind häufig das Resultat einer Diskrepanz zwischen Anspruch und Handlungswirklichkeit. Gerade in entwickelten Volkswirtschaften ist die Umweltmoral sehr hoch (siehe dazu Diekmann und Preisendörfer 1992). Wenn Menschen ihr Bewußtsein dennoch nicht im täglichen Handeln umsetzen, dann ist das unter anderem die Folge davon, daß Entscheidungssituationen selten einfach strukturiert sind, und menschliches Handeln in der Regel durch mehr als nur ein Motiv bestimmt ist. Neben dem Wunsch nach einer möglichst intakten und lebenswerten Umwelt werden Menschen in ihrem Verhalten auch durch ihr Bedürfnis geleitet, in Wohlstand, Sicherheit und Freiheit leben und sich entfalten zu können.

Zweitens verdeutlicht die Ökonomik wie keine andere sozialwissenschaftliche Theorie, daß nicht nur psychische Faktoren unser Handeln beeinflussen. Ebenso wichtig sind die sozial bestimmten Lebens- und die wirtschaftlichen Rahmenbedingungen, also Anreize, Zwänge, Restriktionen und Spielräume, mit denen wir täglich konfrontiert sind. Diese können umweltbewußtes Handeln entscheidend behindern. Um es auf den Punkt zu bringen, könnte man sogar sagen:

Den meisten Menschen mangelt es eigentlich nicht an Umweltmoral. Sie sind oft nur gedankenlos. Sie verschmutzen die Umwelt, weil dies häufig immer noch die naheliegendste, bequemste und billigste Art ist, ein persönliches Entsorgunsproblem zu lösen (siehe dazu auch Wenke 1993).

Wie wirksam ökonomische Anreize sein können, um Verhalten zu ändern, verdeutlicht die Rolle von Preisen und deren Einfluß auf individuelle Entscheidungen. Ein Beispiel liefern die beiden Ölpreisschocks von 1973 beziehungsweise 1978. Damals wurden innerhalb kurzer Frist die Preise für fossile Energieträger um das Dreifache beziehungsweise Doppelte erhöht. Die Auswirkungen auf die Weltwirtschaft waren dramatisch: Tiefe Einschnitte in die wirtschaftliche Entwicklung, starke Reduktion des Verbrauchs an Öl in den hochindustrialisierten Staaten. Wichtiger aus ökologischer Sicht ist, daß diese beiden kurzen, aber heftigen Preisimpulse massive Anreize für eine langfristige Effizienzsteigerung gesetzt haben und so einen Beitrag zur Entlastung der Umwelt leisteten: Um denselben (materiellen) Wohlstand zu erzielen, müssen heute weniger fossile Energieträger der Natur entnommen werden. Zudem hat die Natur heute weniger Emissionen zu verkraften.

Weil durch einen solchen Preissprung die Anpassungsfähigkeit der ökonomischen Systeme überbeansprucht wird, gehen von ihm nicht nur die gewünschten, sondern auch negative Effekte, wie zum Beispiel Arbeitslosigkeit, aus. In einer demokratischen Gesellschaft ist eine solche Politik politisch nicht akzeptabel. Doch auch eine langsame, sanfte Preisänderung kann langfristig starke Veränderungen bedingen. Beispielsweise wird von Historikern (siehe etwa Pfister 1995) argumentiert, der Verfall der Preise für fossile Energieträger, der in den fünfziger Jahren einsetzte und mit Unterbrechungen bis heute anhält, habe die Entwicklung der modernen Industriegesellschaften maßgebend beeinflußt. Der Preisverfall sei insbesondere verantwortlich für den heute zu beobachtenden "verschwenderischen" Umgang mit fossilen Energieressourcen und als Folge davon für die ökologischen Probleme, mit denen wir konfrontiert sind.

Natürlich soll damit nicht behauptet sein, die Art und Weise, wie sich gesellschaftliche Systeme entwickeln, sei immer und ausschließlich durch den Preismechanismus erklärbar. Es soll aber festgehalten werden, daß in einer modernen, demokratisch organisierten Gesellschaft, die den Prinzipien der individuellen Souveränität und der ökonomischen Rationalität verpflichtet ist, neben anderen Faktoren den Preisen eine wesentliche, die gesellschaftliche Entwicklung steuernde Rolle zukommt.

Wenn aber nicht nur Ökonomen darin übereinstimmen, daß Preise die wirtschaftliche Entwicklung einer Gesellschaft weitgehend beeinflussen, dann liegen die politischen Konsequenzen scheinbar offen auf der Hand. Könnten wir nämlich mit Sicherheit feststellen, daß die Preise für fossile Energieträger und andere Dienstleistungen der Natur relativ zu anderen Gütern und Dienstleistungen zu niedrig sind und nicht die ökologische Wahrheit sagen, dann müßte daraus eine Fehlleitung des ökonomischen Systems resultieren. Ebenso klar wären die Konsequenzen aus dieser Beobachtung (siehe zum Beispiel Weimann 1991): Die bisherige Steuerung des ökonomischen Systems müßte durch eine entsprechende Korrektur der Preise für Energieträger sowie der übrigen Dienstleistungen der Natur verändert werden, um dadurch Handlungsspielräume für die Umwelt- und Energiepolitik zu eröffnen.

Ist die Diagnose des Umweltproblems aber tatsächlich so einfach? Wie sieht eine ökonomische Begründung dafür aus, daß Preise und deren Veränderung die Entwicklung wirtschaftlicher Systeme beeinflussen und insbesondere bestimmen, wie Produktionsfaktoren, wie die Dienstleistungen der Natur von einer Gesellschaft bei Konsum und Produktion eingesetzt, beziehungsweise in Anspruch genommen werden?

Für die Beantwortung dieser Frage sind drei Prinzipien der ökonomischen Theorie von zentraler Bedeutung. Das erste könnte man als das Rationalitätsprinzip bezeichnen. Es besagt streng genommen, daß Wirtschaftssubjekte in der Lage sind, Entscheidungen zu fällen, und unter gleichen Bedingungen auch immer zur gleichen Entscheidung kommen. Das zweite ist das Substitutionsprinzip. Es bedeutet, daß bei konstantem Lebensstandard die Erhöhung des Preises eines Gutes relativ zu allen anderen dazu führt, daß von diesem Gut weniger, von anderen dagegen mehr nachgefragt wird. Das dritte ist das Stetigkeitsprinzip, auch Stabilitätsprinzip genannt. Es sagt aus, daß kleine Änderungen nur relativ kleine Auswirkungen haben. Mit dieser Annahme wird chaotisches Verhalten von ökonomischen Systemen ausgeschlossen, was eine wesentliche Voraussetzung für umweltpolitische Empfehlungen darstellt. Würden nämlich geringe Eingriffe in eine Volkswirtschaft massive und nicht prognostizierbare Auswirkungen zeigen, wäre Umwelt- und Wirtschaftspolitik reines Glücksspiel.

Um die Bedeutung dieser Annahmen zu illustrieren, sei unterstellt, daß die Produktionsfaktoren einer Volkswirtschaft zu zwei Gruppen zusammengefaßt werden können: fossile Energieressourcen, deren Verbrauch Umwelt- und Ressourcenprobleme auslöst, einerseits und die übrigen Produktionsfaktoren andererseits. Zwischen diesen Faktorgruppen bestehen technisch bedingte Substitutionsmöglichkeiten, so daß es möglich ist, ein bestimmtes Bruttosozialprodukt mit unterschiedlichen Faktorkombinationen herzustellen. Der Energieeinsatz in die volkswirtschaftliche Produktion hängt dabei entscheidend von den relativen Energiepreisen ab: Je geringer diese sind, desto mehr Energie wird eingesetzt. Je teurer Energie im Vergleich zu anderen Faktoren ist, desto weniger Energie wird verbraucht. Dies zeichnet aus ökonomischer Sicht die prinzipiellen Handlungsmöglichkeiten für energie- und umweltpolitische Eingriffe vor. Entscheidet sich eine Gesellschaft dafür, den historisch eingeschlagenen Weg einer auf fossilen Energieträgern und kostenloser Umweltnutzung basierenden Wirtschaftsweise zu verlassen, so kann dies über eine entsprechende Korrektur der Preise geschehen, sofern die Ökonomie auf den drei oben genannten Prinzipien beruht (siehe dazu Frey, Staehelin-Witt und Blöchlinger 1993).

Aus diesen Überlegungen sollten die Stärken einer ökonomischen Sichtweise der Umweltproblematik deutlich geworden sein. Doch auch die methodischen Schwächen des ökonomischen Ansatzes sollten nicht übersehen werden. Wir hoffen insbesondere, mit diesen Überlegungen vermittelt zu haben, was wir unter ökonomischer Ökologie verstehen: Ökonomische Ökologie ist in unseren Augen die Analyse ökologischer Probleme aus einer wirtschaftswissenschaftlichen Perspektive unter Einsatz von Konzepten, Ideen und analytischen Hilfsmitteln, die in der ökonomischen Theorie entwickelt wurden. Ökonomische Ökologie beschäftigt sich mit der Frage, wie und warum Menschen Entscheidungen fällen, deren Konsequenzen nicht nur sie selbst und ihre Mitmenschen, sondern auch die Natur betreffen. Sie beschäftigt sich insbesondere mit der Frage, wie ökonomische Institutionen, wie Politiken so geändert werden können, daß langfristig ein Ausgleich, eine Versöhnung möglich wird zwischen den menschlichen Bedürfnissen, ihrem Recht auf Souveränität und Freiheit und dem Ziel, die Natur zu bewahren.

TEIL I

Ökologische und ökonomische Grundlagen

2. ÖKOLOGISCHE GRUNDLAGEN

Nicht erst die Lösung von Umweltproblemen, sondern bereits der Versuch, Umweltbelastungen, deren Ursachen und Auswirkungen verstehen zu wollen, ist komplex und erfordert die Zusammenarbeit verschiedener Fachdisziplinen. Deshalb kann eine Auseinandersetzung mit ökonomischen Aspekten von Umweltproblemen nur erfolgreich sein, wenn ein Mindestwissen über ökologische Grundlagen und Zusammenhänge gegeben ist. Ziel dieses Kapitels ist es, grundlegende naturwissenschaftlich-ökologische Aspekte der Umweltproblematik darzustellen. So weit wie möglich folgt die Darstellung dabei einer ökonomischen Perspektive: Ökologische Zusammenhänge werden so beschrieben, daß sie entweder direkt in ökonomische Konzepte umsetzbar sind oder der Zusammenhang zu ökonomischen Problemen deutlich wird.

Daß der Mensch nicht außerhalb der Natur steht und wirtschaftliches Handeln in einer engen Wechselbeziehung mit der Umwelt, dem Ökosystem, stattfindet, war schon den Ökonomen des 18. und 19. Jahrhunderts bewußt. Wirtschaftliche Tätigkeit bedeutet insbesondere, daß Materie und Energie von einer Zustandsform in eine andere umgewandelt werden (siehe Ayres und Kneese 1989). Daraus folgen zwei Formen der Interaktion zwischen dem Wirtschaftssystem einerseits und der Umwelt andererseits: Erstens müssen Rohstoffe und Energie der Umwelt entnommen werden, um Produktion und Konsum überhaupt durchführen zu können. Zweitens entstehen beim Wirtschaften nicht nur erwünschte und nutzbringende Güter, sondern auch Schadstoffe und Abfallprodukte, die aus dem ökonomischen System entfernt werden müssen, um dessen Funktionsfähigkeit langfristig zu erhalten.

Da die Erde endlich und der Zufluß an Energie von der Sonne beschränkt ist, sind die Energie- und Materiemengen, die pro Zeiteinheit zur Verfügung stehen und transformiert werden können, ebenfalls beschränkt, also knapp. Diese Knappheit kann nicht beseitigt werden. Doch ist es das eigentliche Ziel des ökonomischen Handelns, die Wirtschaft so zu organisieren, daß das Wohlergehen aller maximiert wird und gleichzeitig auch die ökologischen Knappheiten beachtet werden.

Wenn Menschen die Umwelt als Lieferantin von Rohstoffen beziehungsweise als Empfängerin von Schadstoffen nutzen, hat dies aber nicht nur quantitative sondern auch qualitative Aspekte. Obwohl beide eng zusammenhängen, werden sie aus systematischen Gründen weitgehend getrennt behandelt. Hierzu betrachten wir zunächst das Problem des Stoffhaushaltes und der Stoffkreisläufe im ökologischen und ökonomischen System, womit eher quantitative Aspekte angesprochen sind. Anschließend führen wir eine entropietheoretische Betrachtung durch, die sich aber nicht auf Details im Sinne naturwissenschaftlicher Exaktheit konzentriert, sondern vielmehr systematisch qualitative Zusammenhänge aufzeigt.

2.1 Das Ökosystem und der Stoffhaushalt

Angetrieben durch die Sonnenenergie findet in der Natur ein ständiger Aufbau, Umbau und Abbau von chemischen Verbindungen und Stoffen statt. Die Biologie spricht von natürlichen Stoffkreisläufen, wobei das Wort Kreislauf ein Ideal bezeichnet, dessen Verwirklichung letztendlich von den Stoffen selbst, den Trägermedien, also Luft, Wasser und Boden, sowie den zeitlichen Abläufen abhängt.

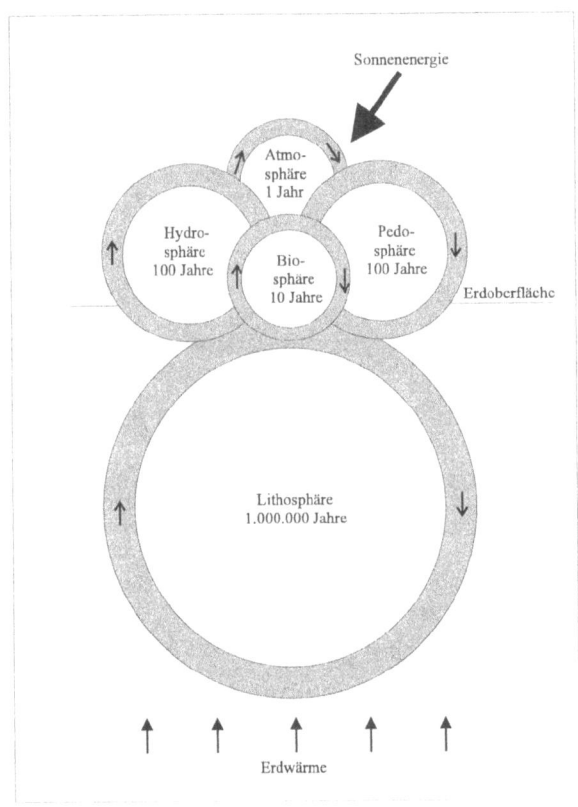

Abbildung 2.1

Stoffkreisläufe in Gasen entsprechen weitgehend diesem Ideal. Doch in anderen Medien sind die meisten natürlichen Kreisläufe aus der menschlichen Perspektive unvollständig und im Ablauf stark verzögert. Abbildung 2.1 (siehe dazu Der Rat von Sachverständigen für Umweltfragen 1991) vermittelt anhand von durchschnittlichen Verweilzeiten eine Vorstellung von der Geschwindigkeit, mit der Stoffumwandlungen in den unterschiedlichen Medien ablaufen. Die Werte sind sehr grob und können extrem nach oben und nach unten abweichen. Dennoch verdeutlichen sie Größenordnungen und die enormen Unterschiede, die zwischen Ökokreisläufen in der Luft (Atmosphäre), dem Wasser (Hydrosphäre), der Biosphäre, dem Boden (Pedosphäre) und den Gesteinen (Lithosphäre) bestehen.

Zusätzlich werden viele Stoffkreisläufe nicht als Kreislauf, sondern als gerichtete Verbindung von Stoffquelle zu Stoffsenke wahrgenommen. Beispielsweise wurden im Carbon und später wieder im Tertiär riesige Mengen an Kohlenstoff dem Kohlenstoffkreislauf entzogen und in Form von fossilen Energieträgern wie Kohle oder Erdöl festgelegt. Auch heute findet der Prozeß der Kohlenstoffbindung noch statt, zum Beispiel im Torf von wachsenden Mooren oder durch Algen in den oberen Schichten der Weltmeere. Nicht zuletzt dank menschlicher Tätigkeit kann sich die Richtung einer solchen Stoffverlagerung im Laufe der Zeit auch umkehren. Beispielsweise führen wir heute den in der Kohle oder dem Erdöl deponierten Kohlenstoff über Verbrennung wieder dem Kohlenstoffkreislauf zu. Wegen der enormen Zeitspannen, die ökologische Kreisläufe benötigen, ist es aber nicht verwunderlich, daß Menschen diese Systeme nicht wahrnehmen und mangels Erfahrung gegen sie handeln.

2.1.1 Ökologische Kreisläufe und ökonomische Systeme

Der Mensch und das von ihm errichtete ökonomische System sind Teil der globalen ökologischen Kreisläufe. Jedes Lebewesen ist ein individuelles Durchflußsystem. Es bedarf einer ständigen Zufuhr von Energie und Materie und gibt ständig Stoffe und Energie nach außen ab; und zwar in einer Form, die für seinen Organismus selbst nicht mehr brauchbar ist. Andere Lebewesen jedoch können die ausgeschiedenen Stoffe nutzen. Für sie stellen letztere eine Zufuhr an Stoffen und Energie dar, die, um Lebensprozesse aufrecht zu erhalten, transformiert werden und somit erneut in eine neue, andersartige Emission münden.

Beispielsweise vermögen Pflanzen dank der Photosynthese das von den Säugetieren ausgeatmete Kohlendioxid als Input bei ihrer Energiegewinnung zu verwenden. Daraus produzieren sie zusammen mit Wasser und Sonnenenergie Zucker sowie Sauerstoff; Stoffe also, die Tiere und Menschen bei der Energiegewinnung wieder verwerten. Vereinfachend kann man also sagen, die stoffliche Existenz eines natürlichen Ökosystems beruhe auf einem ständigen Recycling und vollziehe sich im Kreislauf zwischen Produzenten, Konsumenten und Destruenten (siehe Abbildung 2.2). Prinzipiell sind deshalb auch Menschen und das von ihnen aufgebaute ökonomische System Teil des permanenten stofflichen Recycling. Ökonomische Systeme sind offen und benötigen zum Erhalt ihrer Strukturen Stoffe und Energie, die der Umwelt entnommen und später in (scheinbar) nicht mehr brauchbarer Form an die Umwelt wieder abgegeben werden.

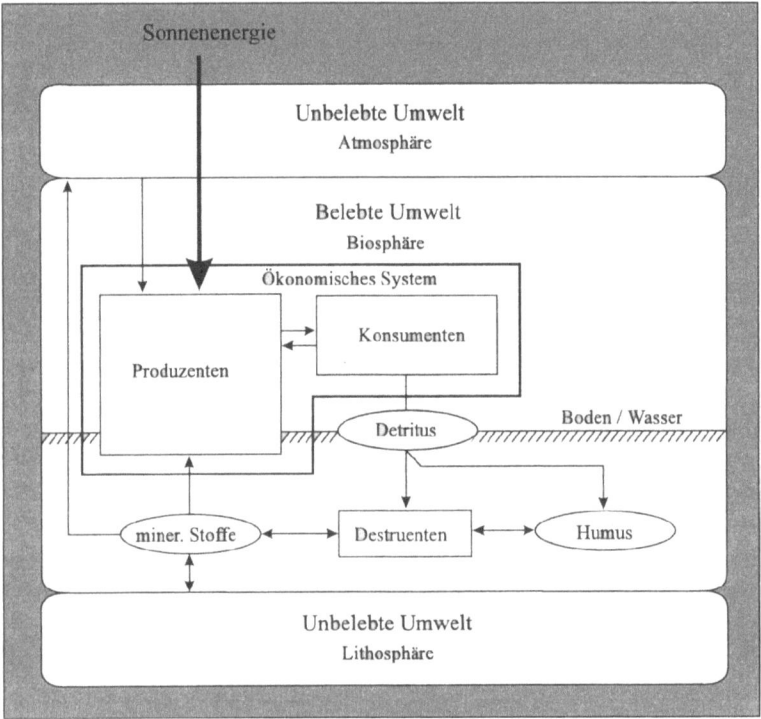

Abbildung 2.2

Abbildung 2.2 (siehe Haber 1993) schematisiert den vielfältigen Stoffaustausch zwischen dem ökonomischen System und der Umwelt. Zusätzlich weist sie auf grundlegende ökonomische Funktionen der Natur hin (siehe dazu auch Cansier 1993): Der Boden ist Lebensraum für Tier, Mensch und Pflanze. Er ist Basis für die Land- und Forstwirtschaft, Träger von erneuerbaren und nichterneuerbaren Ressourcen und dient der Speicherung sowie der chemisch-biologischen Umwandlung von Abfällen. Gewässer sind Lebensraum für Tier und Pflanze. Sie sichern zudem die Wasserversorgung und die Entsorgung flüssiger Schad- und Abfallstoffe. Die Atmosphäre schließlich und der in ihr enthaltene Sauerstoff sind Grundlage eines jeden Lebensprozesses. Gleichzeitig schützt die Atmosphäre vor kosmischer Strahlung. Sie erzeugt das Klima und sorgt für Verdünnung, Speicherung und Abbau gasförmiger Emissionen.

2.1.2 Der Materialbilanzansatz

Wie der Rat von Sachverständigen für Umweltfragen im Umweltgutachten 1987 festhält, benötigt jede Lebensgemeinschaft neben einem Lebensraum Energie, Materie und Information aus der Umwelt und gibt diese Substanzen in veränderter Form wieder an die Natur ab, wo sie aufgenommen und weiterverarbeitet werden müssen (siehe Cansier 1993). Hinter dieser Aussage stehen zwei zentrale Erkenntnisse:

(1) Lebewesen und die von ihnen errichteten Lebensgemeinschaften sind, wie oben angesprochen, in die globalen Ökokreisläufe eingebettete Durchlaufsysteme.

(2) Materie und Energie können nicht vernichtet, sondern lediglich in ihren chemisch-physikalischen Eigenschaften verändert werden.

Vereinfacht ist dies die Aussage des sogenannten Materialbilanzansatzes (siehe Ayres und Kneese 1989). Methodisch leitet sich dieser aus dem ersten Hauptsatz der Thermodynamik, dem Energieerhaltungssatz, ab. Der wiederum besagt, daß in einem von der Umwelt isolierten System die Energiesumme stets konstant bleibt und lediglich die Zustandsform wechseln kann. Populärwissenschaftlich ausgedrückt, heißt das: Aus nichts kann nur nichts werden und nur nichts kann zu nichts werden (siehe Ayres 1995).

Seit Einstein werden Materie und Energie als theoretisch äquivalent betrachtet (siehe zum Beispiel Hawking 1988). Das erlaubt, den Energieerhaltungssatz als Materialbilanzansatz zu interpretieren. Da die Erde mit dem sie umgebenden Universum so gut wie keine Materie austauscht, kann sie als geschlossen betrachtet werden. Damit bleibt beim Produzieren und Konsumieren wie bei jedem Transformationsprozeß die Masse der eingesetzten Materie erhalten. Rohstoffe und Energie können zwar ihre Erscheinungsform ändern, die Gesamtmenge ist jedoch konstant. Damit wird jede Tonne an Rohstoffen, die Menschen bei ihren wirtschaftlichen Tätigkeiten der Umwelt entnehmen, wieder in die Umwelt zurückgegeben. Allerdings muß dies nicht unmittelbar geschehen. Ressourcen können zum Beispiel gebunden in dauerhaften Produktionsmitteln (Kapitalgütern), wie Gebäuden oder Maschinen, eine Zeitlang im ökonomischen

System verweilen. Letztendlich nutzen sich aber auch dauerhafte Produktionsmittel ab, weshalb unter einer langfristigen Perspektive die Materialbilanz eingehalten und die ehemaligen Rohstoffe in Form von Emissionen und Abfällen in die Umwelt zurücktransportiert werden (vergleiche dazu Faber, Niemes und Stephan 1995).

2.1.3 Quantitative Ursachen des Umweltproblems

Wie jedes andere Lebewesen hat der Mensch keine natürliche Veranlagung dazu, sich um den unerwünschten Output seiner Tätigkeiten zu kümmern. Unter unerwünschten Outputs sind dabei Abprodukte im weitesten Sinne verstanden, die alle Formen von Emissionen aus produktiver und konsumptiver Tätigkeit umfassen. Üblicherweise werden diese Abprodukte nicht weiter beachtet, sondern als Naturereignis angesehen und der Natur überlassen.

Ein solches Verhalten wirft keine Probleme auf, solange die menschlichen Aktivitäten und der daraus resultierende Materialfluß in die Umwelt mit den ökologischen Kreisläufen koordiniert sind. Erst wenn das ökonomische System nicht mehr auf die ökologischen Kreisläufe abgestimmt ist und pro Zeiteinheit mehr Rohstoffe der Natur entnommen werden, als diese bereitstellen kann, oder mehr Schad- und Abfallstoffe emittiert werden, als die ökologischen Kreisläufe verarbeiten können, wird die Natur überfordert. Dies kann schließlich so weit führen, daß die vom Menschen erzeugten Emissionen seine eigenen Aktivitäten zu stören beginnen. Spätestens dann registriert der Mensch die von ihm ausgehende Umweltbelastung.

Wie kommt es aber überhaupt zu einer Überforderung ökologischer Kreisläufe durch den Menschen? Im wesentlichen deshalb, weil der Mensch sich vom natürlichen Recycling der ökologischen Kreisläufe gelöst hat, wofür es wiederum drei Gründe gibt: erstens die Stoffanreicherung, zweitens die Stoffumwandlung, und drittens den beschleunigten Stoffumsatz.

Die Stoffanreicherung ist eine Folge der Fähigkeit des Menschen, Stoffe in großen Mengen über weite Strecken zu transportieren. Sie ist das Ergebnis, aber auch die Voraussetzung für die Seßhaftigkeit des Menschen und die Bildung von Agglomerationen. Heute wandern die Menschen nicht mehr zu den für sie notwendigen Stoffen; die Stoffe kommen zu ihnen. Eine Auswirkung dessen ist die Verlagerung und die Konzentration von Stoffen an Orten, wo sie die lokalen Ökosysteme massiv stören. Man denke in diesem Zusammenhang an die Anreicherung von Schwermetallen in unseren Böden und die aus solchen Konzentrationen resultierenden Umweltbelastungen.

Die Stoffumwandlung ist das Resultat menschlicher Aktivitäten bei der Produktion und dem Konsum. Produktion und Konsum sind aus stofflicher Sicht

Vermengung von Rohstoffen, Energie und Hilfsstoffen, woraus zwei Stoffgruppen mit unterschiedlicher Zusammensetzung entstehen:

(1) erwünschte Güter und Produkte, die zur Befriedigung menschlicher Bedürfnisse erzeugt und in der Regel über Märkte verteilt werden

(2) Neben- oder Kuppelprodukte, die nicht unmittelbar Ziel des wirtschaftlichen Handelns sind, deren Entstehung wesentlich von der Technologie geprägt ist und die häufig als unerwünscht angesehen werden

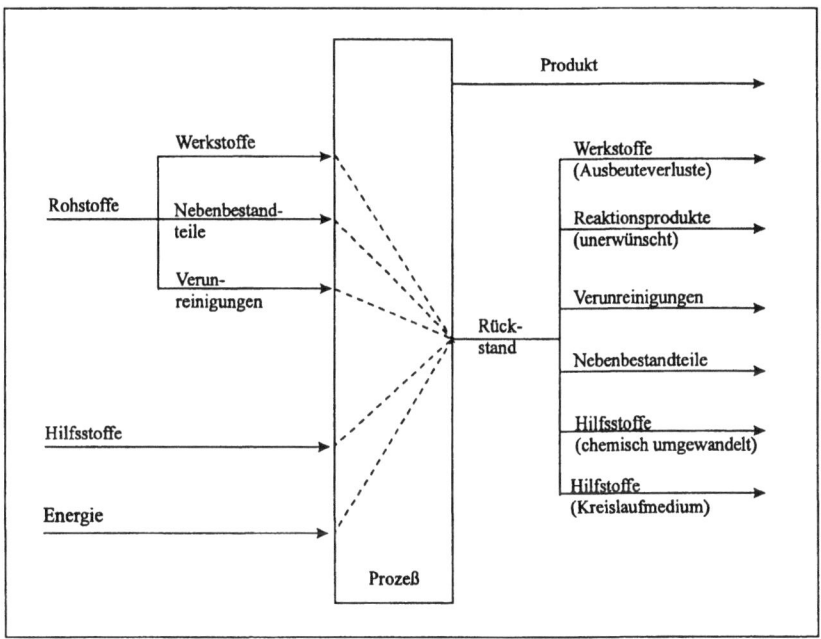

Abbildung 2.3

Abbildung 2.3 schematisiert die bei wirtschaftlichen Tätigkeiten entstehenden Stoffströme. Daraus lassen sich im wesentlichen drei Schlüsse ziehen. Erstens werden Wirtschaftsgüter produziert, um als Inputs in anderen wirtschaftlichen Aktivitäten eingesetzt oder konsumiert zu werden. Solche Güter wurden schon immer von der Gesellschaft als erwünscht erachtet. Entsprechend aufwendige Strukturen zur Produktion und Verteilung wurden entwickelt. Die Herstellung und der Verbrauch solcher Güter ist deshalb wesentlich durch die Marktbedingungen und die Präferenzen der Wirtschaftssubjekte bestimmt. Eine Verringerung von Emissionen, die unmittelbar aus dem Verbrauch dieser Produkte entstehen, setzt daher Verhaltensänderungen und Änderungen der Marktbedingungen voraus.

Zweitens wurden unerwünschte Emissionen jahrelang einfach der Umwelt überlassen. Sie waren nie das Ziel wirtschaftlicher Tätigkeit und wurden meist als wertlos eingestuft, sofern sie sich nicht als Input für menschliche Tätigkeiten verwenden ließen. Entsprechend wurden sie nicht auf Märkten gehandelt, sondern der Allgemeinheit überlassen. Emissionen dieser Art lassen sich jedoch durch Einsatz entsprechender Technologien vermeiden oder zumindest entsorgen. Entsprechend müssen Märkte oder vergleichbare Institutionen geschaffen werden, über die Anreize zur Einführung sogenannter sauberer Technologien ausgelöst werden. Wir werden diesen Aspekt in späteren Kapiteln ausführlich diskutieren.

Drittens wirft die nachsorgende Behandlung von Emissionen und Abfällen, die sogenannte End-of-the-pipe-Entsorgung, zusätzliche Probleme auf. Über solche Verfahren wird die Belastung der Umwelt durch Emissionen nicht verhindert. Es findet lediglich eine Verlagerung von Schad- und Abfallstoffen aus einem Umweltmedium in ein anderes statt, was am Beispiel der Rauchgasreinigung durch Elektrofilter deutlich wird. Dort werden die in der Abluft enthaltenen Schadstoffe in den Filtern aufgefangen und als Filterstaub gebunden. Diese Stäube müssen aber aus den Filtern entfernt werden, um deren Funktion zu sichern. So landen die ursprünglich gasförmigen Emissionen als toxische Abfälle auf den Deponien. Emissionen sind somit aus der Luft in den Boden verlagert worden. Auch auf diese Problematik werden wir später nochmals zurückkommen.

Kommen wir zum dritten der quantitativen Aspekte der Umweltproblematik, dem beschleunigten Stoffumsatz. Die Entwicklung der modernen Industriegesellschaft und der steigende materielle Wohlstand ihrer Bevölkerung hat den Stoffumsatz pro Kopf dramatisch ansteigen lassen. Damit wurde der Stoffdurchsatz durch das ökonomische System beschleunigt und die Abstimmung ökonomischer Prozesse auf das ökologische Recycling in den Ökokreisläufen gestört. Gleichzeitig hat sich aber auch die Art der Produkte geändert. Waren früher vermehrt Produkte im Umlauf, die in ihrer Struktur und Zusammensetzung vom ökologischen System erkannt wurden und damit unmittelbar verarbeitbar waren, werden heute verstärkt synthetische Produkte, wie beispielsweise Kunststoffe, hergestellt.

Dies stellt ein besonderes Problem dar. Jedes ökologische System ist quantitativ und qualitativ auf ein bestimmtes Stoffspektrum ausgerichtet. Stoffe, die in diesem Spektrum nicht vorkommen, sind prinzipiell nicht abbaubar und wirken in der Regel toxisch auf das ökologische System. Darüber hinaus besteht eine enge Beziehung zwischen Stoffumsatzbeschleunigung, Stoffumwandlung und End-of-the-pipe-Entsorgung. Werden solche Anlagen betrieben, erhöht sich dadurch der Stoffumsatz sogar noch (siehe Kapitel 1).

Was ist die ökonomische Botschaft unserer Betrachtungen? Umweltprobleme stellen aus ökonomischer Sicht in erster Linie ein nicht wahrgenommenes Knappheitsproblem dar. Ökonomische Systeme sind Teile der ökologischen Kreisläufe und auf die Nutzung von Dienstleistungen angewiesen, die diese zur Verfügung stellen. Jedoch können ökologische Kreisläufe ihre Dienstleistungen in Form von Ressourcen, Energie und Entsorgung nur in beschränktem Umfang bereitstellen. Wird diese Knappheit im ökonomischen System nicht wahrgenommen, führt diese Fehlinformation notwendigerweise zu einer Fehlallokation. Korrigiert werden kann diese Mißachtung natürlicher Knappheit und die daraus folgende Übernutzung ökologischer Kreisläufe durch entsprechende Korrekturen im ökonomischen System und die Schaffung von Anreizen, um so umweltverträgliches Wirtschaften zu fördern.

2.2 Qualitative Aspekte: Eine thermodynamische Betrachtung

Überdenkt man die bisherigen Überlegungen nochmals, so fällt auf, daß neben quantitativen Aspekten bereits qualitative Effekte der Umweltnutzung angesprochen wurden. Einerseits haben wir nämlich gesagt, Organismen und damit auch der Mensch verwandeln natürliche Inputs in Stoffe, die sie selbst nicht mehr weiterverwenden können, womit angedeutet ist, daß sich die Qualität dieser Stoffe geändert hat von "nutzbar" und damit wertvoll zu "nicht mehr nutzbar", also wertlos. Andererseits sind diese Prozesse quasi irreversibel, da sie sich entweder gar nicht mehr oder nur noch unter großem Aufwand rückgängig machen lassen.

Qualitative Änderungen, Irreversibilität und Gerichtetheit von Prozessen sind ein zentrales Phänomen der Umweltproblematik. Würde sich nämlich die Qualität der Stoffe und der Energie, die in ein ökonomisches System eingeführt werden, bei der Produktion und dem Konsum nicht ändern, und ließen sich aus den Endprodukten die Ausgangsstoffe immer wiederherstellen, dann könnte man das ökonomische System nahezu vollständig gegen das ökologische System abschließen. Wirtschaftliches Handeln ließe sich als Recycling betreiben, das Wirtschaftsgüter aus Abfällen und Emissionen durch Zuführung geringfügiger Energiemengen produziert.

Tatsächlich war dies das Bild, das in der Ökonomie über Jahre hinweg von Wirtschaftsprozessen entwickelt wurde. Und auch die Recycling-Euphorie basiert auf dieser Vorstellung. Danach können Abfälle dadurch beseitigt werden, daß sie recycliert werden. Tatsächlich ist es jedoch nur möglich, einen Teil der Wertstoffe aus den Abfällen wiederzugewinnen, und auch dieser Prozeß läßt sich gemäß den physikalischen Gesetzmäßigkeiten nicht beliebig oft wiederholen (siehe dazu Faber, Stephan und Michaelis 1989). Recycling verlängert zwar die Verweilzeiten von Stoffen im ökonomischen System. Letztlich werden sie aber doch zu Abfall, der endgültig entsorgt werden muß.

Darüber hinaus erfassen Materialbilanzen nur Stoffflüsse. Unter einer langfristigen Perspektive ist es aber besonders wichtig, auch Bestände an Stoffen, auch die ökologischen Dienstleistungskapazitäten und deren Veränderungen zu betrachten. Beispielsweise ist für die prognostizierten Klimaeffekte nicht der Fluß an Kohlendioxid (CO_2), also die laufende Emission, in die Atmosphäre verantwortlich, sondern die Änderung der CO_2-Konzentration. Konzentrationsänderungen entsprechen aber Änderungen des Bestandes an atmosphärischem Kohlendioxid.

Wie können qualitative Änderungen, die Gerichtetheit und Irreversibilität von Prozessen in der Natur und der Ökonomie erfaßt werden? Im wesentlichen dadurch, daß man sich der Konzepte aus der Thermodynamik bedient und bei ökonomischen Betrachtungen anwendet (siehe dazu Faber, Niemes und Stephan 1995).

Thermodynamik ist eine Disziplin der Physik, die sich mit dem Verhalten von Systemen mit einer großen Zahl von Teilchen beschäftigt. Gegenüber der klassischen, der Newtonschen Mechanik, wo die Bewegungen einiger weniger Körper studiert werden, treten zwei entscheidende Unterschiede auf. Erstens benötigt man zur Beschreibung des Verhaltens von Aggregaten mit großer Teilchenzahl physikalische Größen, die in der klassischen Mechanik nicht vorkommen. Entropie ist eine solche. Zweitens zeigen thermodynamische Systeme Phänomene, die aus der klassischen Mechanik unbekannt sind. In der klassischen Mechanik sind alle Prozesse prinzipiell reversibel. Beispielsweise ist in den Bewegungsgesetzen die Richtung der Bewegung nicht festgelegt. Das Planetensystem könnte sich auch ohne Änderungen der Gesetzmäßigkeiten, wie in einem Film rückwärtsgespult, in die entgegengesetzte Richtung bewegen. Dies trifft auf thermodynamische Systeme nicht zu. Dort sind Prozesse gerichtet und irreversibel. Daher benötigt man neben dem Konzept Entropie ein weiteres (mit diesem formulierbares) Prinzip, das die Richtung und Gerichtetheit von Prozessen aufzeigt.

2.2.1 Entropie und freie, verfügbare Energie

Das Konzept Entropie läßt sich durch Analogbetrachtungen so in die ökonomische Theorie einbeziehen, daß damit qualitative Änderungen und die Irreversibilität natürlicher Abläufe in der Umwelt und den Wirtschaftssystemen analysiert werden können. Dabei muß man sich allerdings im Klaren darüber sein: Bei solch "heuristischen" Überlegungen wird die physikalische Korrektheit der Argumentation aufgegeben (siehe dazu Binswanger 1994). In der Physik ist der Entropiebegriff nämlich für bestimmte Systeme mit genau festgelegten Bedingungen definiert. Diese lassen sich nicht unmittelbar auf die Ökonomie übertragen. Beispielsweise macht es im Gegensatz zur Physik bei einer ökonomischen Analyse kaum Sinn, Entropie als quantitative Größe für ein gegebenes System zu berechnen. Vielmehr verwendet die Ökonomie Entropie als qualitatives Maß, das die irreversible Entwertung der Natur und die von ihr bereitgestellten Dienstleistungen durch wirtschaftliche Tätigkeit erfaßt.

Um zu verstehen, wie das Konzept "Entropie" in der Ökonomie begriffen und verwendet wird, beginnen wir zunächst mit einem Gedankenexperiment und betrachten ein von der Umwelt isoliertes[1] thermodynamisches System, das aus zwei Gasbehältern besteht. Im Ausgangszustand seien beide Behälter voneinander durch eine undurchlässige Membran getrennt, wobei der erste mit einem idealen Gas gefüllt und der zweite evakuiert sei. Durchstößt man die Trennwand, dann strömt Gas aus dem gefüllten in das leere Behältnis solange, bis sich im Endzustand das Gas gleichmäßig auf beide Gefäße verteilt hat (siehe Abbildung 2.4).

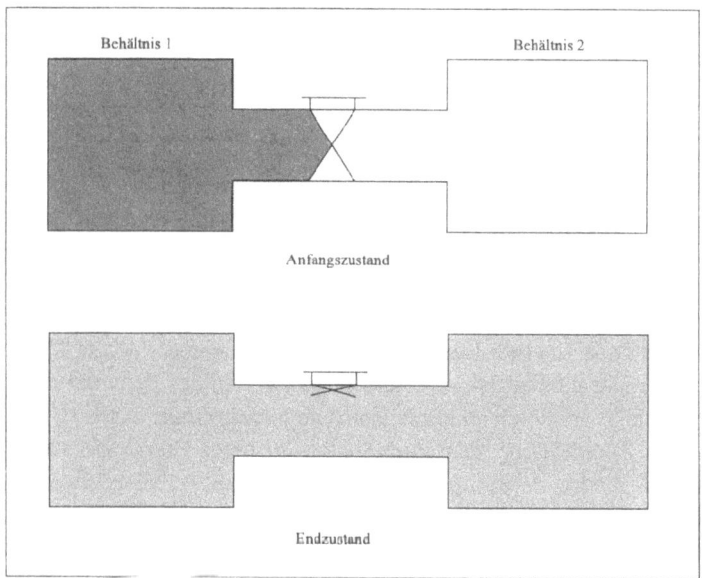

Abbildung 2.4

---

[1] Ein thermodynamisches System nennen wir von der Umwelt isoliert, wenn es mit dieser weder Energie noch Materie austauscht. Wird nur Energie, aber keine Materie mit der Umwelt getauscht, nennen wir ein System abgeschlossen. Demnach kann die Erde als abgeschlossenes, aber nicht isoliertes System betrachtet werden.

Bezüglich der Energie- und Materialbilanz sind der Anfangs- und Endzustand des beschriebenen Systems vollkommen identisch. Da das betrachtete System vollständig von der Umwelt isoliert ist, bleibt nach dem ersten Hauptsatz der Thermodynamik (vergleiche Abschnitt 2.1.2) die Summe aus Energie und Materie stets konstant. Also haben sich während des Diffusionsvorganges weder die Energiemenge noch die Gasmasse verändert. Dennoch unterscheiden sich der Anfangs- und der Endzustand dieses thermodynamischen Systems wesentlich. Im Ausgangszustand trägt das System das Potential in sich, daß ein Teil der im System enthaltenen Energie genutzt werden kann. Dies könnte zum Beispiel mittels einer integrierten Turbine geschehen, die durch den Gasstrom angetrieben wird. Im Endzustand dagegen ist diese Möglichkeit nicht mehr gegeben.

Dieses Beispiel zeigt: Insbesondere aus ökonomischer Sicht sind mit der Material- und Energiebilanz sowie den beiden Größen Energie und Materienmasse Systeme nicht hinreichend beschrieben. Für ökonomische Anwendungen sind ja nur solche Systeme interessant, aus denen Energie gewonnen werden kann. Bezogen auf das Beispiel in Abbildung 2.4 heißt das, daß das System im Ausgangszustand ökonomischen Wert besitzt und in den ökonomischen Kreislauf zur Energiegewinnung eingesetzt werden kann, was für das System im Endzustand nicht mehr zutrifft (siehe hierzu Stephan 1991).

Wie aber können Systeme abhängig vom Grad der in ihnen enthaltenen, ökonomisch nutzbaren Energie charakterisiert werden? Vereinfachend gesprochen ist Entropie das Maß der nichtverfügbaren Energie in einem thermodynamischen System. Man sagt auch, freie und damit verfügbare Energie entspricht niedriger Entropie. Bei jedem physikalischen Vorgang, also auch der Diffusion von Gasen, dissipiert eine Teilmenge der freien Energie in das System. Sie ist dann zwar im System selbst noch vorhanden, aber für ökonomisches Handeln nicht mehr verfügbar. Dieser Prozeß dauert wie im Beispiel oben solange an, bis die gesamte freie Energie eines Systems in gebundene Energie übergegangen, somit nicht mehr nutzbar ist; oder anders gesagt, bis das Potential ehemals niedriger Entropie in ein Potential hoher Entropie transformiert wurde.

Diese Beobachtung führt unmittelbar zu einer Hierarchie von Systemen: Systeme mit niedriger Entropie haben einen hohen Anteil an freier, also noch ausnutzbarer Energie und sind ökonomisch wertvoller als solche mit hoher Entropie. Denn mit steigender Entropie nimmt die Verfügbarkeit an freier Energie und damit die Qualität des Systems als Energieträger für ökonomische Systeme ab.[2]

---

[2] Interessanterweise verdankt die Thermodynamik ihre Entstehung der überaus ökonomischen Fragestellung: Wieviel Energie in Form von mechanischer Arbeit kann aus einer gegebenen Menge Brennstoff gewonnen werden? Diese Überlegungen führten zum Carnotschen Kreisprozeß und dem Konzept des Wirkungsgrades von Wärmekraftmaschinen (siehe Faber, Niemes und Stephan 1995). Es ist daher nicht verwunderlich, daß die zentrale Größe der Ther-

Bevor wir die Überlegungen weiterführen, verdeutliche man sich die Konsequenzen dieser Feststellungen (siehe auch Heinemann 1994): Nach dem ersten Hauptsatz der Thermodynamik, dem Energieerhaltungssatz, sind zwar alle Energieformen prinzipiell ineinander umwandelbar, doch ist die Richtung, in der dieser Prozeß abläuft, nicht vollständig umkehrbar. Energie, die einmal in Wärme transformiert wurde, ist nicht vollständig rückwandelbar. Das heißt, in einem isolierten thermodynamischen System nimmt der Anteil an in Wärme gebundener Energie ständig zu; und zwar solange, bis keine kinetische Energie mehr vorhanden ist und damit jede Form mechanischer Arbeit unmöglich ist, weil alle Energie in Wärme transformiert wurde.

2.2.2 Entropie, Ordnung und Konzentration

Mit dem Begriffspaar freie beziehungsweise gebundene Energie ist zwar eine physikalisch korrekte Umschreibung des Entropiekonzeptes gegeben, bei ökonomischen Betrachtungen ist es aber nicht direkt einsetzbar. Dazu ist es zu wenig operational. Eine wahrscheinlichkeitstheoretische Interpretation des Konzeptes Entropie im Sinne von Bolzmann (vergleiche hierzu Stephan 1991, oder Binswanger 1994) ist dagegen besser geeignet, wie sich am obigen Beispiel eines thermodynamischen Systems mit zwei Gasbehältnissen zeigen läßt (siehe nochmals Abbildung 2.4).

Im Ausgangszustand ist dieses System strukturiert. Gas ist nur in einem der beiden Behältnisse enthalten. Damit ist ein Zustand lokal hoher Gaskonzentration, hiermit einer hohen Ordnung des Systems, gegeben. Im Endzustand ist diese Struktur als Folge des Diffusionsvorgangs verloren gegangen. Das Gas hat sich gleichmäßig auf beide Behältnisse verteilt, womit sich ein Zustand niedriger Konzentration und gleichzeitig geringer Ordnung des Gesamtsystems eingestellt hat. Mit anderen Worten, das thermodynamische System hat einen Verlust an Struktur, an Ordnung erlitten. Da während des Prozesses der Ausdehnung des Gases die Entropie des Systems steigt, kann das Konzept Entropie verwendet werden, um den Ordnungszustand oder die Veränderung der Gaskonzentration zu messen: Zustände großer Ordnung oder hoher Konzentration sind solche niedriger Entropie, Zustände geringer Ordnung und niedriger Konzentration hingegen solche hoher Entropie.

---

modynamik, die Entropie, eine entsprechende "ökonomische" Charakterisierung von Energiesystemen erlaubt.

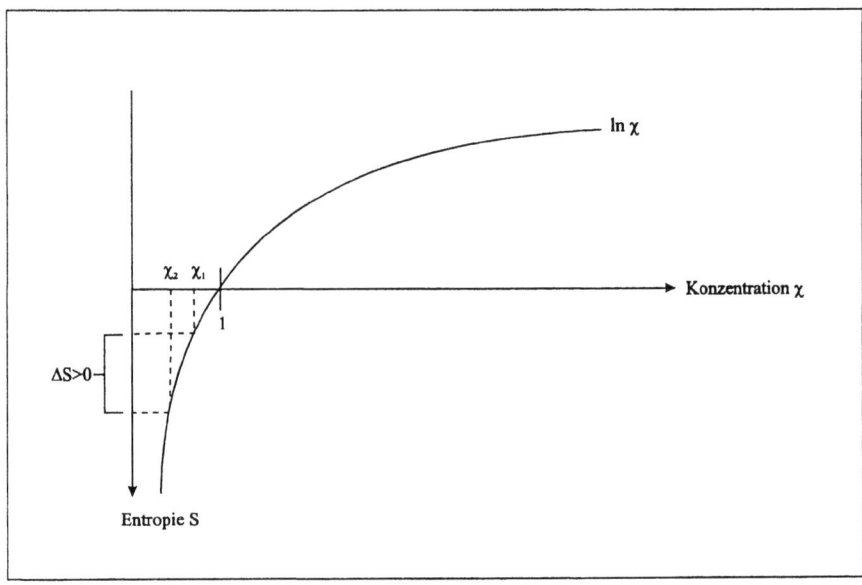

Abbildung 2.5

Für die interessierte Leserschaft zeigen wir am Ende dieses Kapitels (siehe Abschnitt 2.5): Entropieänderungen dS sind direkt proportional zur Änderung der Konzentration, wobei der Zusammenhang über den Logarithmus der relativen Konzentration hergestellt ist. Bezeichnet χ generell die Stoffkonzentration, so gilt für den Übergang von einer Konzentration χ_1 auf χ_2:

(2.1) $dS = NR(\ln\chi_1 - \ln\chi_2) > 0$.

NR ist eine vom betrachteten Material abhängige Konstante (siehe Abschnitt 2.5). Fällt nun beispielsweise die Konzentration eines Gases bei Ausdehnung wie im fiktiven Gasexperiment aus Abschnitt 2.2.1 von χ_1 auf χ_2, so erzeugt dies einen Fluß an Entropie, erhöht somit die Entropie, wie Abbildung 2.5 verdeutlicht.

Bisher hatten wir argumentiert, das thermodynamische System sei im Ausgangszustand ein Potential niedriger Entropie und ökonomisch wertvoll, weil sich Energie aus ihm gewinnen lasse (vgl. Abschnitt 2.2.1). Die neue, oben vorgenommene Charakterisierung stimmt mit dieser Beschreibung überein und führt zur bereits angedeuteten Hierarchie von Systemen. Sie hat aber den Vorzug, daß Ressourcenbestände jetzt gemäß der Konzentration der in ihr enthaltenen Ressource, also dem Reinheitsgrad, abgestuft werden können: Bestände, in denen ein Rohstoff in hoher Konzentration vorkommt, haben eine hohe Ordnung. Sie sind Potentiale niedriger Entropie und können damit leicht für ökonomische Zwecke ausgebeutet werden. Bestände dagegen, in denen Rohstoffe stark durchmischt, also in niedriger Reinheit und schwach konzentriert vorkommen, sind durch relativ hohe Entropie gekennzeichnet. Der Grad an verfügbarer Energie in ihnen ist gering, womit sie ökonomisch weniger leicht genutzt werden können.

2.3 Anwendungen entropietheoretischer Betrachtungen

Wie können entropietheoretische Überlegungen bei ökonomischen Analysen ökologischer Probleme genutzt werden? Folgt man dem zweiten Hauptsatz der Thermodynamik, dann kann die Entropie in einem isolierten System nie abnehmen: Bei reversiblen Prozessen bleibt sie konstant, und bei irreversiblen Prozessen nimmt sie stets zu (siehe hierzu Horwich 1987). Deshalb laufen in isolierten thermodynamischen Systemen spontan und selbständig nur solche Prozesse ab, bei denen die Entropie steigt. Dieses Prinzip legt nach Clausius die Richtung aller Vorgänge fest (siehe Ayres 1995).

Vereinfachend gesprochen besagt also der zweite Hauptsatz der Thermodynamik, daß isolierte thermodynamische Systeme langfristig einem Zustand maximaler Entropie und damit minimaler Struktur und Ordnung zustreben. Struktur und Ordnung natürlicher Systeme werden folglich irreversibel zerstört. Dieses Phänomen wird häufig durch die Aussage ausgedrückt, das Universum strebe dem Wärmetod entgegen. Dies wäre ein Zustand, in dem die gesamte, ehemals freie Energie in Wärmeenergie transformiert wurde, und sich jede Ordnung in Chaos aufgelöst hätte.

Was aber für das Universum als Ganzes gilt, muß nicht auch auf seine Teile zutreffen. Tatsächlich beobachten wir in der Natur, aber auch in der menschlichen Gemeinschaft häufig das Gegenteil. Dort haben sich im Verlauf der Evolution komplexe chemische, biologische, ökologische und soziale Strukturen herausgebildet, welche die Ordnung in der natürlichen Umwelt nicht verringerten, sondern im Gegenteil erhöhten. Und diese Prozesse der Selbstorganisation, die zumindest in ihren Teilsystemen die Entropie senken, finden auch heute ständig statt.

Dennoch befinden wir uns nicht im Widerspruch zum zweiten Hauptsatz der Thermodynamik. Denn der zweite Hauptsatz macht nur Aussagen über isolierte thermodynamische Systeme. Aus dem Blickwinkel des zweiten Hauptsatzes ist demnach ein von selbst ablaufender Prozeß dann umkehrbar, wenn die Systeme geöffnet werden, und die in ihnen erzeugte Entropieerhöhung von außen durch Zufluß von Energie kompensiert wird. Unser Gasexperiment bestätigt dieses Prinzip unmittelbar. Von selbst breitet sich das Gas nur aus und strömt vom gefüllten in das evakuierte Behältnis. Will man jedoch diesen Vorgang umkehren, und die gesamte Gasmasse in einem der beiden Gefäße konzentrieren, dann muß dem System von außen Energie zugeführt werden und Gas aus einem in den anderen Behälter gepumpt werden.

2.3.1 Ressourcenextraktion, Energiebedarf und Entropiefluß

Die Evolution von höher entwickelten Systemen steht also nicht im Widerspruch zum zweiten Hauptsatz der Thermodynamik. Sie muß allerdings in offenen Systemen stattfinden, die sich jedoch nur dadurch auf ihrem niedrigen Entropieniveau halten können, indem sie Entropie an ihre Umwelt abgeben und aus dieser Energie aufnehmen.

Faber, Niemes und Stephan (1995) haben diese Erkenntnis dazu benutzt, um den Energiebedarf zu berechnen, der mindestens notwendig ist, Ressourcen so aufzuarbeiten, daß sie als Ausgangsmaterial (Rohmaterial) in der Produktion eingesetzt werden können. Denn bei einer Ressourcenextraktion wird ja auch immer die Konzentration von Rohstoffen erhöht, was nach unseren bisherigen Überlegungen einer Entropieverringerung entspricht und durch entsprechende Zuflüsse an freier, nutzbarer Energie kompensiert werden muß.

Um diese Zusammenhänge darstellen zu können, sei angenommen, in einem Ressourcenbestand seien zwei Stoffe durchmischt. Der erste sei der erwünschte Rohstoff, der in der Umwelt mit einer Konzentration χ_N vorkommt; der zweite sei ein wertloser Beistoff. Da es nur zwei Stoffe gibt, hat der Beistoff die Konzentration $1-\chi_N$.

Nehmen wir an, es sei möglich, die erwünschte Ressource nahezu in Reinform zu extrahieren, dann beobachten wir zwei Effekte: Erstens erhöht sich die Konzentration der erwünschten Ressource von ursprünglich χ_N auf $\chi_R > \chi_N$. Dies bedeutet nach (2.1)

(2.2) $dS_R = NR(\ln\chi_N - \ln\chi_R)$.

Da $\ln\chi_N < \ln\chi_R < 1$ ist (siehe Abbildung 2.5), folgt aus (2.2) eine Entropieabnahme bei der Ressourcenextraktion um dS_R.

Zusätzlich steigt durch die Abtrennung der erwünschten Ressource aber auch die Konzentration des Beistoffes im verbleibenden Restbestand auf Eins. Somit gilt auch hier

(2.3) $dS_B = NR(\ln(1-\chi_N) - \ln(1-\chi_R))$.

Also verringert sich auch die Entropie im verbleibenden Restbestand und damit insgesamt um den Betrag $dS = dS_R + dS_B$.

Nach dem zweiten Hauptsatz der Thermodynamik kann die Entropie eines geschlossenen Systems und damit des Ressourcenbestandes nur verringert werden, wenn Energie von außen zugeführt wird. Durch eine entsprechende Umrechnung kann man aus der Verringerung der Entropie, die durch die Erhöhung der Konzentration des Beistoffes im verbleibenden Bestand ausgedrückt wird, auf einen Mindesteinsatz an Energie bei der Extraktion schließen. Dabei müssen durch den Energieeinsatz sowohl die Effekte der Extraktion als auch der Konzentrierung des Beistoffes kompensiert werden (siehe Faber, Stephan und Niemes 1985).

Damit haben wir einen qualitativen Zusammenhang zwischen Entropie, Energieeinsatz und der Konzentration einer Ressource. Im Gegensatz zu traditionellen Beiträgen zur Ressourcenökonomie basiert dieser jedoch direkt auf physikalischen Gesetzmäßigkeiten und gibt die realen Vorgänge besser wieder. Dies hat sich bei konkreten Anwendungen tatsächlich als Vorteil erwiesen. Beispielsweise konnte Ruth (1995) entropietheoretische Überlegungen obiger Art verwenden, um für die amerikanische Kupferbergbauindustrie die Zusammenhänge zwischen Ressourcenextraktion, Energieeinsatz und technischem Wandel empirisch zu untersuchen.

2.3.2 Wirtschaftliches Handeln und Entropie

Kehren wir nochmals zum zweiten Hauptsatz der Thermodynamik zurück. Anders ausgedrückt sagt dieser, daß Systeme, die keine Energie mit ihrer Umwelt austauschen, nicht konstant Arbeit verrichten können. Wirtschaftliches Handeln besteht aber zum Großteil in der Verrichtung von Arbeit. Also muß das ökonomische System Energie mit seiner Umwelt austauschen.

Energie kann aber nur bereitgestellt werden, solange Systeme mit niedriger Entropie existieren, deren freie, noch nicht in Wärme gebundene Energie ausgenutzt werden kann. Diese Beobachtung hat direkte Implikationen für die ökonomische Theorie und hilft, die Interaktionen zwischen ökonomischen Systemen einerseits und der sie umgebenden Umwelt andererseits besser zu verstehen (für die Originalarbeit siehe Schrödinger 1944): Ökonomische Systeme bestehen aus komplexen Strukturen, die sich selbst dadurch erhalten, daß sie Energie, hiermit Potentiale niedriger Entropie, konsumieren und einen beständigen Fluß an Entropie in die Umwelt erzeugen.

Tatsächlich werden bei vielen ökonomischen Prozessen Ressourcenbestände mit hohem Reinheitsgrad verbraucht und Emissionen erzeugt, in denen die ehemaligen Rohstoffe qualitativ abgewertet und mit niedrigerer Konzentration in die Umwelt zurückgeschleust werden. Abbildung 2.6 (siehe auch Der Rat von Sachverständigen für Umweltfragen 1991) illustriert diese Zusammenhänge. Dort wird der ursprünglich konzentrierte, also in Form eines nutzbaren Potentials vorhandene Rohstoff zumindest in Produktion und Konsum mit anderen Stoffen vermischt. Schließlich ist seine Konzentration soweit gesunken, daß er im ökonomischen System nicht mehr verwertet wird, in der Unordnung zahlloser Müllkippen landet und die Umwelt belastet.

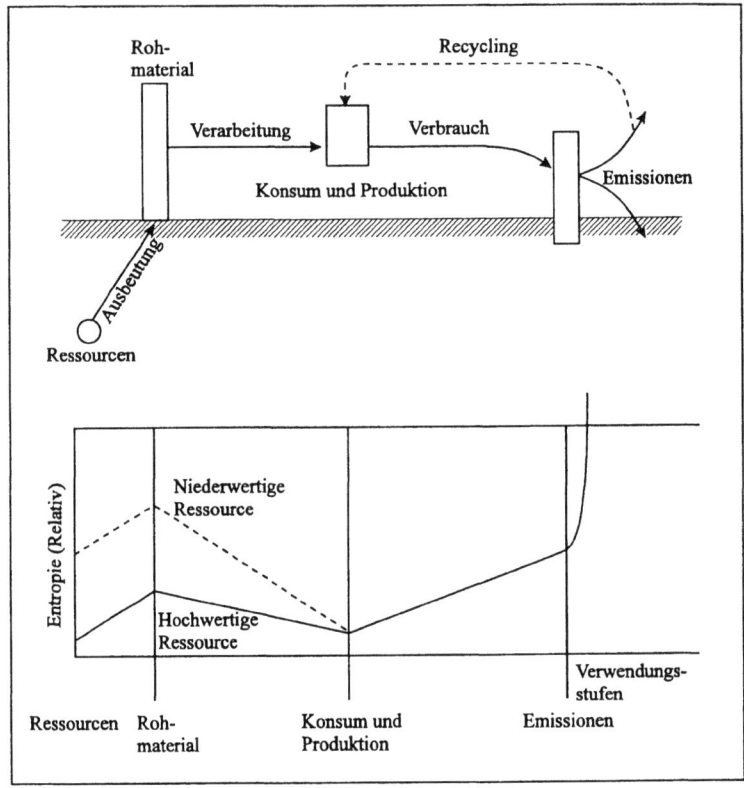

Abbildung 2.6

Dies verdeutlicht, daß eine reine Stoffflußbetrachtung wie beim Materialbilanzansatz (siehe Abschnitt 2.1.2) nicht ausreicht, um die Auswirkungen des Wirtschaftens auf die Umwelt verstehen zu können. Wirtschaftliche Tätigkeit ist nicht nur die kontrollierte Umwandlung von Materie unter Einsatz von Energie unter Beibehaltung der Materiemasse. Ökonomische Aktivitäten schaffen vielmehr einen kontinuierlichen Strom an Entropie, indem sie Zustände niedriger Entropie in solche mit hoher Entropie transformieren. Sie erzeugen dabei tiefe Eingriffe in unsere natürliche Umwelt und können nur aufrechterhalten werden, solange Potentiale niedriger Entropie zur Verfügung stehen, deren freie Energie genutzt werden kann.

Der Entropiefluß, den wirtschaftliche Aktivitäten auslösen, kann übrigens auch über Formel (2.1) bestimmt werden. Wirtschaftliches Handeln bedeutet ja insbesondere, daß Ressourcen angeeignet und vermischt werden, um so die gewünschten Wirtschaftsgüter und Konsumgüter herzustellen. Begleiten wir also einen Rohstoff auf seinem Weg durch das ökonomische System und beobachten die dabei auftretenden Entropieflüsse.

Wir können mindestens drei Schritte aufzeichnen (siehe dazu auch Abbildung 2.6): Erstens wird der Rohstoff aus der Umwelt entnommen und aufgearbeitet. Dabei steigt die ursprüngliche Konzentration des Rohstoffes; also wird ein Entropiefluß erzeugt. Zweitens sind Produktion und Konsum letztlich Vermengungen von Stoffen. Also wird hier der ursprünglich in großer Reinheit vorliegende Rohstoff in eine weniger konzentrierte Form gebracht; was einen erneuten Fluß an Entropie bedeutet (siehe Abbildung 2.5). Schließlich wird der Rohstoff als Abfall an die Umwelt abgegeben, somit weiter vermischt, weshalb sich ein weiterer Entropiefluß ergibt.

2.3.3 Entropie und Umweltbelastung

Diese einfache Betrachtung gibt nur einen Teil der tatsächlichen Entropieströme wieder. Überlegungen dieser Art haben aber dazu geführt, Entropieflüsse, die durch wirtschaftliches Handeln erzeugt werden, als universelles Maß für Umweltbelastungen zu verwenden, die von Volkswirtschaften gesamthaft ausgelöst werden. Aufgegriffen wurde diese Idee unter anderem in einer Arbeit von Kümmel (1980). Dort definiert er einen Indikator $V = V(W, W_c, W_o)$, der die Wohlfahrtsverluste, die eine Gesellschaft als Folge von Umweltbelastungen erleidet, abhängig von den folgenden Variablen mißt: (1) W, dem prozentualen Anstieg der Entropie in der Umwelt, der direkt aus ökonomischer Tätigkeit resultiert; (2) W_c, der von der betrachteten Gesellschaft festgelegten kritischen Obergrenze, die nach physikalischen, biologischen und medizinischen Gesichtspunkten nicht überschritten werden darf; (3) W_o, der Entropieverringerung aufgrund von natürlichen Entsorgungsvorgängen, womit der Tatsache Rechnung getragen wird, daß die Erde ein offenes thermodynamisches System ist.

Zusammengefaßt hat man somit einen Maßstab dafür, wie stark menschliche Aktivitäten bei der Produktion, dem Konsum aber auch bei Umweltschutzmaßnahmen das ökologische System Erde belasten. Für Umweltbelastungen, die durch thermische Abstrahlungen verursacht werden, hat Kümmel die Indikatorfunktion p evaluiert. Nach seinen Berechnungen liegt der kritische, nach biologischen und medizinischen Erkenntnissen gerade noch tolerierbare Wert W_c bei 3×10^{14} Watt. Unterstellt man ein Wirtschaftswachstum von 5 % jährlich und eine direkte Kopplung zwischen dem Bruttosozialprodukt, dem Energieverbrauch und der Wärmeabstrahlung, dann ist dieser Wert im Jahre 2050, bei einem Wirtschaftswachstum von 3 % im Jahre 3000 erreicht (siehe Stephan 1991).

Obwohl die verwendeten Annahmen sehr restriktiv sind und zum Beispiel die Effekte einer erwarteten Erhöhung der Energieeffizienz und damit die Verringerung thermischer Abstrahlung ausschließen, sind diese Ergebnisse dennoch erschreckend. Sie verdeutlichen aber auch eine Funktion von entropietheoretischen Betrachtungen. Erstens machen sie auf Probleme aufmerksam, die man bei einer üblichen Betrachtungsweise vielleicht gar nicht wahrgenommen hätte. Zweitens werden die zeitliche Dimension, insbesondere die Langfristigkeit von Auswirkungen heutiger Emissionen auf die Umwelt und die Gefahr irreversibler Entwicklungen deutlich (siehe auch Stephan 1992).

Abbildung 2.6 verdeutlicht aber noch mehr. Bei jeder Extraktion nimmt die Konzentration der in der Umwelt verbliebenen Ressourcen ab. Ressourcenextraktion heute bedeutet deshalb, daß in der Zukunft Ressourcenextraktion nur noch mit höheren Aufwendungen, höherem Energieaufwand, möglich ist.

Stellt man nunmehr die Frage nach der optimalen Verwendung einer Ressource über die Zeit, dann müssen die eben betrachteten Zusammenhänge ins Optimierungskalkül einbezogen werden. Mit anderen Worten muß berücksichtigt werden: Ressourcenextraktion heute verschafft den zukünftigen Generationen dadurch Nachteile, daß nur noch Ressourcenbestände minderer Qualität (Konzentration) verfügbar sind und diese nur noch mit höherem Energieaufwand ausgebeutet werden können.

Soll die intertemporale Allokation von Ressourcen über Märkte geregelt werden, so muß der Ressourcenpreis diese negativen Auswirkungen einer Ressourcenextraktion heute auf künftige Generationen erfassen. Deshalb muß der Marktpreis p eines Rohstoffes aus mindestens zwei Bestandteilen zusammengesetzt sein, um eine optimale Allokation zu sichern:

$$p = p_E(\chi) + p_Z(\chi).$$

$p_E(\chi)$ bezeichnet in Abhängigkeit von der Ressourcenkonzentration χ die Extraktionskosten heute, und $p_Z(\chi)$ sind die zusätzlichen Kosten, die künftig als Folge heutiger Ressourcenextraktion entstehen. Nur wenn diese Kosten über das Preissystem internalisiert sind, ist eine optimale intertemporale Ressourcenallokation garantiert.

Die in der Realität beobachteten Ressourcenpreise sagen in der Regel jedoch nicht, wie eben besprochen, die ökonomische Wahrheit. Sie werden im wesentlichen durch die betriebswirtschaftlichen Kosten der Extraktion und des Transportes bestimmt. Damit werden in den Marktpreisen die negativen Auswirkungen auf künftige Generationen ebensowenig berücksichtigt wie die Umweltbelastungen durch Produktion und Konsum oder die Tatsache, daß Rohstoffe, die heute noch wertvoll sind, morgen zu Abfall werden und zum Müllnotstand beitragen. Folglich sind die auf Märkten beobachteten Preise von Gütern und Dienstleistungen zu niedrig. Die derart verzerrten Preissignale geben damit weder die tatsächliche Knappheit wieder, noch setzen sie das Verursacherprinzip durch, und nur ein Teil der tatsächlichen Kosten zur Herstellung von Gütern wird über die Preise an Produzenten und Konsumenten weitergegeben. Deshalb weichen die betriebs- und volkswirtschaftlichen Kosten so weit voneinander ab, daß es aus volkswirtschaftlicher Sicht zu einer Vergeudung an Rohstoffen und einer Überlastung der Natur kommt, wie wir in den kommenden Kapiteln zeigen werden.

2.4 Schlußfolgerungen

Nimmt man die entropietheoretische Betrachtungsweise und insbesondere den zweiten Hauptsatz in dem Sinne wörtlich, daß Struktur und Ordnung natürlicher Systeme irreversibel zerstört werden, dann wirkt sie auf den ersten Blick pessimistisch. Sie prophezeit langfristig den entropischen Tod, und damit im Grunde das Ende der uns bekannten Welt. Jedoch sollten zwei Tatsachen an dieser Stelle nicht übersehen werden.

Erstens hängt der Grad der Ausnutzung und der Nutzbarkeit an freier Energie und damit der Potentiale an niedriger Entropie von der eingesetzten Technik ab. Heute ist uns bewußt, daß die Energieeffizienz der konventionellen Technologien niedrig ist. Alternative, umweltfreundlichere Techniken mit einer wesentlich höheren Energieeffizienz sind bekannt und stehen zum Teil bereits im großtechnischen Maßstab bereit. Sie kommen aber bei den herrschenden Marktpreisen wegen zu geringer betriebswirtschaftlicher Rentabilität noch nicht zur Anwendung. Aus dieser Erkenntnis leitet sich der Optimismus und Glaube an eine Zukunft durch Innovation ab. Auf dieser Tatsache gründet auch das Vertrauen, über den Einsatz marktwirtschaftlicher Instrumente im Umweltschutz, über Lenkungsabgaben und Ökosteuern Marktpreise so korrigieren zu können, daß sich betriebswirtschaftliche Rentabilität konventioneller Techniken im Vergleich zu alternativen Technologien verschlechtert, und der notwendige ökologische Umbau unserer Gesellschaft vollzogen wird. Wir werden auf diesen Aspekt in späteren Kapiteln noch eingehen.

Zweitens kritisieren Wissenschaftler wie beispielsweise Nicolis und Prigogine (1977) zu Recht, daß der zweite Hauptsatz ebenfalls eine Verkürzung der Realität darstellt. Streng genommen gilt er nur in isolierten Systemen und in der Nähe eines thermodynamischen Gleichgewichtes. Die Erde ist aber kein isoliertes, sondern höchstens ein materiell geschlossenes System, dem ständig Energie durch die Sonne zugeführt wird. Daher kann das System Erde eine Entropiezunahme durch äußere Zufuhr von sogenannter Negentropie ausgleichen und Gleichgewichte fern vom entropischen Tod langfristig aufrechterhalten. Darüber hinaus kann es durch sogenannte Selbstorganisation lokal zur Abnahme der Entropie kommen, was die Grundlage für Evolutionsprozesse darstellt. Innovation ist übrigens eine Form der Evolution. Im Gegensatz zur biologischen Evolution, wo die Natur die Gesetze determiniert und die Evolution lenkt, steuern der Mensch und die Ökonomie die "ökonomische Evolution".[3]

Doch die Grenzen für die ökonomische Evolution sind eng gesteckt. Das wird deutlich, wenn man sich Berechnungen des Berliner Physikers Ebeling (siehe Ebeling 1991) vor Augen hält: Zu Beginn dieses Kapitels haben wir festgehalten, daß die ökologischen Prozesse auf dieser Erde durch die Sonnenenergie angetrieben werden. Diese beträgt etwa 10^{17} Watt durchschnittlich, oder ca. 200 Watt/m^2 Erdoberfläche. Diese Energie muß für alle Lebensprozesse ausreichen, also für alle meteorologischen, biologischen, ökologischen und ökonomischen Prozesse zusammen, wenn keine fossilen Energieträger (oder Kernenergie) zur Verfügung stehen. Stellen wir uns nun vor, jeder der 6 Mrd. Einwohner, die 1994 diese Erde bevölkerten, würde täglich ca. 3 Stunden in einer Limousine der Mittelklassen mit einem Stundenverbrauch von 10 Litern durch die Gegend fahren, dann wäre diese Energielimite bereits überschritten.

Lassen sich aus entropietheoretischen Betrachtungen unmittelbar Folgerungen und Hinweise darauf ableiten, wie Umweltpolitik und Umweltschutzmaßnahmen auszugestalten seien? Wir glauben, nein. Denn trotz des Versuches, entropiegestützte Überlegungen zu benutzen, um die ökologischen Auswirkungen einer Nutzung der Umwelt als Rohstofflieferantin beziehungsweise Empfänger von Schad- und Abfallstoffen zu quantifizieren, müssen entropietheoretisch begründete Aussagen immer allgemein und generell bleiben.

Dies folgt unmittelbar aus der Konzeption dieses Ansatzes. Wie schon in Abschnitt 2.2.1 erwähnt, verwenden wir mit Entropie und dem zweiten Hauptsatz der Thermodynamik einen Begriff beziehungsweise ein Konzept, das durch Analogbetrachtungen aus der Thermodynamik in die Umweltökonomie übertragen wurde. Die Thermodynamik aber ist diejenige Disziplin der Physik, die sich mit dem Verhalten großer Systeme mit einer Vielzahl von Teilchen auseinandersetzt. Um das schon oft angestrengte Analogiedenken nochmals zu bemühen: Thermodynamik ist die Makroökonomie in der Physik, während die Klassische Mechanik eher der Mikroökonomie entspricht. Werden thermodynamische Konzepte in der Ökonomie benutzt, befindet man sich folglich auf einem hohen Aggregationsniveau. Man betrachtet große Systeme und analysiert deren Verhalten als Gesamtheit.

---

[3] Tatsächlich besteht in den Wissenschaften auch die Ansicht, die Auseinandersetzung mit ökologischen Grenzen und Problemen habe eine überaus positive Wirkung auf die Menschheit. Beispielsweise vertreten Fritsch (1993) oder Stokes (1994) die Meinung, politische und ökonomische Systeme könnten sich gerade unter dem ökologischen Zwang so entwickeln, daß die ökologischen Schranken überwunden und ein Leben in Selbstbestimmung möglich ist.

Heißt dies aber, entropietheoretische Betrachtungen sind nicht notwendig, um ökonomisch-ökologische Wechselwirkungen beschreiben und verstehen zu können? Ein solcher Einwand wäre berechtigt, wenn Entropiebetrachtungen nur darin bestünden, die Inanspruchnahme der Umwelt durch die menschliche Gemeinschaft und die daraus resultierenden Umweltbelastungen in Entropieflüsse umzuinterpretieren. Dann hätte die altbekannte umweltökonomische Auseinandersetzung mit ökonomischen Aspekten ökologischer Probleme eine Umbenennung in entropietheoretische Analyse erfahren. Doch die Erkenntnisgewinne einer umweltpolitischen Analyse, die auf Entropie und thermodynamische Konzepte zurückgreift, gehen weiter (siehe hierzu Stephan 1992, Binswanger 1994).

Erstens erlaubt der Entropieansatz die vielfältigen Verflechtungen zwischen dem ökonomischen und dem ökologischen System auf eine gemeinsame Grundlage zu stellen. Wie bedeutend eine solche Sichtweise ist, wird schon allein daraus ersichtlich, daß ökonomische Systeme die Umwelt in mindestens doppelter Hinsicht in Anspruch nehmen. Einerseits werden Rohstoffe der Umwelt entnommen und andererseits Schad- und Abfallstoffe an sie zurückgegeben. Da ökonomische Systeme offene Durchlaufsysteme sind, sind diese beiden Funktionen untrennbar miteinander verbunden, und jeder Eingriff und jede Maßnahme auf der einen Seite hat unmittelbare Konsequenzen für die andere.

Zweitens macht eine thermodynamische Sichtweise aufmerksam auf die zeitliche Struktur von Umweltproblemen und deren qualitative Effekte. Insbesondere wird die Irreversibilität ökonomischer Auswirkungen auf das ökologische System betont, und die Rolle von freier, verfügbarer Energie deutlich gemacht.

Drittens werden durch die heutigen Entscheidungen die Handlungsspielräume von morgen festgelegt. Wie sich unsere Gesellschaft entwickelt, welche Richtung der technische Wandel nimmt, immer wird dadurch auch bestimmt, wie die Menschheit die Natur in der Zukunft nutzt. Unglücklicherweise müssen solche Entscheidungen unter Unsicherheit und Unkenntnis gefällt werden. Es ist daher hilfreich, grobe Anhaltspunkte, quasi Leitplanken zu haben, von denen sicher ist, daß sich Entwicklungen nur innerhalb dieser Grenzen abspielen. Der erste und zweite Hauptsatz der Thermodynamik formulieren diese Leitlinien: Jedes Produktionsverfahren, das jemals angewendet wird, jede Technologie, die entwickelt wird, muß diesen Gesetzen folgen, und Prognosen, die diese Bedingung verletzen, definieren unrealistische Szenarien.[4]

Schließlich können aus einer stärker naturwissenschaftlich fundierten ökonomischen Auseinandersetzung mit Umweltaspekten Probleme erkannt und dann

---

[4] Dazu gehört auch die Fiktion von der "clean production". Sicherlich kann die Energieeffizienz unserer Konsum- und Produktionsweise noch erheblich gesteigert werden. Doch weniger Abfälle entstehen nur, wenn auch weniger Inputs in die Produktion eingesetzt werden. Ayres (1995) schreibt hierzu: "Clean production is, effectively, an oxymoron."

auch analysiert werden, die entweder bislang unterschätzt wurden, oder für die kein theoretischer Rahmen bestand. Dies gilt insbesondere für Fragestellungen aus dem Grenzgebiet zwischen Ökonomie und Ökologie, aber auch für Aspekte der Selbstorganisation dynamischer Systeme.

2.5 Exkurs: Eine Formalisierung entropietheoretischer Überlegungen

Mit dem Begriffspaar, Entropie - gebundene Energie, ist ein Konzept in die ökonomische Theorie eingeführt, das eine begriffliche Klärung und eine Kategorisierung ökologischer Systeme und ökonomischer Prozesse erlaubt. Eine ökonomische Auseinandersetzung mit dem Umweltproblem kann sich aber nicht darin erschöpfen, Begriffe einzuführen und zu erläutern. Vielmehr muß es dadurch möglich werden, Zusammenhänge zu erkennen, zu analysieren und nach ihrem Verständnis, Auswirkungen von umweltpolitischen Eingriffen zu prognostizieren. Für eine weitere Analyse ist es deshalb notwendig, das ökologische Entropiekonzept so zu formulieren, daß sich die durch den Diffusionsprozeß ausgelöste Entropieänderung[5] analytisch ableiten läßt.

Robert Mayer (siehe Gerthsen 1964) hat schon im letzten Jahrhundert das sogenannte mechanische Wärmeäquivalent abgeleitet. Dieses stellt einen Zusammenhang zwischen Energie in verschiedenen Zustandsformen her, insbesondere zwischen mechanischer und Wärmeenergie. Seine Überlegungen führten zu dem Ergebnis, daß bei der Ausdehnung eines Gases um das Volumen dV die mechanische Energie dA, nach der Formel

(2.4) $dA = pdV,$

erforderlich ist. p ist dabei der Druck des Gases.

Da eine solche Ausdehnung auch bei unserem Gasexperiment in Abschnitt 2.2.1 stattgefunden hat, stellt sich die Frage: Woher kommt diese Energie? Von außen kann sie nicht kommen, denn das System ist vollständig von der Außenwelt isoliert. Also kann die zur Ausdehnungsarbeit erforderliche Energie nur aus dem System selbst stammen. Das thermodynamische System stellt sich somit zur Verrichtung von Arbeit, nämlich der Ausdehnung um dV, einen Teil der im System enthaltenen Energie selbst zur Verfügung, gerade wie wir dies oben ausge-

---

[5] Häufig wird an dieser Stelle die Kritik geäußert, daß Ökonomen ein Konzept, das nur für ideale Gase etabliert sei, auf beliebige Ressourcen anwenden (siehe hierzu etwa die Kritik von Khalil (1989) an Faber, Niemes und Stephan (1987)). Dagegen läßt sich aber argumentieren: Erstens lassen sich die entropietheoretischen Überlegungen auf alle thermodynamischen Systeme anwenden. Die Vorliebe für ideale Gase erklärt sich aus der Einfachheit der resultierenden Modelle. Zweitens ist das Anliegen der Ökonomie kein physikalisch streng korrektes Konzept, sondern die Formulierung eines heuristischen Erklärungsansatzes.

drückt haben. Wie aber kann man sich diesen Prozeß erklären? Etwa dadurch, daß man sich vorstellt, das System kühle sich ab und ein Teil der in Wärme gebundenen Energie werde in mechanische verwandelt?

Um sich die Bedeutung einer solchen Erklärung zu verdeutlichen, muß man sich zunächst klarmachen, daß sich die Moleküle in einem Gas in ständiger Bewegung, der sogenannten Brownschen Molekularbewegung, befinden. Je schneller diese im Durchschnitt ist, desto höher ist die kinetische Energie der Gasmoleküle im Mittel, und desto höher ist die Temperatur. Abkühlen bedeutet nun, daß sich die Brownsche Molekularbewegung der Gase im Durchschnitt verlangsamt, was sich wiederum dadurch erklären ließe, daß die Energie der Gasmoleküle zur Ausdehnungsarbeit benutzt wurde, womit die durchschnittliche kinetische Energie der Gasmoleküle sinkt.

So überzeugend sie klingt, diese Überlegung hat aber einen Haken. Erstens ist Temperatur nicht Energie, sie hat schlichtweg die falsche Dimension und in der Physik ist die Beachtung von Dimensionen von besonderer Bedeutung. Zweitens kann man zumindest in einem Gedankenexperiment davon ausgehen, daß die Ausdehnung langsam und ohne Temperaturänderung abläuft, gerade wie dies Robert Mayer angenommen hat. Dessen Überlegungen hat die Physiker schließlich auf die Idee gebracht, daß mit Energie, Druck, Volumen und Temperatur Vorgänge in thermodynamischen Systemen nicht hinreichend charakterisiert sind. Um die Energiebilanz thermodynamischer Systeme zu beschreiben, benötigt man vielmehr eine zusätzliche Größe. Diese Größe ist die Entropie.

Gehen wir nochmals zu Gleichung (2.4) zurück und vergegenwärtigen uns, daß die Energie dA, die zur Verrichtung der mechanischen Arbeit notwendig ist, aus dem System stammen muß. Also muß sich die Qualität der Energie im System geändert haben. Durch Einführung der Variable Entropie S, kann jede Energieänderung dU in einem thermodynamischen System über die Größen Temperatur T und Entropie S nach der Gleichung

(2.5) $\quad dU = TdS + dTS$

definiert werden. Wir sehen also, daß sowohl Entropieänderungen dS als auch die Temperaturänderung dT ein Maßstab für Energieänderungen dU in einem thermodynamischen System sind.

Kommen wir auf unser Gedankenexperiment aus Abschnitt 2.2.1, der Diffusion von Gas, zurück. Da es sich um ein Gedankenexperiment handelt, können wir unterstellen, der Ausdehnungsvorgang laufe bei konstanter Temperatur ab, i.e. dT = 0. Also reduziert sich Gleichung (2.6) zu dU = TdS. Und da die mechanische Arbeit dA = pdV, die das System leisten muß, eine Änderung der Wärmeenergie im System bedingt, erhalten wir:

(2.6) $\quad dU = TdS - pdV.$

T bezeichnet hierbei die absolute Temperatur des Gases, dS die Entropieänderung, p den Gasdruck und dV die Volumensänderung.

Im übrigen wird jetzt auch klar, warum man Entropie nicht direkt beobachten kann. Es ist ja eine abgeleitete Größe! Es wird aber auch klar, warum der Wirkungsgrad thermodynamischer Systeme kleiner als Eins ist. Stets wird ein Teil der Energie, die potentiell zur Verrichtung von Arbeit genutzt werden könnte, in Entropie verwandelt.

Beim Diffusionsvorgang, den wir oben in Abschnitt 2.2.1 beschrieben haben, bleibt nach dem ersten Hauptsatz der Thermodynamik die Energie konstant, und es muß gelten: dU = 0. Zusätzlich gilt die universelle Gasgleichung

(2.7) $\quad pV = NRT$,

wobei N die Zahl der Mole und R die universale Gaskonstante sind (siehe hierzu Faber, Niemes und Stephan 1995). Somit folgt aus den Bedingungen (2.6) und (2.7) für ein isoliertes thermodynamisches System, also ein System, das mit der Umwelt weder Energie noch Materie austauscht,

(2.8) $\quad 0 = dU = TdS - (NRT/V)dV$,

oder

(2.9) $dS = (NR/V)dV$.

Aus dieser Differentialgleichung erster Ordnung läßt sich die diskrete Entropieänderung zwischen zwei Zuständen, nämlich der Ausgangssituation des thermodynamischen Systems mit einem Gasvolumen V_1 und dem Endzustand mit dem Volumen V_1+V_2, durch Integration errechnen:

$$\int_{V_1}^{V_1+V_2} dS = NR \int_{V_1}^{V_1+V_2} \frac{1}{V} dV,$$

(2.10) $\quad S(V_1+V_2) - S(V_1) = NR\ln([V_1+V_2]/V_1)$.

Die Entropieänderung eines thermodynamischen Systems bei Ausdehnung entspricht somit dem Logarithmus der prozentualen Veränderung des Volumens. Da $(V_1 + V_2)/V_1 > 1$ ist, wird dieser Prozeß von einer Entropiezunahme begleitet. Die Entropieänderung ist somit ein Maß für die qualitative Änderung, die ein System auf Grund natürlich ablaufender Prozesse erfahren hat.

Aus Formel (2.10) läßt sich schließlich direkt die Formel ableiten:

(2.1) $dS = NR\ln(\chi_1/\chi_2) = NR(\ln\chi_1 - \ln\chi_2)$,

die in Abschnitt 2.2.2 verwendet wurde. Die Konzentration χ eines Stoffes oder eines Gases ist definiert als Zahl der Moleküle M im Volumen V; hiermit $\chi = M/V$. Da sich im von uns betrachteten, isolierten thermodynamischen System die Zahl der Moleküle nicht geändert hat, gilt:

$$\chi_1 = M/V_1; \text{ beziehungsweise } \chi_2 = M/(V_1 + V_2)$$

oder durch Einsetzen in (2.10)

(2.10a) $S(\chi_2) - S(\chi_1) = NR\ln(M/[V_1+V_2]/(V_1/M)) = NR\ln(\chi_1/\chi_2)$.

Bildet man den Limes $(V_1 + V_2) \to V_1$ und geht somit von einer diskreten zu einer marginalen Betrachtungsweise über, erhält man Formel (2.1).

3. ÖKONOMISCHE GRUNDLAGEN

Warum kommt es zur Zerstörung der Natur, zur Beeinträchtigung der Umwelt durch die Menschen? Eine Antwort auf diese Frage dürfte schwierig, eine einfache, eine griffige und eindeutige Antwort sogar unmöglich sein. Von Menschen gemachte Umweltprobleme haben vielfältige Ursachen. Neben ökologische treten stets auch gesellschaftliche Aspekte, denn die Art und Weise, wie die menschliche Gemeinschaft soziale Probleme zu lösen versucht, beeinflußt wesentlich deren Umgang mit der Umwelt und ihren Gebrauch der natürlichen Ressourcen. Naturwissenschaftliche Konzepte, wie im letzten Kapitel diskutiert, sind zwar überaus wichtig und hilfreich, um die ökologischen Ursprünge von Umweltproblemen und deren Entstehung aufzudecken. Doch ein umfassender Lösungsansatz ist damit noch nicht gefunden. Im Gegenteil, es müssen auch die übrigen, quasi die außernaturwissenschaftlichen Gründe erkannt und analysiert werden, die ursächlich für die Überlastung von ökologischen Kreisläufen sind.

Unglücklicherweise sind die Faktoren, die zu umweltbelastenden Verhaltensweisen von Menschen führen, vielschichtig und nicht immer nur durch einfache Wechselbeziehungen miteinander verknüpft. Eine Methode der Wissenschaft, komplexe Zusammenhänge zu analysieren, ist das sogenannte Reduktionsprinzip, das sich insbesondere in der traditionellen Physik als erfolgbringende Arbeitsweise erwiesen hat (siehe zum Beispiel Weinberg 1993): Zunächst werden komplexe Systeme in Untersysteme so zerlegt, daß einfache, kausale Ursache-Wirkungszusammenhänge herauskristallisiert werden können. Danach hofft man, die gewonnenen Einzelerkenntnisse so zusammenfügen zu können, daß ein Überblick über die Gesamtproblematik möglich wird.

Ob eine solche Vorgehensweise immer erfolgreich ist, wird heute heftig bezweifelt. Machen wir dennoch das Gedankenexperiment und trennen zwischen psychologischen, ökologischen und ökonomischen Ursachen der Umweltproblematik. Unterstellen wir einmal, alle Menschen hätten hinreichendes Umweltbewußtsein, und die Gesellschaft, ihre Normen, Moral und Ethik hinderten den Einzelnen nicht, sein Bewußtsein in Handeln umzusetzen. Trätten dann trotzdem Umweltprobleme auf? Die ökonomische Theorie sagt ja. Dies zu erläutern ist ein Ziel dieses Kapitels.

Übersetzen wir dazu die wesentlichen Erkenntnisse, die wir im letzten Kapitel aus naturwissenschaftlichen Überlegungen zum Umweltproblem gewonnen haben, in eine Sprechweise, die in der ökonomischen Allokationstheorie entwickelt worden ist. Dann sind Umweltprobleme Knappheitsphänomene in doppelter Hinsicht:[1] Erstens sind Dienstleistungen der Natur als Rohstofflieferantin und Schadstoffempfängerin erforderlich, um überhaupt ökonomisch handeln zu können. Doch die Natur kann Güter und Dienstleistungen nur in quantitativ und qualitativ beschränktem Umfang zur Verfügung stellen, womit dem Wirtschaften ökologische Grenzen gesetzt sind. In vielen Fällen werden diese natürlichen Grenzen überschritten und die herrschenden ökologischen Knappheiten mißachtet, wie dies schon in der Vergangenheit häufig der Fall war. Denn einerseits werden knappe Bestände an natürlichen Ressourcen ausgebeutet und mengenmäßig weitgehend erschöpft, wie das Beispiel der Überfischung der Weltmeere illustriert. Und andererseits löst die Belastung der Umwelt durch Emissionen, der Verlust an Lebensraum für Tiere und Pflanzen, aber auch der Verbrauch von Rohstoffen und Energie qualitative Änderungen aus, die das Knappheitsproblem weiter verschärfen.

Zweitens sind Informationen erforderlich, um wirtschaftliche Aktivitäten durchzuführen und aufeinander abzustimmen. Da natürliche Ressourcen von essentieller Bedeutung für ökonomische Systeme sind, müßten insbesondere Informationen über Naturgesetzlichkeiten und ökologische Zusammenhänge in den wirtschaftlichen Prozeß einfließen. Typischerweise spielen Preise in einer Marktwirtschaft die Rolle von Informationssystemen. Sie enthalten jedoch meist nicht die ökologisch relevanten Informationen, weil es der Natur nicht möglich ist, ihre Bedürfnisse unmittelbar über Märkte einzubringen. Sie tritt nicht als Marktteilnehmerin auf. Zudem erschwert die Art, wie der Durchlauf von Stoffen im ökonomischen System in einzelne, scheinbar voneinander unabhängige Markttransaktionen zerlegt wird, den Marktteilnehmern, die ökologische Vergangenheit und die ökologische Zukunft dieser Stoffe vollständig zu erfassen (siehe Stephan 1995a). Daher fehlen in den Preisen, die sich in der Realität auf Märkten bilden, oft die Signale über ökologische Knappheiten.

Studierende der Wirtschaftswissenschaften lernen schon im ersten Studiensemester: Wirtschaften dient dem Ziel, Knappheit zu beherrschen, und die ökonomische Theorie wurde entwickelt, um sich mit dem Knappheitsproblem wissenschaftlich auseinanderzusetzen. Die ökonomische Theorie war in der Vergangenheit tatsächlich recht erfolgreich, wenn es darum ging, Strategien zur Überwindung von Knappheitsproblemen zu entwickeln, und hat dazu beizutragen, unseren Wohlstand zu verbessern. Es gelang auch, Unsicherheit zu beseitigen, beziehungsweise Sicherheit durch den Aufbau der heutigen Rechts-, Bildungs-, Gesundheits- und sozialen Sicherungssysteme zu schaffen und so die Lebensqualität erheblich zu steigern.

---

[1] Dies ist natürlich nicht der vollständige Erkenntnisgehalt. Vielmehr führen ökologische und entropietheoretische Betrachtungen zu einem differenzierten Verständnis des Umweltproblems, das notwendig ist, um Ansätze zur Lösung auch durch ökonomische Instrumente erarbeiten zu können (siehe Abschnitt 2.4).

Diese Leistungen stimmen optimistisch, beziehen sich aber grundsätzlich nur auf ökonomische Knappheit. Nun gilt es, langfristig auch ökologische Knappheiten beherrschen zu lernen. Voraussetzung dafür ist allerdings, die Ursachen für Umweltprobleme aufzudecken. Dies aus ökonomischer Perspektive zu leisten, ist die Aufgabe dieses Kapitels.

3.1 Knappheit und der Erste Hauptsatz der Wohlfahrtstheorie

Bernholz und Breyer (1993) definieren die Volkswirtschaftslehre als die wissenschaftliche Auseinandersetzung "mit der Art und Weise, in der angesichts einer Vielzahl unterschiedlicher menschlicher Ziele und Wünsche über knappe Mittel zur Erfüllung dieser Ziele oder Wünsche verfügt wird". Ein Kernproblem der ökonomischen Theorie lautet also: Wie können die Bedürfnisse der Wirtschaftssubjekte bestmöglich befriedigt werden, wenn die vorhandenen Bestände an Gütern und Produktionsmitteln wie Arbeit, Kapital und natürliche Ressourcen, begrenzt sind und nicht beliebig vermehrt werden können; kurz, wie kann die Knappheit dieser Welt gemanagt werden?

Wenn aber eines der wichtigen Ziele der Ökonomie als wissenschaftlicher Disziplin darin besteht, die Ursachen für Knappheit zu erforschen und Vorschläge zu deren Überwindung zu entwickeln, dann stellt sich unmittelbar die Frage: Wie sind Umweltprobleme, ihre Entstehung und die Möglichkeiten zu ihrer Beherrschung aus der Sicht der ökonomischen Theorie einzuordnen?

Natürlich läßt sich Knappheit nicht beseitigen, auch nicht die an den Dienstleistungen durch die Natur. Die Welt, in der wir leben, ist materiell abgeschlossen und verfügt nur über endliche Vorräte an Materie und Energie (siehe dazu Kapitel 2). Ein Schlaraffenland kann es also auf Grund physischer Begrenztheit nicht geben. Beherrschung von Knappheit kann deshalb nur heißen, mit beschränkten Mitteln bestmöglich, das heißt effizient, umzugehen. Hierbei unterscheiden wir zwischen zwei Effizienzbegriffen: der technischen Effizienz einerseits und der Pareto-Effizienz andererseits.

Technische Effizienz bedeutet, daß es bei gegebener Ressourcenausstattung und Technologie nicht möglich ist, einen größeren Output an erwünschten Gütern zu erzielen oder alternativ einen gegebenen Output mit einem geringeren Faktoreinsatz bereitzustellen. Pareto-Effizienz oder Pareto-Optimalität besteht dagegen, wenn in einer Gesellschaft ein Individuum nur dann besser gestellt werden kann, wenn dafür ein anderes schlechter gestellt werden muß. Zwischen beiden Bedingungen besteht ein entscheidender Unterschied. Technische Effizienz ist ein quantitatives Konzept. Die Antwort auf die Frage, ob eine wirtschaftliche Aktivität technisch effizient ist oder nicht, hängt davon ab, welche Gütermengen erzeugt beziehungsweise verbraucht werden. Pareto-Effizienz ist hingegen ein qualitatives Konzept, weil das Urteil, ob ein Zustand pareto-effizient ist, von der

Bewertung durch die Wirtschaftssubjekte abhängt. Besser beziehungsweise schlechter gestellt zu sein, ist nämlich in dem Sinn zu verstehen, daß sich das Wohlbefinden (der Nutzen) eines Individuums erhöht oder verringert hat.

Dennoch stehen beide Effizienzbedingungen in einem kausalen Zusammenhang. Pareto-Effizienz kann nur herrschen, wenn technische Effizienz vorliegt. Anderenfalls könnte nämlich durch einen sparsameren Umgang mit den knappen Ressourcen ein höherer Output erzielt werden und damit die Versorgung eines Individuums verbessert werden, ohne daß hierfür andere Nachteile erleiden müssen.

Es scheint plausibel zu fordern, diese Kriterien sollten auch in der Ökologie erfüllt sein. Effizienz erfordert den mengen- und qualitätsmäßig sparsamsten Umgang mit den Ressourcen der Natur. Dies gilt insbesondere für Naturgüter wie Bodenschätze oder das Weltklima, das wir mit anderen teilen, oder die künftigen Generationen nicht mehr zur Verfügung stehen, wenn wir sie heute verbrauchen. Ein verschwenderischer Umgang bedeutet deshalb Ineffizienz, so daß die intertemporale Allokation von Umweltgütern zwischen Generationen nicht paretooptimal sein kann.

Ein zentrales Ergebnis der Allokationstheorie, der sogenannte Erste Hauptsatz der Wohlfahrtstheorie[2], besagt, daß eine Marktwirtschaft unter gewissen Bedingungen im Gleichgewicht eine effiziente und Pareto-optimale Allokation von Ressourcen und Gütern garantiert. Auf die Umweltproblematik übertragen heißt das: Besäße der Erste Hauptsatz der Wohlfahrtstheorie auch für Umweltgüter Gültigkeit, so würde mit den Dienstleistungen der Natur effizient und paretooptimal umgegangen. Umweltprobleme in der oben angesprochenen Form nicht beachteter Knappheiten existierten somit nicht.

Jedoch gilt der Erste Hauptsatz der Wohlfahrtstheorie, der gerne als Beweis für die Überlegenheit marktwirtschaftlich organisierter Systeme herangezogen wird und häufig als Rechtfertigung dafür dient, daß der Staat nicht in wirtschaftliche Abläufe eingreifen sollte, nur unter gewissen Voraussetzungen. Diese zu kennen ist wichtig, um die folgenden Fragen zu beantworten:

(1) Unter welchen Voraussetzungen können der Markt und die dort herrschenden Preise das Knappheitsproblem lösen?

(2) Wann und wie muß eingegriffen werden, um umweltschädigendes Verhalten und ineffizienten Ressourcenverbrauch zu vermeiden?

---

[2] Genau sagt der Erste Hauptsatz der Wohlfahrtstheorie (siehe hierzu Kreps 1990): Sind die Präferenzen der Haushalte streng monoton, die Menge der physisch zulässigen Konsumgüterbündel nach unten beschränkt, konvex und abgeschlossen, und verhalten sich die Wirtschaftssubjekte als Preisnehmer und Gewinn- beziehungsweise Nutzenmaximierer, dann ist jedes Konkurrenzgleichgewicht pareto-effizient.

3.1.1 Mikroökonomische Grundlagen

Um die Voraussetzungen und die Wirkungsweise des Ersten Hauptsatzes zu veranschaulichen, erklären wir zunächst dessen mikroökonomische Grundlagen. Dazu verwenden wir ein einfaches Modell einer Tauschwirtschaft mit zwei Wirtschaftssubjekten und zwei Gütern (für Einführungen siehe zum Beispiel Kreps 1990, Varian 1984). Jedes der beiden Wirtschaftssubjekte A und B habe eine Anfangsausstattung an den beiden Gütern 1 und 2. Zur Vereinfachung sei unterstellt, A besitze die gesamte, exogen vorliegende Menge an Gut 1 und B die Gesamtmenge an Gut 2. Die gesamte Anfangsausstattung sowie die Menge aller zulässigen Allokationen sind in Abbildung 3.1 durch eine sogenannte Edgeworth-Box[3] festgehalten.

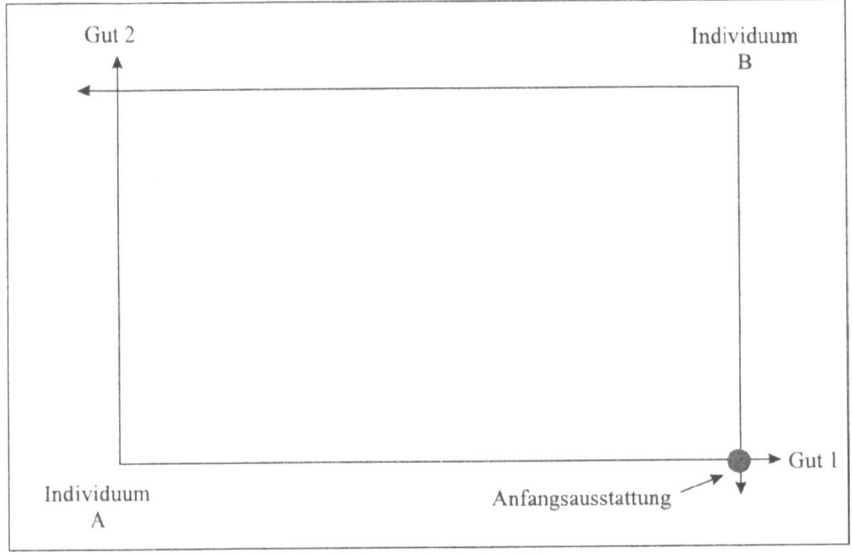

Abbildung 3.1

---

[3] Vereinfacht ausgedrückt ist eine Edgeworth-Box ein Rechteck, dessen Länge der in einer Ökonomie insgesamt vorhandenen Menge an Gut 1, dessen Breite der Gesamtmenge an Gut 2 entspricht. Interpretiert man die linke untere Ecke als Ursprung des Konsumdiagramms von Individuum A, und rechte obere Ecke als Ursprung des Konsumdiagramms von B, so bezeichnet jeder Punkt innerhalb der Edgeworth-Box die Aufteilung der Gesamtausstattung auf die beiden Wirtschaftssubjekte (siehe Varian 1984).

Die Annahme, jedes der beiden Wirtschaftssubjekte habe eine Ausstattung an jeweils nur einem der beiden Güter, stellt natürlich eine extreme Güterverteilung dar. In der Regel werden Wirtschaftssubjekte bestrebt sein, Güterbündel zu konsumieren, in denen von jedem Gut eine gewisse Menge vorhanden ist. A und B werden deshalb versuchen, Teile ihrer Anfangsausstattungen zu tauschen, um so ihre Wünsche und Bedürfnisse nach dem Tausch besser befriedigen zu können, als dies in der Ausgangssituation möglich war.

Wünsche und Ziele von Wirtschaftssubjekten werden in der Mikroökonomie üblicherweise durch Nutzenfunktionen abgebildet (siehe dazu Kreps 1990). Mit diesem Konzept wird auch Umweltbewußtsein erfaßt. Denn Umweltbewußtsein bedeutet, daß Individuen Vorstellungen über den Zustand und die Qualität der Umwelt haben, und daß sich diese in den Präferenzen äußern.

Gibt es nur zwei Güter, dann versteht man unter einer Nutzenfunktion $U^h(x_1^h, x_2^h)$ für Individuum $h = A, B$ eine Abbildung, die jedem Güterbündel (x_1^h, x_2^h) eine reelle Zahl, den Nutzen zuordnet. Wesentlich ist dabei nicht die absolute Höhe des Nutzens, sondern die relative Bewertung verschiedener Güterbündel zueinander. In der ökonomischen Theorie spricht man deshalb von einem ordinalen Nutzenkonzept.

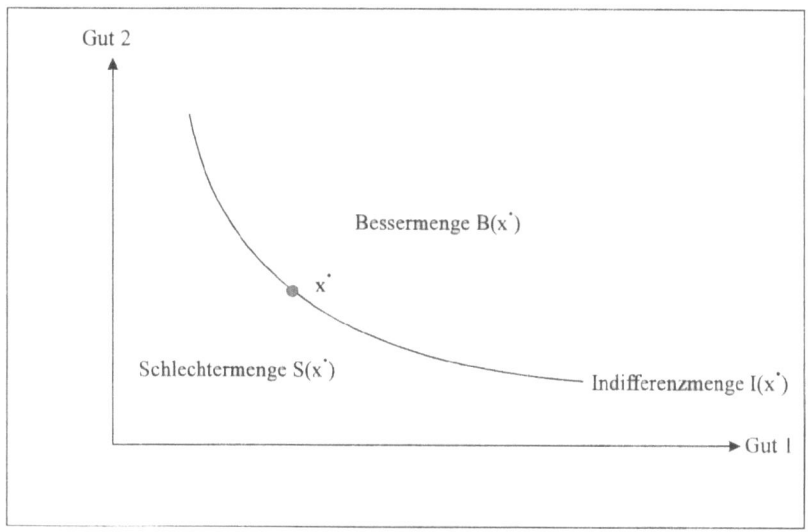

Abbildung 3.2

Grafisch läßt sich eine vollständige und streng monotone Nutzenfunktion U^h durch eine Schar von Indifferenzkurven repräsentieren. Dadurch wird der Raum der physisch zulässigen Güterbündel bezüglich eines beliebig vorgegebenen Bündels x* in drei Bereiche gegliedert (siehe Abbildung 3.2): eine Indifferenzmenge I(x*), die aus Güterbündeln besteht, die alle denselben Nutzen stiften; eine Bessermenge B(x*), bestehend aus Güterbündeln, die mit einem höheren Nutzen assoziiert sind, sowie eine Schlechtermenge S(x*), in der diejenigen Güterbündel mit einem niedrigeren Nutzen liegen.

Überträgt man die Indifferenzkurvenschar in die Edgeworth-Box der Abbildung 3.1, dann sieht man, daß bei den gegebenen Anfangsausstattungen für beide Wirtschaftssubjekte ein Anreiz zum Tausch gegeben ist. Wie Abbildung 3.3 verdeutlicht, spannen die Indifferenzkurven von A und B, die durch die Ausgangsallokation verlaufen, eine Linse auf, die dem Durchschnitt der Bessermengen entspricht. Beide Individuen können somit ihren Nutzen im Vergleich zu ihrer Ausgangsallokation erhöhen und sich damit verbessern. Sie müssen hierzu lediglich einen Gütertausch organisieren, der in diese Linse hineinführt.

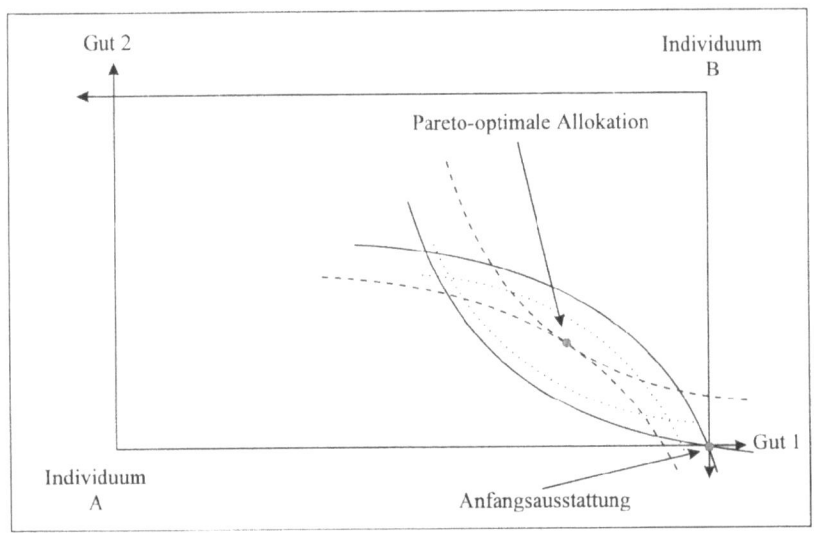

Abbildung 3.3

Verbesserungsmöglichkeiten durch Tausch bestehen, solange sich die Indifferenzkurven der Individuen A und B schneiden. Ist hingegen eine Allokation erreicht, in der sich die Indifferenzkurven der Individuen A und B berühren, dann hat sich eine pareto-effiziente Allokation eingestellt (siehe Abbildung 3.3). Denn bei solchen Allokationen kann sich ein Mitglied der betrachteten Gesellschaft nur dann verbessern, wenn ein anderes dafür schlechter gestellt wird.

Mit anderen Worten versteht man unter einer pareto-effizienten Allokation eine Verteilung von Gütern, welche die Wünsche der Wirtschaftssubjekte bestmöglich befriedigt, dabei die Ressourcen effizient verwendet und die bestehenden Ressourcenbeschränkungen einhält. Letzteres ist aber gerade im Hinblick auf Umweltprobleme von wesentlicher Bedeutung. Pareto-effiziente Allokationen liegen innerhalb der Edgeworth-Box. Somit werden Knappheiten beachtet und nicht ständig überschritten, wie dies in der Realität mit den knappen Dienstleistungen der Umwelt geschieht, was langfristig bekanntlich zu einer Belastung, unter Umständen sogar zu einer irreversiblen Zerstörung von Ökokreisläufen führt (siehe Kapitel 2).

3.1.2 Märkte und pareto-effiziente Allokationen

Wie aber kommen pareto-effiziente Allokationen zustande? Stellen sich diese selbständig, quasi automatisch über den Marktmechanismus ein? Oder bedarf es einer Institution wie der des Staates, die das Zustandekommen solcher Allokationen erzwingen muß? Es gibt Bedingungen, unter denen Marktlösungen stets pareto-effizient sind. Der Erste Hauptsatz der Wohlfahrtstheorie besagt, daß in einer idealen Marktwirtschaft mit vollständiger Konkurrenz der Preismechanismus für die effiziente Allokation der Ressourcen sorgt. Das heißt: Wirtschaftliche Entscheidungen können dezentral auf der Basis individueller ökonomisch rationaler Überlegungen gefällt werden, und das Gesamtergebnis ist auch ohne Eingriff einer zentralen Autorität pareto-optimal.

Worin bestehen aber diese Bedingungen für die Pareto-Effizienz, und was ist in diesem Zusammenhang unter einer idealen Marktwirtschaft mit vollständiger Konkurrenz zu verstehen? Um dies zu erklären, stellen wir uns folgende Struktur und Organisation in einer Wirtschaft vor:

(1) Alle Güter und Dienstleistungen werden auf Märkten gehandelt.

(2) Um den Marktprozeß in Gang zu setzen und Angebot und Nachfrage auf den Märkten zu koordinieren, gibt es einen walrasianischen Auktionator.[4]

Dieser verfolgt kein Eigeninteresse, sondern tritt ausschließlich als Marktmanager auf und erfüllt dabei zwei Funktionen: Erstens ruft er Preise aus und erzeugt Einkommen bei den Wirtschaftssubjekten, indem er diesen ihre jeweilige An-

---

[4] Zum Konzept des walrasianischen Auktionators, dem Tatonnement-Prozeß und einer kritischen Auseinandersetzung der allokationstheoretischen Sichtweise des Marktprozesses siehe etwa Güth (1992).

fangsausstattung zu den ausgerufenen Preisen abkauft. Zweitens bietet er die gesamte Güterausstattung an und variiert die Preise solange, bis für jedes Gut die insgesamt nachgefragte Menge mit der Anfangsausstattung übereinstimmt.

(3) Die Wirtschaftssubjekte verhalten sich als Preisnehmer und Nutzenmaximierer.

Erklären wir zunächst die Konsequenzen aus der dritten Annahme über das Verhalten der Wirtschaftsagenten. Nehmen wir also an, der Auktionator setze die Preise der beiden Güter fest. Da die Wirtschaftssubjekte A und B keine Marktmacht haben, müssen sie die Preise als gegeben hinnehmen. Entsprechend errechnet sich nach der zweiten Bedingung das Einkommen für jedes Wirtschaftssubjekt als Skalarprodukt aus der Anfangsausstattung multipliziert mit den Güterpreisen. Jedes Individuum maximiert seinen Nutzen unter Beachtung dieser Einkommensbeschränkung.

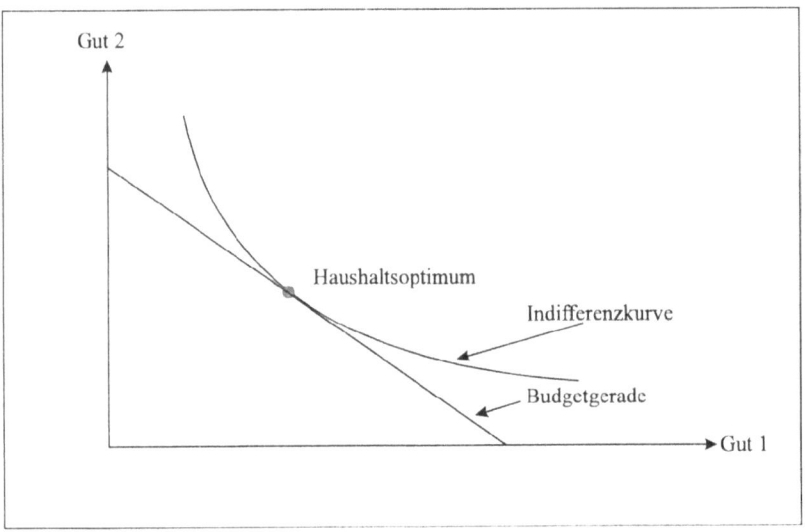

Abbildung 3.4

Sind die Nutzenfunktionen streng monoton, dann liegt das Nutzenmaximum immer auf der Budgetgeraden (siehe Abbildung 3.4). Denn jedes Güterbündel unterhalb der Budgetgeraden könnte der Konsument beim verfügbaren Einkommen zwar finanzieren, doch existierte immer mindestens ein weiteres, ebenfalls finanzierbares Güterbündel, das höheren Nutzen stiftete.

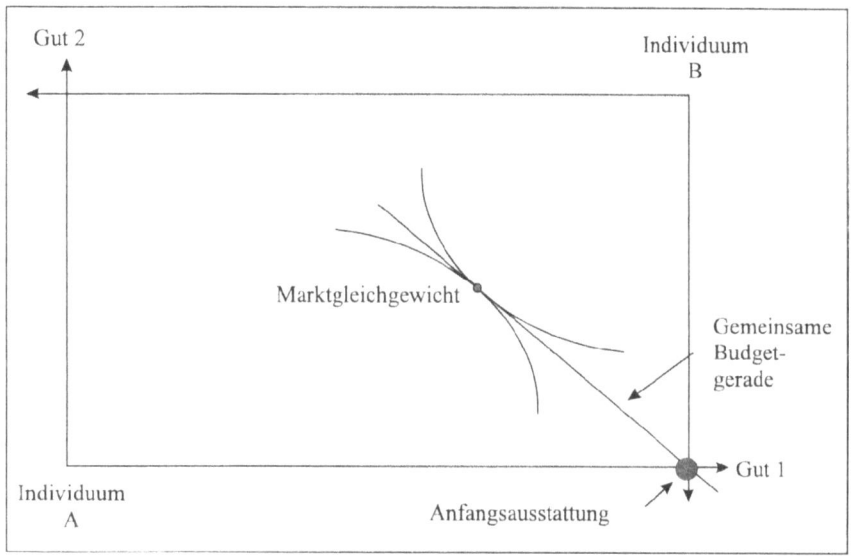

Abbildung 3.5

Kommen wir nun zur Rolle des Walras-Auktionators. Wie erwähnt, muß er die Preise der Güter solange verändern, bis die von beiden Haushalten in deren Nutzenmaximum nachgefragten Gütermengen in der Summe mit der Anfangsausstattung der Gesellschaft übereinstimmen.[5] Da beide Individuen mit denselben Preisen konfrontiert werden, stimmen die Steigungen der individuellen Budgetgeraden für beide überein. Gleichzeitig müssen die Entscheidungen der Wirtschaftssubjekte bei gegebener Ressourcenausstattung auch physisch realisierbar sein, was bedeutet, daß die insgesamt verfügbaren Mengen an beiden Gütern mindestens so groß sein müssen wie die aggregierte Nachfrage nach beiden. Man macht sich anhand der Edgeworth-Box (siehe Abbildung 3.5) leicht klar, daß sich in diesem Fall die Nachfragen der beiden Haushalte zur Gesamtausstattung addieren.

---

[5] Ein Marktgleichgewicht ist durch die folgenden Bedingungen charakterisiert: (1) Wirtschaftssubjekte verhalten sich als Preisnehmer und Nutzenmaximierer. (2) Haushalte sind in ihrem Nutzenmaximum. (3) Die resultierende Allokation ist physisch zulässig (Angebot ist mindestens so groß wie aggregierte Nachfrage). (4) Positive Preise führen zu Markträumung.

Insgesamt läßt sich deshalb jede Gleichgewichtsallokation in einer Edgeworth-Box durch eine gemeinsame Budgetgerade für beide Haushalte darstellen. Aus der Tatsache, daß die individuellen Nutzenmaxima deshalb auf der gemeinsamen Budgetgerade liegen müssen, folgt schließlich: Im Marktgleichgewicht ist eine Pareto-optimale Allokation erreicht (Abbildung 3.5).[6]

An dieser Stelle ist es wichtig, auf die Rolle aufmerksam zu machen, die Preise in einer Volkswirtschaft spielen, wenn diese im Sinne des Ersten Hauptsatzes optimal funktioniert (siehe dazu Stephan 1987).

(1)   Preise haben eine Signalfunktion.

Sie geben sowohl die relative Knappheit als auch die Bedürfnisse der Wirtschaftssubjekte wieder. Denn wie Abbildung 3.5 verdeutlicht, entspricht das Preisverhältnis dem Verhältnis des Grenznutzens, den Güter im Gleichgewicht stiften. Da vereinfachend gesprochen der Grenznutzen die Zahlungsbereitschaft der Individuen ausdrückt, spiegeln Preise die Präferenzen der Wirtschaftssubjekte wider. Gleichzeitig wird dabei aber auch die relative Knappheit an Gütern abgebildet: Je weniger von einem Gut existiert, und je stärker das Bedürfnis der Wirtschaftssubjekte nach diesem ist, und damit je größer die Zahlungsbereitschaft ist, desto höher muß der Gleichgewichtspreis sein.

(2)   Positive Preise erfüllen eine Koordinationsfunktion.

Sie garantieren, daß im Gleichgewicht Angebot und Nachfrage übereinstimmen. Preise sind also so flexibel und können solange beliebig variiert werden, bis Angebot und Nachfrage übereinstimmen.

(3)   Preise haben eine Kompensationsfunktion.

Darunter verstehen wir, daß mit den Preisen alle Aufwendungen und Kosten monetär erfaßt und abgegolten sind, die bei der Bereitstellung und dem Konsum von Gütern und Dienstleistungen anfallen. Daher setzen Preise das Verursacherprinzip in dem Sinn dadurch, daß alle, die durch wirtschaftliches Handeln geschädigt oder in Mitleidenschaft gezogen sind, vollständig entschädigt werden.

Dies sollte natürlich auch für die Dienstleistungen der Natur gelten. Denn unter Aufwendungen verstehen wir sowohl die direkt anfallenden Güter und Dienstleistungen als auch alle indirekt in Anspruch genommenen Güter und Dienstleistungen, deren Verbrauch häufig nicht sofort erfaß- und meßbar ist. Beim Rauchen werden beispielsweise sowohl die Zigarette als auch die Dienstleistungen der Umwelt konsumiert, Rauch in die Luft aufzunehmen, zu verteilen

---

[6] Für eine ausführliche analytische Ableitung und einen formalen Beweis des Ersten Hauptsatzes siehe zum Beispiel Kreps (1990).

und schließlich zu entsorgen. Sollten die Preise das Verursacherprinzip durchsetzen, dann müßte nicht nur der Konsum der Zigarette über deren Marktpreis, sondern auch der Gebrauch der Dienstleistungen der Umwelt monetär abgegolten werden.

Für das weitere Verständnis ist es wichtig festzuhalten, daß in einer Volkswirtschaft effiziente Allokationen über Märkte immer nur dann erreicht werden, wenn die Marktpreise die drei genannten Funktionen erfüllen. Dies wiederum kann nur unter bestimmten Voraussetzungen bezüglich der Organisation und der Struktur einer Volkswirtschaft erwartet werden. Welches aber sind diese Voraussetzungen? Im wesentlichen sind es folgende:

(1) Alle Wirtschaftssubjekte sind vollständig informiert. Sie kennen alle Güter und deren Preise. Sie sind sich insbesondere über alle Auswirkungen ihrer wirtschaftlichen Tätigkeiten im klaren.

(2) Wirtschaftssubjekte entfalten keine Marktmacht. Vielmehr handeln sie wie unter vollständiger Konkurrenz, da sie die Güterpreise als gegeben akzeptieren.

(3) Das Nutzenniveau jedes Individuums hängt nur von den Gütern, Dienstleistungen und Mengen ab, die es selbst konsumiert.

(4) Alle Güter werden auf Märkten gehandelt. Entsprechend gibt es für jedes Gut einen Preis, der im übrigen auch null sein kann. Die Interaktionen zwischen den Wirtschaftssubjekten finden ausschließlich auf Märkten statt.

(5) Alle Güter sind private Güter.

Den beiden letzten Bedingungen kommt besondere Bedeutung zu, wenn Märkte im Sinne des Ersten Hauptsatzes der Wohlfahrtstheorie funktionieren sollen. Insbesondere können wir zeigen: Sind die genannten Bedingungen verletzt, dann kommt es zum Marktversagen in dem Sinne, daß Märkte nicht mehr die Pareto-Effizienz von Allokationen gewährleisten. Damit ist gleichzeitig eine ökonomische Erklärung dafür gegeben, unter welchen Umständen Umweltprobleme auftreten. Daher werden wir im folgenden ausführlich erklären, was unter privaten Gütern und den eng damit zusammenhängenden Begriffen, externe Effekte, öffentliche Güter und Common Pools zu verstehen ist.

3.2 Private und öffentliche Güter, externe Effekte und Common Pools

In der ökonomischen Theorie spricht man von einem privaten Gut, wenn das betreffende Gut oder die betreffende Dienstleistung zwei Bedingungen erfüllt (siehe dazu Bernholz und Breyer 1993): Erstens müssen die Eigentumsrechte wohl definiert und garantiert sein. Die bestehende Rechtsordnung einer Gesellschaft erlaubt mit anderen Worten dem Eigentümer, andere von der Nutzung seines Eigentums auszuschließen. Man sagt, private Güter erfüllen das sogenannte Ausschluß- oder Ausschließbarkeitsprinzip. Zweitens herrscht Rivalität im Konsum. Nachfrager nach einem privaten Gut konkurrieren auf den Märkten in strengem Sinne nicht um das Gut selbst, sondern um das Eigentumsrecht an diesem. Die in diesem Konkurrenzkampf Unterlegenen besitzen keine Möglichkeit zum Mitkonsum mehr.

Viele Güter des täglichen Gebrauchs, wie beispielsweise Nahrungsmittel, sind in unserer Gesellschaft private Güter. Es gibt aber auch eine Reihe von Gütern und Dienstleistungen, welche die Eigenschaften eines privaten Gutes nicht erfüllen. Viele der Dienstleistungen der Natur, die wir täglich beanspruchen wie beispielsweise die Bereitstellung von Atemluft, gehören dazu.

Tatsächlich haben wir mit der Charakterisierung privater Güter gleichzeitig zwei zentrale Kriterien herausgearbeitet, die es uns erlauben, Güter voneinander zu unterscheiden und in Kategorien einzuteilen. Tabelle 3.1 gibt eine Klassifikation von Gütern und Dienstleistungen an, die nach den Kriterien Ausschließbarkeit und Rivalität im Konsum durchgeführt wurde.

	Ausschließbarkeit	Rivalität im Konsum
Private Güter	erfüllt	besteht
Öffentliche Güter	nicht erfüllt	besteht nicht
Common Pools	nicht erfüllt	besteht
Clubgüter	erfüllt	besteht nicht

Tabelle 3.1

Nach dieser Kategorisierung gibt es neben den privaten drei weitere Klassen von Gütern und Dienstleistungen. Öffentliche Güter sind dadurch gekennzeichnet, daß für sie keine Eigentumsrechte definiert sind, die auf einzelne übertragen, für diese garantiert und gegen andere durchgesetzt werden können. Der Inhaber eines öffentlichen Gutes kann somit andere vom Mitkonsum nicht ausschließen. Unmittelbar wirft dies aber keine Probleme auf, da der Nutzen nicht beeinträchtigt wird, den ein einzelner aus dem Konsum des öffentlichen Gutes zieht, wenn andere mitkonsumieren. Denn definitionsgemäß (siehe Tabelle 3.1) darf Rivalität beim Konsum bei öffentlichen Gütern nicht vorliegen. Man kann sich leicht klarmachen, daß es nur wenige Güter mit dieser Eigenschaft gibt. Sonnenschein und die Verbesserung der Luftqualität durch Reduktion von Schadstoffen sind ebenso öffentliche Güter wie der Schutz vor militärischen Angriffen.

Die beiden letzten Beispiele zeigen die Probleme, die mit öffentlichen Gütern verbunden sind. Sie liegen nicht in einer gegenseitigen Beeinflussung, der Rivalität im Konsum, sondern darin, daß es im Fall eines öffentlichen Gutes immer die Möglichkeit gibt, kostenlos mitzukonsumieren. Deshalb besteht ein permanenter Anreiz, sich an der Bereitstellung öffentlicher Güter nicht zu beteiligen. Als rational Handelnder mit beschränktem Budget ist man immer besser gestellt, wenn man das verfügbare Einkommen ausschließlich für private Güter aufwendet und sich bei öffentlichen Gütern als Trittbrettfahrer verhält, also konsumiert, ohne die entsprechenden Kosten mitzutragen. Tatsächlich ist es ein zentrales Problem rein marktwirtschaftlich organisierter Systeme, daß es in ihnen ohne staatlichen Zwang zu einer Unterversorgung mit öffentlichen Gütern und damit einer nicht pareto-optimalen Allokation kommen kann (siehe Bernholz und Breyer 1993).

Beispiele für Klubgüter sind kodierte Fernsehsendungen. Für die gilt das Ausschlußprinzip und es besteht keine Rivalität im Konsum. Solche Güter spielen für Umweltprobleme keine Rolle, weshalb sie hier nicht weiter betrachtet werden.

Nach Tabelle 3.1 haben Common Pools mit öffentlichen Gütern gemeinsam, daß für sie keine Eigentumsrechte definiert oder definierbar sind, die es erlauben, andere von der Nutzung auszuschließen. Mit privaten Gütern teilen sie die Eigenschaft, daß Rivalität im Konsum herrscht. Ein klassisches Beispiel für einen Common Pool ist die Dienstleistung der Natur, Ressourcen zur Verfügung zu stellen, beziehungsweise Schad- und Abfallstoffe zu entsorgen. Diese Dienstleistungen sind sowohl qualitativ als auch quantitativ begrenzt (siehe dazu Kapitel 2). Werden diese knappen Güter aber von mehreren gleichzeitig und in beliebigem Umfang beansprucht, was wegen mangelnder Eigentumsrechte und fehlender Ausschlußmöglichkeiten nicht verhindert werden kann, dann kann Rivalität in dem Sinne entstehen, daß die knappe Ressource übernutzt und langfristig sogar zerstört wird.

In unserer Gesellschaft sind in der Vergangenheit kaum Eigentumsrechte an den Dienstleistungen der Natur definiert und verteilt worden. Einerseits ist dies aus physikalischen Gründen oft nicht möglich. Andererseits schien eine Institutionalisierung in den meisten Fällen auch nicht nötig. Solange es nur wenige Nutzer gab, war das Phänomen der Rivalität, das sich als Umweltbelastung und Umweltzerstörung äußert, nicht beobachtbar. Die Dienstleistungen der Natur waren scheinbar nichts anderes als reine öffentliche Güter.

Die bisherige Betrachtung zeigt dreierlei. Erstens, ein Gut ist nicht per se ein privates Gut, ein öffentliches Gut oder ein Common Pool. Entscheidend ist die jeweilige Gesellschaft, ihr Entwicklungsstand, ihre Institutionen und die physikalischen Eigenschaften der jeweiligen Güter.

Zweitens sind wir auf ein Rückmeldesystem angewiesen, wenn Knappheit beziehungsweise Rivalität im Konsum gesamtgesellschaftlich erkannt und ins ökonomische Kalkül einbezogen werden soll. Denn es muß für wirtschaftlich Entscheidende erkennbar sein, ob ein Gut wie beispielsweise eine spezielle Dienstleistung der Natur seine Eigenschaften nach unserer Kategorisierung gewechselt hat und von einem öffentlichen Gut zu einem Common Pool geworden ist. Hier taucht nochmals der Informationsaspekt auf, den wir anfangs erwähnt haben. Eines der zentralen Probleme der heutigen Gesellschaft ist die Knappheit, ja der Mangel an ökologischer Information, denn dem einzelnen ist es kaum möglich, subjektiv Umweltbelastungen und -zerstörungen vollständig zu erfassen.

Drittens ist bei Common Pools ein offensichtliches Dilemma vorbestimmt. Einerseits behindern, ja beeinflussen sich Wirtschaftssubjekte gegenseitig negativ, wenn sie Common Pool Güter benutzen. Sie hätten deshalb einen Anreiz, andere von der Nutzung solcher Güter auszuschließen oder sich zumindest für den Nutzenentgang durch Mitkonsum entschädigen zu lassen. Andererseits können sie andere nicht ausschließen und verfügen auch nicht über Rechtsmittel, um Schadensersatz zu erzwingen. Mit anderen Worten: Common Pools sind dadurch gekennzeichnet, daß es bei mehreren Nutzern zu externen Effekten kommt.

Unter externen Effekten versteht man Wirkungen, bei denen die Betroffenen durch die Verursacher über den Preismechanismus nicht kompensiert werden. Wir sollten uns die Problematik externer Effekte an einem Beispiel zunächst klarmachen.

Ein Raucher und ein Nichtraucher teilen ein Zimmer. Rauchen bedeutet für den Raucher Genuß, Mitrauchen für den Nichtraucher eine Einschränkung seines Wohlbefindens. Wenn der Raucher raucht, ohne auf seinen Zimmergenossen Rücksicht zu nehmen, erzeugt er einen negativen externen Effekt. Der Nichtraucher erleidet Nutzenverluste, ohne daß er dafür kompensiert wird. Wir sprechen in diesem Fall von einem Raucher-Nichtraucher-Dilemma.

Die Situation wäre eine andere, wenn sich der Raucher das Rauchen erkaufte. Zum Beispiel könnte er dem Nichtraucher für die Raucherlaubnis als Gegenleistung Wein anbieten. In diesem Fall wird der externe Effekt über den Preismechanismus internalisiert. Der Nichtraucher leidet zwar immer noch unter Rauch, wird aber durch Wein entschädigt. Das Raucher-Nichtraucher-Dilemma ist dann durch Internalisierung aufgehoben worden.

Dieses Beispiel verdeutlicht zwei wichtige Aspekte: Erstens, über die monetäre Internalisierung externer Effekte wird Rauchen teurer. Zum Preis für Zigaretten kommt jetzt die Entschädigung für die Nachteile dazu, die der andere als Folge des Rauchens erleiden muß. Der Raucher findet sich also in einer neuen Kostensituation wieder, die ihn zwingt, seine einzelwirtschaftliche Kosten-

Nutzen-Relation des Rauchens zu überdenken. Zweitens, die eben besprochene Internalisierung externer Effekte auf freiwilliger Basis wird sich nicht einstellen. Wie bei einem öffentlichen Gut sind die Anreize zu groß, eine solche Vereinbarung garnicht erst einzugehen. Eine Internalisierung braucht Strukturen, die eine solche Vereinbarung fördern und stabilisieren.

Nach diesen Ausführungen wird deutlich, daß Common Pools durch externe Effekte gekennzeichnet sind. Wie beim Beispiel des gemeinsamen Zimmers hat bei Common Pools generell niemand die Möglichkeit, andere von der Nutzung auszuschließen. Gleichzeitig kann es aber zu Nutzungskonkurrenz kommen, die nicht preislich abgegolten wird. Rauchen und die damit verbundene Inanspruchnahme der Zimmerluft als Schadstoffempfängerin durch einen der beiden Mitbewohner ist ein Beispiel hierfür.

3.3 Externe Effekte und Marktversagen

Offensichtlich sind zwei zentrale Bedingungen einer ideal funktionierenden Marktökonomie verletzt, wenn externe Effekte auftreten (siehe hierzu Abschnitt 3.1): Erstens erfüllen Preise die Kompensationsfunktion nicht mehr. Entsprechend ist das Verursacherprinzip nicht durchgesetzt, da Wirkungen auf andere durch den Verursacher nicht kompensiert werden. Zweitens ist der Nutzen, den ein Individuum erzielen kann, nicht mehr unabhängig von den Aktivitäten anderer. Im Gegenteil, die Nutzen- aber auch die Gewinnsituation eines einzelnen wird unmittelbar, ohne Vermittlung über den Markt, von Aktivitäten beeinflußt, die andere kontrollieren, wie das Raucher-Nichtraucher-Beispiel verdeutlicht. Es wird daher nicht überraschen, wenn in der ökonomischen Theorie externe Effekte als die Hauptursache für Marktversagen und das Aufkommen von Umweltproblemen in marktwirtschaftlich organisierten Volkswirtschaften angesehen werden.

In der Literatur (siehe zum Beispiel Hartwick und Olewiler 1986, Cansier 1993) wird zwischen externen Effekten im Konsum und in der Produktion unterschieden. Externe Effekte in der Produktion treten dann auf, wenn die Produktionsmöglichkeiten eines Unternehmens von den Konsum- oder Produktionsentscheidungen anderer abhängen. Beispiele sind die Beeinträchtigung der landwirtschaftlichen Produktion durch Luftverschmutzung oder die Effekte, die von Wasserverschmutzung auf die Herstellung von pharmazeutischen Produkten ausgehen.

Entsprechend liegen externe Effekte im Konsum vor, wenn das Nutzenniveau eines Konsumenten durch die Konsum- oder Produktionsentscheidungen anderer Wirtschaftssubjekte beeinflußt wird. Gerade diese Situation ist im oben beschriebenen Raucher-Nichtraucher-Dilemma gegeben. Wir verwenden dieses Beispiel im folgenden, um zu illustrieren, daß bei externen Effekten im Konsum der Erste Hauptsatz der Wohlfahrtstheorie nicht mehr gilt. Für eine Diskussion externer Effekte in der Produktion, verweisen wir zum Beispiel auf Turner, Pearce und Bateman (1994).

Wie läßt sich das Raucher-Nichtraucher-Dilemma in einem einfachen Modell darstellen? Wiederum konstruieren wir eine Edgeworth-Box, wobei der Raucher Wirtschaftssubjekt B und der Nichtraucher entsprechend Wirtschaftssubjekt A ist. Gut 1 ist ein privates Gut, sagen wir Wein, und Gut 2 ist Rauch. Zusätzlich kann man ein weiteres Gut definieren, nämlich Luftqualität Q, die unmittelbar von der emittierten Menge R an Rauch, also dem Zigarettenkonsum des Rauchers abhängt. Bei gegebener Luftmenge L ist die Luftqualität Q um so höher, je geringer die Konzentration R/L von Rauch ist. Somit gilt

(3.1) $\quad Q = f(R/L)$

mit $\partial f/\partial R < 0$. Die Funktion f wird als Imissions- oder auch Schadensfunktion bezeichnet. Sie stellt einen Zusammenhang zwischen der Emission an Rauch R und der daraus folgenden Umweltqualität Q her und erfaßt dabei die Funktion der Umwelt, Emissionen zu verteilen und gegebenenfalls auch zu entsorgen (siehe Faber, Niemes und Stephan 1995).

Wegen dieses Zusammenhangs zwischen Rauch und Luftqualität werden im Gegensatz zu einer konventionellen Edgeworth-Box die Achsen in Abbildung 3.6 anders bezeichnet. Auf den waagrechten Achsen findet sich wie zuvor die Gesamtausstattung am privaten Gut Wein. Auf der Senkrechten findet sich vom Raucher aus gesehen die Gesamtmenge an Rauch, die das Zimmer aufnehmen kann. Vom Nichtraucher aus betrachtet, findet sich dort rauchfreie Zimmerluft, die sich als Residuum zu Rauch bestimmt.

Beide Wirtschaftssubjekte haben Präferenzen für das private Gut. B hat den Wunsch zu rauchen und A das Bedürfnis nach hoher Raumluftqualität. Der Nutzen des Rauchers B ist somit abhängig von der Menge an Wein x^B sowie der Menge an Rauch R, und es gilt:

(3.2) $\quad U^B = U^B(x^B, R)$

mit $\partial U^B/\partial x^B > 0$ und $\partial U^B/\partial R > 0$, also den üblichen Monotonieeigenschaften (siehe Varian 1984).

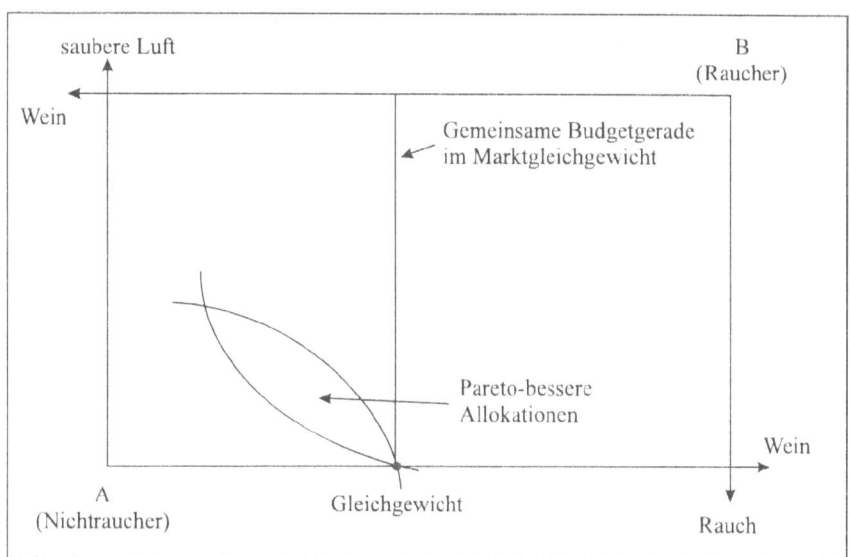

Abbildung 3.6

Nehmen wir an, das private Gut Wein befinde sich zu gleichen Teilen im Eigentum des Nichtrauchers. Der externe Effekt des Rauchens sei nicht internalisiert. Das heißt, es seien keine expliziten Eigentumsrechte an der Zimmerluft an die beiden Wirtschaftssubjekte A und B verteilt, und die Inanspruchnahme der Zimmerluft habe einen Preis von Null.

Unterstellen wir weiterhin, beide Wirtschaftssubjekte verhalten sich individuell rational und nicht kooperativ. Sowohl der Nichtraucher als auch der Raucher maximieren ihre Nutzenfunktion (3.2) und (3.3), ohne auf die Aufwirkungen zu achten, die ihr Tun für andere hat. Wie wir oben ausgeführt haben, ist ein Marktgleichgewicht dadurch charakterisiert, daß sich beide Wirtschaftssubjekte in ihrem Nutzenmaximum befinden und diese Situation bei der gegebenen Ressourcenausstattung physisch realisierbar ist. Da die Raumluft ein Common Pool ist, folglich Rauchen zum Preis Null möglich ist, entspricht eine Senkrechte durch die Anfangsausstattung an Wein der gemeinsamen Budgetgeraden (siehe Abbildung 3.6).[7]

---

[7] In einer Welt, in der die beiden Güter Wein und Rauch positive Preise p_W beziehungsweise p_R hätten, bestimmte sich die Budgetrestriktion von B nach der Formel $I^B = p_W W^B + p_R R$, oder $R = -(p_R/p_W)W^B + (p_R/p_W)I^B$. Die maximale Rauchmenge hängt somit vom Einkommen und den Aufwendungen für den Konsum am privaten Gut ab. Ist aber $p_R = 0$, dann folgt offensichtlich, daß der Raucher die Aufnahmekapazität der Zimmerluft vollständig ausschöpft.

Da der Nichtraucher A grundsätzlich keine rechtliche Möglichkeit hat, B am Rauchen zu hindern, stellt sich ein Gleichgewicht mit maximaler Rauchbelastung ein (vgl. Abbildung 3.6). Diese Situation ist nicht pareto-optimal. Würden sich beide kooperativ verhalten, und in Verhandlungen eintreten, dann könnten sie in das Innere der Linse gelangen, welche die Indifferenzkurven durch das Gleichgewicht aufspannen. Eine Pareto-Verbesserung im Vergleich zum Marktgleichgewicht wäre so verwirklichbar.

Aber auch dann, wenn sich beide nicht kooperativ verhalten und nicht verhandeln, kann für beide eine bessere Allokation des Common Pools erreicht werden. Dies kann zum Beispiel dann geschehen, wenn ein positiver Preis auf Rauchen erhoben wird. Dann verläuft die Budgetgerade nicht mehr senkrecht, da Luft beziehungsweise die Inanspruchnahme von Zimmerluft als Schadstoffempfängerin einen positiven Preis hat. Wir bewegen uns in Richtung einer paretooptimalen Allokation. Hier kommt der Zweite Hauptsatz der Wohlfahrtstheorie ins Spiel, den wir im folgenden Abschnitt genauer diskutieren.

3.4 Theoretische Begründung für marktwirtschaftliche Umweltpolitik

Auch wenn wir damit vorgreifen, wollen wir bereits an dieser Stelle die Frage diskutieren: Gibt es theoretisch fundierte Möglichkeiten, Marktversagen zu beheben und damit zu garantieren, daß auch in marktwirtschaftlich organisierten Systemen knappe Umweltressourcen effizient verwendet werden? Marktwirtschaftlich organisiert bedeutet in diesem Zusammenhang: Entscheidungen werden auf der individueller Ebene, abhängig von Preissignalen und nach ökonomisch rationalem Kalkül getroffen.

Implizit ist die Antwort bereits gegeben. In Abschnitt 3.2.1. haben wir herausgearbeitet, daß Märkte eine Pareto-effiziente Allokation nur herbeiführen, wenn Preise einerseits das Verursacherprinzip durchsetzen und andererseits sowohl Knappheit als auch Bedürfnisse widerspiegeln. Externe Effekte sind aber dadurch gekennzeichnet, daß keine Kompensation über die Preise erfolgt, und damit das Verursacherprinzip verletzt wird.

Ebenso erfüllen Preise die Signalfunktion nicht, wenn wir eine Common Pool Situation vorfinden. Der Nichtraucher hat ein Bedürfnis nach möglichst hoher Luftqualität, die gleichzeitig knapp ist. Also müßte Luftqualität einen positiven Preis haben. Dann sollte aber auch der Preis des Rauchens positiv sein, da Rauchen die Luftqualität verschlechtert und damit weiter verknappt. Ist der Preis des Rauchen aber Null, erfüllt das Preissystem die erforderliche Signalfunktion nicht.

Dabei ist die maximale Rauchmenge unabhängig vom Einkommen. Die Budgetgerade in Abbildung 3.6 muß daher eine Senkrechte sein.

Diese Beobachtung legt nahe, die preisliche Fehlsteuerung des ökonomischen Systems und das daraus resultierende Marktversagen, das sich in einer übermäßigen Verschlechterung der Luftqualität äußert, durch eine entsprechende Korrektur der Güterpreise zu beheben. Tatsächlich gibt der Zweite Hauptsatz der Wohlfahrtstheorie eine theoretische Begründung für eine solche Maßnahme. Dieser besagt: Ist die Menge an physisch zulässigen Konsumgüterbündeln konvex, abgeschlossen und nach unten beschränkt, sind weiterhin die Nutzenfunktionen der Wirtschaftssubjekte strikt quasi-konkav, streng monoton und stetig, dann kann man durch geeignete Wahl der Preise jede pareto-effiziente Allokation als Marktgewicht realisieren (siehe Kreps 1990).

Ohne die verschiedenen Annahmen erklären zu wollen, heißt das für uns: Sind gewisse Voraussetzungen bezüglich der Präferenzen der Wirtschaftssubjekte erfüllt, so lassen sich Güterpreise finden, so daß individuelle Nutzenmaximierung durch preisnehmende Wirtschaftssubjekte zu einem Gleichgewicht führt, das genau mit einer vorgegeben pareto-optimalen Allokation übereinstimmt.

Die umweltpolitische Anwendung dieses Ergebnisses liegt auf der Hand. Nehmen wir zum Beispiel an, es gebe eine Umweltbehörde. Diese habe klare Vorstellungen darüber, wie mit knappen Umweltressourcen umzugehen sei, und könne daher die betreffende pareto-effiziente Allokation festlegen. Allerdings seien die existierenden Märkte wegen externer Effekte nicht in der Lage, diese optimale Allokation sicherstellen. Wie kann die Umweltbehörde erreichen, daß vom bisherigen Umgang mit der Umwelt abgewichen, und Knappheiten effizient berücksichtigt werden? Eine Möglichkeit besteht offensichtlich darin, die individuelle Freiheit einzuschränken und den Einzelnen ihren Umgang mit der Umwelt vorzuschreiben.

Eine Alternative, die nicht auf einen unmittelbaren Eingriff des Staates in die Wirtschaft setzt, folgt aus dem Zweiten Hauptsatz. Danach muß die Umweltbehörde nur die "richtigen" Preise ausrechnen und diese den Wirtschaftssubjekten mitteilen, beziehungsweise als Datum vorgeben. Dann werden individuelle Nutzenmaximierer ihre Entscheidungen so einrichten, daß der gewünschte pareto-effiziente Umgang mit der Umwelt erreicht wird (für eine ausführliche Diskussion siehe Bernholz und Breyer 1993 beziehungsweise Kapitel 5).

So überzeugend unsere Argumentation auch klingen mag, ebenso offensichtlich sind die Fragen, die sich unmittelbar aufdrängen: Ist dies die einzige Möglichkeit, externe Effekte zu internalisieren und damit umweltbelastendes Verhalten zu vermeiden? Wie sehen die zur Umsetzung notwendigen Strukturen in einer Gesellschaft aus, und lassen sich diese in Demokratien legitimieren? Kann man die "richtigen" Preise überhaupt berechnen und, wenn nein, wie sehen Ersatzlösungen aus? Wenn positive Preise für Güter und Dienstleistungen gesetzt werden, die bislang frei waren, so verändert dies die Einkommens- und Vermögensverhältnisse für einen Teil der Wirtschaftssubjekte. Wie wird sich dieser Verteilungseffekt auf die Realisierbarkeit von preislichen Maßnahmen auswirken? In den folgenden Kapiteln werden wir uns mit diesen Fragen auseinandersetzen.

3.5 Exkurs: Pareto-Ineffizienz bei externen Effekten

Nehmen wir wie gehabt an, es gebe nur zwei Konsumenten A und B sowie zwei Güter. Das erste sei ein privates und das zweite ein Common Pool. Der Nutzen der Konsumenten sei abhängig von der konsumierten Menge am privaten Gut und der Art der Nutzung des Common Pools. Dabei beeinflusse der Konsum der Common-Pool-Ressource durch den zweiten Konsumenten B das Wohlbefinden des ersten A negativ, während ihm selbst der Konsum des Common-Pool-Gutes positiven Nutzen stiftet.[8] Seien daher $U^A(x^A,Q)$ und $U^B(x^B,Q)$ die Nutzenfunktionen der beiden Wirtschaftssubjekte. x^h ist die Menge an privatem Gut, die Konsument h =A,B konsumiert, und Q ist die von Konsument B in Anspruch genommene Menge am Common Pool. Da der Konsum des privaten Gutes beiden einen positiven Nutzen stiftet, gilt

$$\partial U^h/\partial x^h > 0 \text{ für h} = A,B,$$

während die Bedingung

$$\partial U^B/\partial Q > 0 \text{ und } \partial U^A/\partial Q < 0$$

die Tatsache wiedergibt, daß sich Konsument A bei einer Nutzung des Common Pools durch B beeinträchtigt fühlt.

Damit eine Allokation pareto-effizient ist, muß der Nutzen beider Konsumenten simultan maximiert sein. Das heißt, es muß das Problem

$$\text{Max } \{U^A(x^A,Q) + U^B(x^B,Q)\}$$

unter der Nebenbedingung $\sum_h x^h \leq y$ gelöst werden, wobei y die Gesamtausstattung am privaten Gut ist. Daher lautet eine für ein Pareto-Optimum notwendige Bedingung

$$\partial U^A(Q)\partial Q + \partial U^B(Q)/\partial Q \leq 0.$$

Diese Bedingung wird in einem Konkurrenzgleichgewicht offensichtlich nicht erfüllt, wie auch Abbildung 3.7 verdeutlicht.

---

[8] Dies entspricht genau der Raucher-Nichtraucher-Situation, die in Abschnitt 3.3 diskutiert ist.

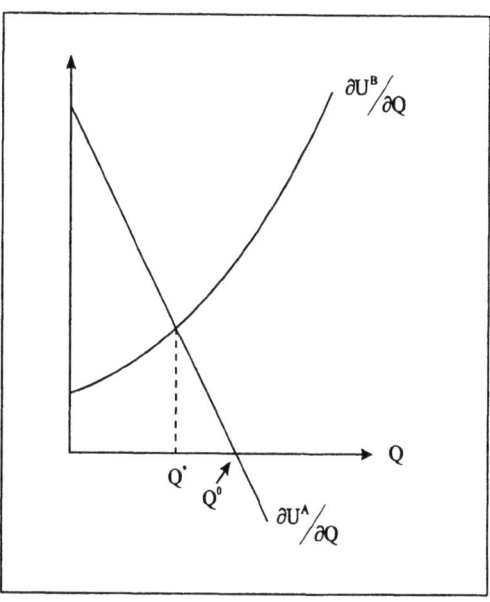

Abbildung 3.7

In Abbildung 3.7 entspricht Q* dem pareto-optimalen Nutzungsgrad des Common Pools. Auf unser Raucher-Nichtraucher-Problem übertragen, wäre dies der für "beide gemeinsam optimalen Rauchbelastungsgrad". Gibt es aber keine Eigentumsrechte am Common Pool, dann dehnt der Verursacher des externen Effektes den mit diesem verbundenen Konsum solange aus, bis der Grenznutzen gleich Null ist. Dies wäre Punkt Q^0 in Abbildung 3.7.

TEIL II

Prinzipien der Umweltpolitik und Instrumente

4. UMWELTMORAL, KOOPERATION UND STAAT

Die ökonomische Sichtweise, Umweltbelastung und -zerstörung seien das Ergebnis nicht wahrgenommener Knappheit, ist zwar verkürzt und unvollständig. Sie ist aber dennoch hilfreich, wenn Lösungsansätze für Umweltprobleme entwickelt und Strategien in der Umweltpolitik entworfen werden sollen.

Beispielsweise wird in der Literatur (siehe etwa Wegehenkel 1991) die Ansicht vertreten, Eigentumsrechte bildeten sich in einem immerwährenden Prozeß, über den die menschliche Gemeinschaft Externalitäten internalisiere, die ihrerseits aus Knappheit oder Überfüllung entstanden seien. Umgekehrt heißt das aber: Werden existierende oder aufkommende Knappheiten von einer Gesellschaft nicht wahrgenommen, so äußert sich dies unter anderem darin, daß für die entsprechenden Güter und Dienstleistungen keine Eigentumsrechte spezifiziert werden. Dies scheint insbesondere auf die Umwelt zuzutreffen und erklärt, weshalb deren Dienstleistungen häufig den Charakter von Common Pools haben, womit es zu externen Effekten, Marktversagen und der Fehlallokation knapper Umweltressourcen kommen kann (siehe Kapitel 3).

In der ökonomischen Literatur werden Marktversagen und externe Effekte üblicherweise als Begründung für staatliche Eingriffe angesehen (für den klassischen Beitrag hierzu siehe Pigou 1932, für eine moderne Interpretation siehe Baumol und Oates 1971). Tatsächlich gehört es zu den Aufgaben eines Rechtsstaates, dafür zu sorgen, daß die Freiheit des einzelnen gemeinsam mit der Freiheit der anderen bestehen und sich zum Wohl des Ganzen entfalten kann. Dazu gehört auch eine Umwelt, in der jeder gesund leben und seine Interessen verwirklichen kann; unabhängig davon, ob er der gegenwärtigen oder einer zukünftigen Generation angehört. Ein Umgang mit der Umwelt, der diese Bedingungen verletzt, darf von keinem Rechtsstaat langfristig geduldet werden (siehe Stephan, Steffen und Wiedmer 1994).

Muß der Staat aber unmittelbar und lenkend in die Wirtschaft eingreifen, wenn er die Umwelt bewahren will? Darf er für ein übergeordnetes Gemeinwohl die Freiheit des einzelnen beschneiden, auch wenn darüber nur von einer kleinen Elite oder von Bürokraten befunden wird? Oder kann er sich darauf zurückziehen, Rahmenbedingungen zu setzen, und den Bürgern die Lösung von Umweltproblemen durch freiwillige Kooperation überlassen? Die Antwort auf diese Fragen lautet grundsätzlich Nein. Doch dieses Nein ist nicht absolut zu verstehen, sondern mit Vorsicht zu interpretieren. Wie Streissler (1993) es ausdrückt, ist nämlich der Versuch, ökonomisch tragfähige Lösungen für Umweltprobleme aufzuspüren, ein Ritt entlang gleichgewichts-, informations- und verhandlungstheoretischer Abgründe. Wir werden dies im folgenden diskutieren.

4.1 Handelbare Emissionsrechte

Beispielsweise könnten externe Effekte und die Common-Pool-Problematik dadurch entschärft werden, daß Eigentumsrechte für alle Güter und Dienstleistungen vollständig definiert und an Private verteilt würden. Dann wären insbesondere die Dienstleistungen der Umwelt übertragbare und marktfähige Güter. Gäbe es zusätzlich perfekte Märkte, auf denen die Eigentumsrechte an der Umwelt gehandelt werden könnten, so wäre eine wesentliche Voraussetzung für eine paretoeffiziente Allokation von Umweltgütern über Märkte geschaffen (siehe dazu Dales 1968). Denn in einer idealen Marktwirtschaft sorgt nach dem Ersten Hauptsatz der Wohlfahrtstheorie der Preismechanismus für eine effiziente Allokation der Ressourcen (siehe Kapitel 3).

Am Raucher-Nichtraucher-Beispiel aus Kapitel 3 kann man dies klarmachen. Nehmen wir deshalb an, die Dienstleistung der Zimmerluft, Rauchemissionen aufzunehmen und zu verarbeiten, sei privatisiert, und zusätzlich zum Markt für das private Gut existiere jetzt auch ein Markt, auf dem die Eigentumsrechte an der Zimmerluft gehandelt werden. Der Nichtraucher habe zunächst die Eigentumsrechte an der Zimmerluft. Er kann dem Raucher somit untersagen, die Zimmerluft als Schadstoffempfängerin zu nutzen. Im Vergleich zur Situation ohne explizite Verteilung von Eigentumsrechten an der Zimmerluft (siehe dazu Abbildung 3.7) hätten wir also eine Ausgangsallokation, die der im Common Pool gerade gegenüberliegt (vergleiche Abbildung 4.1).

Verlaufen die individuellen Indifferenzkurven, wie in Abbildung 4.1 angegeben, ist die Anfangsallokation bei wohldefinierten und einseitig an den Nichtraucher verteilten Eigentumsrechten an der Zimmerluft nicht pareto-effizient. Das galt übrigens auch für die Laissez-faire-Lösung, das heißt die Situation, ohne explizite Verteilung von Eigentumsrechten an der Zimmerluft. Allerdings ist die Ausgangsallokation jetzt auch kein Gleichgewicht. Deshalb besteht der Zwang, in Markttransaktionen einzutreten. Denn der Raucher kann seine Bedürfnisse nur dann befriedigen, wenn er vom Nichtraucher entsprechende Anteile an Eigentumsrechten an der Zimmerluft abkauft. Deshalb tauschen im Idealfall die Wirtschaftssubjekte das Recht, die Luft mit Rauch zu belasten, solange gegen Wein, bis ein Marktgleichgewicht und hiermit nach dem Ersten Hauptsatz der Allokationstheorie ein Pareto-Optimum erreicht ist.

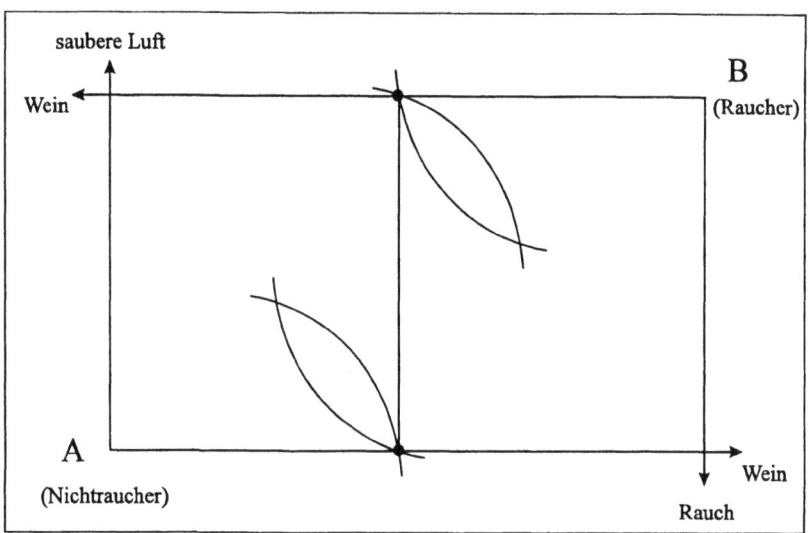

Abbildung 4.1

Liegt also im Privatisieren der Natur und der Schaffung entsprechender Märkte das Allheilmittel gegen Umweltprobleme? So einfach kann man es sich natürlich nicht machen. Zum einen ist es aus physikalischen Gründen oft nicht möglich, Eigentumsrechte an der Umwelt zu spezifizieren. Sonnenschein und Atemluft sind Beispiele dafür. Zum zweiten werden auch moralische und ethische Gründe gegen das Privatisieren der Natur ins Feld geführt. Man denke in diesem Zusammenhang an die Forderung, keine Tierversuche durchzuführen. Schließlich müssen nicht nur Eigentumsrechte ausgestaltet, sondern gleichzeitig die entsprechenden perfekten Märkte errichtet werden.

Was die Forderung bedeutet, Märkte sollten perfekt sein, haben wir bereits im letzten Kapitel diskutiert. Gleichzeitig muß jetzt aber auch noch vorausgesetzt werden, der Marktprozeß führe zu einem Gleichgewicht, was beileibe keine einfach zu erfüllende Bedingung ist (siehe hierzu Hildenbrand und Kirman 1988). Und schließlich würde die Zahl der Märkte förmlich explodieren, wenn alle Dienstleistungen der Natur privatisiert und auf Märkten gehandelt würden (siehe dazu Newbery 1989, Stephan 1995a).

4.2 Das Theorem von Coase

Trotz der genannten Bedenken gewinnen freiwillige Vereinbarungen und Verhandlungen zum Schutze der Umwelt in der praktischen Umweltpolitik immer mehr an Bedeutung (siehe Müller-Fürstenberger und Stephan 1996). Dies gilt insbesondere angesichts des steigenden Anteils von globalen Umweltproblemen, wie dem Treibhauseffekt, der sich rapide beschleunigenden Artenausrottung oder der Verschmutzung der Weltmeere. In diesen Fällen existiert keine supranationale Institution, die die Macht und die Befugnis besitzt, einzelne zu umweltschonendem Verhalten zu zwingen. Den einzigen Ausweg bieten Verhandlungen zwischen souveränen Staaten.

Was aber macht Verhandlungen zur Lösung von Umweltproblemen so schwierig? Dafür gibt es viele Gründe. Dazu gehören mangelndes Wissen über die komplexen ökologischen, ökonomischen und gesellschaftlichen Zusammenhänge ebenso wie die Tatsache, daß bei der Formulierung und Durchsetzung von Umweltpolitiken viele und zum Teil recht unterschiedliche Fachdisziplinen, politische Instanzen und Verwaltungsebenen einer Gesellschaft zusammenwirken müssen (für eine ausführlichere Diskussion siehe Faber, Stephan und Michaelis 1989).

Aus ökonomischer Sicht ist aber ein anderer Aspekt besonders wichtig: Unter realistischen Bedingungen können die Allokations- und die Verteilungsproblematik nicht voneinander getrennt werden (siehe Manne 1985). Denn einerseits bestimmt die Allokation die Gleichgewichtspreise und damit das Einkommen der Beteiligten. Und andererseits hängen die Gleichgewichtsallokation und die Preise von der Ausgangsallokation, also der ursprünglichen Verteilung von Eigentumsrechten, ab.

Für Verhandlungen über Umweltprobleme ist diese Verzahnung von Allokations- und Verteilungseffekten eine schwere Bürde. Um ein Umweltproblem zu lösen, wäre es eigentlich nur wichtig sicherzustellen, daß die betreffende Umweltdienstleistung pareto-effizient verwendet wird. Unglücklicherweise ist dies in der Regel mit Verteilungseffekten verbunden, gegen die sich die negativ Betroffenen verständlicherweise wehren und damit das Zustandekommen eines entsprechenden Abkommens verhindern. Deshalb muß simultan sowohl über die Verteilung von Eigentumsrechten als auch über das Allokationsziel verhandelt werden; es sei denn, man befände sich in einer Common Pool Situation, in der sich Allokations- und Verteilungsaspekte strikt trennen lassen.

4.2.1 Aussage und Voraussetzung

Eine Antwort auf die Frage, ob der Staat zum Schutz der Umwelt intervenieren muß, gibt das sogenannte Theorem[1] von Coase (siehe Coase 1960). Im einzelnen sind dessen Aussagen:

(1) Kann ohne Transaktionskosten, aber bei vollständiger Information über die Internalisierung eines externen Effektes verhandelt werden, dann ist das Verhandlungsergebnis pareto-effizient.

(2) Sind darüber hinaus die Grenznutzen der Einkommen[2] konstant, dann ist das Verhandlungsergebnis unabhängig von der Verteilung der Eigentumsrechte.

Der Reiz des Coase-Theorems ist offensichtlich. Es gestattet, das Problem externer Effekte ohne staatliche Zwangsmaßnahme zu lösen. Der staatliche Eingriff kann auf ein Minimum zurückgedrängt werden. Der Staat muß nur in Erscheinung treten, um Rahmenbedingungen in Form von Eigentumsrechten zu setzen. Zusätzlich kann die Tatsache, daß die pareto-effiziente Menge des Gutes, das den externen Effekt verursacht, unabhängig von der Verteilung von Eigentumsrechten ist, überaus hilfreich sein, wenn es gilt, globale Umweltprobleme zu meistern.

Beispielsweise gibt es in der internationalen Diskussion um die Ausgestaltung einer Klimakonvention zwei verschiedene Positionen. Die einen vertreten die Ansicht, jeder Staat solle sich verpflichten, einen gewissen Prozentsatz an CO_2-Emissionen bis zum Jahr 2005 zu reduzieren. Das ist im wesentlichen die Aussage der Torontokonvention. Die anderen argumentieren, man solle jedem Menschen das gleiche Recht auf eine gewisse, nach klimatologischen Notwendigkeiten festgelegte Emissionsmenge zugestehen. Die nationalen Emissionsmengen berechnen sich dann aus den Pro-Kopf-Emissionen multipliziert mit der Bevölkerungszahl.

Beide Vereinbarungen zielen darauf ab, Eigentumsrechte für CO_2-Emissionen zu spezifizieren und zu verteilen. Der Verteilungsschlüssel ist aber höchst unterschiedlich. Es ist offensichtlich, daß bei der ersten Version die Industrienationen im Vorteil wären. Sie hatten in der Vergangenheit bereits hohe Emissionen pro Kopf und würden deshalb bei einer Neuverteilung, deren Basis ja die historischen Emissionsmengen sind, wiederum hohe erreichen. Dagegen wä-

---

[1] Streng genommen hat Coase (1960) kein Theorem formuliert, sondern nur eine Hypothese geäußert. Eine Formalisierung findet sich zum Beispiel bei Schweizer (1988).

[2] Darunter ist verstanden, daß der Grenznutzen des Einkommens konstant sei im Sinne homothetischer oder quasilinearer Präferenzen (siehe Endres 1976).

ren im zweiten Fall die Entwicklungsländer in der besseren Position. Zum Teil verfügten sie sogar über Emissionskontingente, die sie nicht ausschöpfen könnten.

Die erste Regelung scheint aus zwei Gründen nicht akzeptabel: Sie bedeutet eine ungerechte Eigentumsverteilung zu Lasten der Entwicklungsländer, und sie favorisiert gerade die Verursacher des Treibhausproblems. Aber auch die zweite Lösung birgt Probleme. Je nach dem globalen Emissionsziel können exorbitant hohe CO2-Reduktionskosten auf die Industrienationen zukommen und damit Innovationen und die wirtschaftliche Entwicklung behindern (für eine ausführliche Diskussion siehe zum Beispiel Chichilnisky 1994).

Solange simultan über CO2-Reduktionsziele und die Verteilung von Eigentumsrechten in Form der Höhe von nationalen Reduktionsmaßnahmen beziehungsweise Emissionsobergrenzen verhandelt werden muß, besteht wenig Aussicht auf eine wirksame Klimakonvention. Allerdings gibt es Hoffnung, daß gerade bei der Klimaproblematik das Coase-Theorem angewandt und das Allokationsproblem, also die Festsetzung von CO2-Obergrenzen, von den Verhandlungen über die Verteilung von Emissionsrechten abgespalten werden kann. Alan Manne (1994) zeigt unter der Voraussetzung, Klimaänderungen beträfen nur die gesamtwirtschaftliche Produktion, daß die pareto-effiziente Allokation von CO2-Emissionen unabhängig von der Verteilung der Emissionsrechte ist. Daher schlägt er vor, internationale Verhandlungen über den Treibhauseffekt in zwei Schritten zu vollziehen. Zunächst sollten global effiziente Reduktionsziele festgelegt werden, und erst anschließend sollte über deren Verteilung auf einzelne Regionen verhandelt werden.

4.2.2 Kritik und Probleme bei der Anwendung

Trotz dieser positiven Einschätzung muß realistischerweise die praktische Relevanz des Coase-Theorems für die Lösung von Umweltproblemen als gering eingeschätzt werden (siehe dazu auch Endres 1994, Weimann 1991). Die Voraussetzungen, die erfüllt sein müßten, sind zu unrealistisch.

4.2.2.1 Transaktionskosten

Transaktionskosten setzen sich aus drei Komponenten zusammen: Die erste besteht aus den Informationskosten, worunter die Kosten der Informationsbeschaffung und -verarbeitung zu verstehen sind. Diese hängen im wesentlichen von der Komplexität der Verhandlungen ab und dürften deshalb bei vielen Umweltproblemen prohibitiv hoch sein. Die zweite Komponente beinhaltet die Verhandlungskosten, die bei der Durchführung der Verhandlungen unmittelbar, etwa in Form von Zeitbedarf, auftreten, und die direkt proportional mit der Zahl der Teilnehmer steigen. Die dritte Komponente wird von den Kosten der Überwachung der Einhaltung von Vereinbarungen gebildet. Treten Transaktionskosten in diesem Sinn auf, kann die resultierende Allokation nicht pareto-optimal sein. Denn ein Teil der Ressourcenausstattung muß ja für Verhandlungen und Überwachung aufgewendet werden, ohne daß von dieser Tätigkeit ein Nutzeneffekt ausgeht.

4.2.2.2 Informationsaspekte

Ein weiterer Einwand betrifft die Annahmen, alle Akteure seien vollständig und gleichmäßig informiert. Diese Annahme bezieht sich sowohl auf die externen Effekte selbst, als auch auf die ökologischen Wirkungsmechanismen und technologischen Vermeidungsmaßnahmen. Sie setzt auch vollständige Kenntnisse darüber voraus, wer die Verursacher und wer die Betroffenen sind, beziehungsweise wie und in welchem Umfang sie tatsächlich betroffen sind.

Letzteres stellt ein großes Problem dar. Denn die Umweltproblematik ist meist wesentlich komplexer als angenommen. In der Regel gibt es nämlich nicht nur einen oder wenige, sondern viele Beteiligte, und eine klare Trennung zwischen Verursachern und Betroffenen ist kaum zu ziehen. Auch sind die Ursache-Wirkung-Zusammenhänge in der Realität häufig nur schwer auszumachen. Man denke in diesem Zusammenhang an die Ozonproblematik oder das Waldsterben, dessen Ursache wissenschaftlich immer noch nicht geklärt ist.

Schließlich sind die wechselseitigen Umweltbelastungen ja nur vom Betroffenen erfahrene, individuelle Kosten und Beeinträchtigungen seiner Wohlfahrt. Dagegen sind einem Verursacher die durch ihn ausgelösten negativen Wirkungen bei anderen nicht näher bekannt. Bei Verhandlung zur Vermeidung, zur Internalisierung von Umweltbelastungen lohnt es daher für alle, das Ausmaß der eigenen Beeinträchtigung als größer darzustellen, als man es tatsächlich verspürt (siehe Streissler 1993). Daher kann es je nach Verteilung der Eigentumsrechte an der Umwelt zu einer Verschleierung von Präferenzen für Umweltqualität und damit einer pareto-ineffizienten Allokation kommen.

4.2.2.3 Öffentliche-Gut-Problematik

Tatsächlich handelt es sich um dieselbe Art von Problemen, die auch bei der Versorgung einer privatwirtschaftlich organisierten Volkswirtschaft mit öffentlichen Gütern auftritt. Machen wir uns dies wiederum am Raucher-Nichtraucher-Beispiel klar und unterstellen hierzu, drei Individuen, der Raucher, der Nichtraucher und eine neutrale Person teilten sich ein Zimmer. Der Neutrale rauche nicht, und habe Präferenzen für saubere Luft, die aber wesentlich geringer als die des Nichtrauchers seien. Letzteres äußere sich darin, daß die Zahlungsbereitschaft des Neutralen für saubere Luft geringer ist als die des Nichtrauchers.

Der Raucher habe jetzt Eigentumsrechte an der Zimmerluft. Nichtraucher und Raucher treten in Verhandlungen ein. Der Neutrale hält sich zurück. Denn eine Verbesserung der Luft hat den Charakter eines öffentlichen Gutes, und wenn der Nichtraucher dem Raucher das Recht zu rauchen abhandelt, wird auch der Neutrale davon profitieren. Er hat somit einen Anreiz, seine Präferenzen für saubere Luft zu verschleiern. Er verhält sich als Trittbrettfahrer, und das Ergebnis ist nicht pareto-optimal, wie aus der Theorie öffentlicher Güter hinlänglich bekannt ist (siehe dazu Breyer und Bernholz 1993). Unglücklicherweise gibt es auch keinen Mechanismus, der die Offenbarung der wahren Kosten und Präferenzen erzwingt und gleichzeitig zu effizienten Verhandlungsergebnissen führt (siehe Myerson und Satterthwaite 1983).

Verstärkt tritt das Phänomen des Abseitsstehens bei solchen Umweltbelastungen auf, die durch die privaten Anstrengungen eines Einzelnen nicht merklich reduziert werden können. Man spricht in diesem Zusammenhang von nicht ausschöpfbaren Externalitäten. Klassische Beispiele hierfür sind das Ozonproblem oder der Treibhauseffekt. Hier gibt es nicht nur viele Verursacher, sondern die Anstrengungen einzelner, Emissionen zu vermeiden und zu reduzieren, sind nahezu wirkungslos. Nur die gemeinsame Aktion kann Abhilfe schaffen, und entsprechend groß ist die Gefahr, als Trittbrettfahrer abseits zu stehen. In diesem Fall ist eine pareto-effiziente Internalisierung externer Effekte durch Verhandlungen nicht mehr gewährleistet (siehe Schweizer 1988). Mehr noch, die Wahrscheinlichkeit, daß aus Verhandlungen pareto-effiziente Allokationen hervorgehen, wird um so kleiner, je größer die Zahl der Geschädigten ist (vergleiche dazu Weimann 1991).

4.2.2.4 Das Verursacherprinzip

Unglücklicherweise ist damit die Liste der Einwände gegen das Coase-Theorem und seine Relevanz für die Lösung von Umweltproblemen noch nicht beendet. Wie wir unten noch genauer diskutieren, ist ein zentrales Element rechtsstaatlicher Umweltpolitik das Verursacherprinzip. Danach sollten diejenigen, die für einen Umweltschaden, für eine Belastung oder gar Gefährdung der Umwelt verantwortlich sind, auch für die Konsequenzen ihrer Handlung einstehen.

Garantieren Märkte die pareto-effiziente Allokation von Umweltdienstleistungen, dann wird das Verursacherprinzip über den Marktmechanismus automatisch erfüllt, wie wir in Kapitel 3 gesehen haben. Zieht sich der Staat aber in der

Umweltpolitik darauf zurück, Eigentumsrechte zu spezifizieren und Rahmenbedingungen festzulegen und überläßt die Internalisierung externer Effekte privaten Verhandlungen, dann kann in Situationen, in denen das Coase-Theorem Gültigkeit besitzt, das Verursacherprinzip durchbrochen werden.

Tatsächlich gibt es auch empirische Beispiele dafür, daß dieser Fall auftreten kann. 1985 wurde die Konvention zum Schutz des Rheins vor Chloriden in Kraft gesetzt (siehe Birnie und Boyle 1992). Bis dahin war seine hohe Salzfracht eines der Hauptprobleme des Rheins, unter dem vor allem die niederländische Landwirtschaft zu leiden hatte. Verursacher waren die französischen Kalibergwerke, die ihre Abwässer unbehandelt in den Vorfluter Rhein einleiteten. Die Konvention besagt nun, daß die Unterzeichnerstaaten Frankreich, Deutschland, Luxemburg, die Niederlande und die Schweiz die Kosten der Abwassersanierung französischer Salzbergwerke nach dem Schlüssel Deutschland 30%, die Niederlande 34%, die Schweiz 6% aufteilen sollten. Dies ist ein offensichtlicher Verstoß gegen das Verursacherprinzip.

4.2.2.5 Überwachung und Staat

Schließlich kommt nicht einmal das Coase-Theorem ganz ohne den Staat oder eine ähnliche Institution aus (siehe Richter und Wiegard 1993). Erstens müssen ja Eigentumsrechte definiert, verteilt und gesichert werden. Zweitens müssen institutionelle Strukturen festgelegt werden, die das Zustandekommen von Verhandlungsergebnissen ermöglichen, beziehungsweise begünstigen. Denn mit der Festlegung von Eigentumsrechten und deren Verteilung ist ja erst der Ausgangspunkt für Verhandlungen geschaffen. Damit solche ablaufen, bedarf es entsprechender Spielregeln, wie eine spieltheoretische Analyse zeigt (siehe dazu Schweizer 1988). Drittens müssen eingegangene Verpflichtungen auch eingehalten werden. Um sicherzustellen, daß vertraglich ausgehandelte Umweltschutzbemühungen auch langfristig Bestand haben, sind deshalb entsprechende Kontroll-, aber auch Sanktionsmöglichkeiten erforderlich, die im Verletzungsfall durch einen Vertragspartner durchsetzbar sind. Andernfalls hat ein rational handelndes Individuum keinen Anreiz, sich an einmal getroffene Absprachen zu binden (siehe Müller-Fürstenberger und Stephan 1996).

Natürlich kann man im Sinne von Buchanan (1975) argumentieren, dies alles seien Aufgaben des Rechtsstaates. Daraus den Schluß zu ziehen, Umweltschutz erfordere staatliche Politik (siehe etwa Cansier 1993) oder gar den direkten Eingriff des Staates in das Wirtschaftsgeschehen, ist damit noch nicht gerechtfertigt. Im Gegenteil, das Theorem von Coase ist als Warnung vor einem allzu voreiligen Ruf nach staatlicher Umweltpolitik zu verstehen, wofür es ja auch eine Reihe von Gründen gibt (siehe Klibanoff und Morduch 1995). Die Tatsache, daß

Informationen in der Regel nicht gleichmäßig verteilt oder gar nur einzelnen Entscheidungsträgern zugänglich sind, spricht ebenso für dezentralisierte Lösungen, wie die staatsphilosophische Erwägung, durch dezentralisierte Entscheidungskompetenz die Macht zentraler Autoritäten zu verringern.

In der Tat bestünde unter den heute existierenden institutionellen Bedingungen wenig Hoffnung, wenn Umweltprobleme ausschließlich durch direkte staatliche Interventionen behoben werden könnten. Sicherlich, viele Umweltprobleme sind regional begrenzt oder fallen in den direkten Zuständigkeitsbereich eines einzigen Nationalstaates. Beispiele hierfür finden sich im Bereich der Abfallwirtschaft ebenso wie in der Wassergütewirtschaft. Aber schon das Beispiel des Gewässerschutzes macht darauf aufmerksam, daß eine Reihe bedeutender Umweltprobleme überstaatlicher Natur sind. Sie können nur gelöst werden, wenn mehrere Staaten zusammenarbeiten. Dies gilt insbesondere für den Treibhauseffekt, die Problematik des Sauren-Regens und die potentielle Auslöschung von Arten oder der Schutz der Meere (siehe dazu auch Cansier 1993, Fritsch 1993). Bei diesen drängenden globalen Problemen hat die Emissionsvermeidung immer die Eigenschaft eines öffentlichen Gutes, denn eine vollständige oder teilweise Beseitigung dieser globalen Umweltprobleme käme allen zugute, und es fehlen überstaatliche Institutionen, die einzelnen Nationen gegenüber Sanktionen verhängen und Maßnahmen zum Schutz der Umwelt erzwingen könnten (für eine ausführliche Diskussion siehe Müller-Fürstenberger und Stephan 1986).

4.3 Demokratie und Umweltschutz

Aber auch dann, wenn wir uns auf vom Nationalstaat lösbare Umweltprobleme konzentrieren, gibt es Gründe, genauer zu untersuchen, unter welchen Bedingungen freiwillige Kooperation zum Schutz der Umwelt zustande kommt. Spieltheoretisch interpretiert, sind Umweltprobleme das Ergebnis einer Kluft zwischen individueller und gesellschaftlicher Rationalität (siehe Kapitel 1): Solange keine Sanktionsmöglichkeiten existieren, sind die Wirtschaftssubjekte nicht gezwungen, in ihre individuelle und in ihre betriebswirtschaftliche Kalkulation die Schäden und Nachteile einzubeziehen, die ihr Handeln bei anderen verursacht. Berücksichtigten sie nämlich die Auswirkungen ihres Handelns auf andere, dann verhielten sie sich so, als ob es Sanktionsmöglichkeiten gäbe, was aber individuell irrational ist.[3]

---

[3] An dieser Stelle muß auf eine wichtige Annahme aufmerksam gemacht werden. Wir unterstellen bei dieser Argumentation, die Präferenzen seien unabhängig voneinander. Gilt die Voraussetzung aber nicht, dann ist das individuelle Wohlbefinden nicht mehr vom eigenen Handeln, sondern auch dessen Einschätzung durch Dritte abhängig. Dieses Phänomen erklärt,

Was aber, wenn die Individuen ihr Verhalten vor sich selbst mit sozialer Verantwortung rechtfertigen und ihren Entscheidungen quasi einen tieferen Sinn geben? Man könnte also vermuten, daß eine Stärkung des Umweltbewußtseins zu Verhaltensänderung führt und so das "soziale Dilemma" durch freiwilligen Umweltschutz aufgehoben wird. Tatsächlich erblicken viele Politiker, Umweltschützer, aber auch Wirtschaftswissenschaftler (stellvertretend seien hier Faber, Mannstetten und Proops 1994 genannt) in der Beeinflussung des Bewußtseins der Bevölkerung den Königsweg zur Lösung von Umweltproblemen. Sie stehen ökonomischen Instrumenten und Konzepten kritisch gegenüber und verlangen stattdessen eine Änderung der Einstellung der Umwelt gegenüber. Sie appellieren an Moralvorstellungen und fordern gleichzeitig, umweltschädigende Tätigkeiten zu verbieten.

Allerdings erweist sich die Hoffnung, Umweltprobleme allein mit Moral und Bewußtseinswandel lösen zu können, häufig als trügerisch.[4] Die Umwelt ist jedoch zu kostbar, als daß wir zu ihrer Rettung auf den besseren Menschen warten können. Angesichts schwindender Handlungsspielräume drängt die Zeit. Das bedeutet nicht, das Umweltbewußtsein zu wecken und zu stärken, mache keinen Sinn. Doch muß Bewußtsein gleichzeitig mit Handeln verbunden sein. Insbesondere bei komplexen Problemen, die keine einfachen Lösungen kennen, müssen die entsprechenden Anreizstrukturen dafür geschaffen werden (siehe dazu auch Swap 1991). Umweltprobleme gehören meist in diese Kategorie, weshalb es auch eine Aufgabe des Rechtsstaates ist, für eine lebenswerte Umwelt zu sorgen.

4.3.1 Politische Märkte und freiwillige Kooperation

Wie rechtfertigt es der Rechtsstaat aber, notfalls die Freiheit des einzelnen zum Wohl aller unter den Zwang des Gesetzes zu stellen? Nach unserem Verständnis sind staatliche Eingriffe nur berechtigt, wenn sie im politischen Prozeß eine breite Zustimmung in der Bevölkerung finden. Denn durch Wahlen delegieren die Stimmbürger an den Staat das Recht auf Sanktionen. Sie schränken dabei zwar ihre Handlungsmöglichkeiten ein, gewinnen aber die Hoffnung, unter idealen Bedingungen optimale Ergebnisse für alle erwarten zu dürfen.

Wenn sich der Staat aber über Wahlen legitimieren muß, dann ist ein neues Problem geschaffen (siehe Stephan, Steffen und Wiedmer 1994). Das ursprüng-

---

warum in kleinen Gruppen die Umweltmoral das individuelle Handeln beeinflußt (siehe Frey 1990).

[4] Empirische Evidenz dafür, daß eine hohe Umweltmoral nicht notwendigerweise zu umweltgerechtem Handeln führen muß, findet sich unter anderem in der Studie von Dieckmann und Preissendörfer (1992).

lich von den Märkten wegen Marktversagens nicht gelöste Kooperationsproblem hat sich jetzt auf die politische Ebene verlagert. Warum aber sollten die politischen Märkte besser funktionieren? Aus der Politischen Ökonomie wissen wir, daß dies in der Regel gerade nicht der Fall ist (siehe Bernholz und Breyer 1993). Und warum sollte ein Stimmbürger einer Maßnahme zustimmen, die ihm Kosten aufbürdet, von deren Wirkung aber alle profitieren. Es wäre im Sinn ökonomischen Handelns nur rational, wenn er seine Zustimmung nicht nur auf den Märkten, sondern auch im politischen Prozeß selbst in Situationen versagte, in denen er eigentlich für Umweltschutz ist.

Schlimmer noch liegt der Fall, wenn die Stimmbürger von einer Maßnahme nicht überzeugt sind oder nicht erkennen beziehungsweise erkennen wollen, daß ihr Verhalten zu Belastungen der Umwelt oder ihrer Gesundheit führt. Ein Standardbeispiel ist das Zigarettenrauchen. Rauchen verschlechtert mit hoher Wahrscheinlichkeit den zukünftigen Gesundheitszustand. Dennoch verändern die meisten Raucher ihr Verhalten nicht. Vielmehr unterschätzen sie systematisch das Risiko, ernsthaft zu erkranken; insbesondere wohl auch deshalb, weil die schädliche Wirkung des Rauchens, wenn überhaupt, erst nach einer langen Dauer eintritt.

So eigenartig dies auch klingen mag, eine entscheidende Voraussetzung dafür, daß es überhaupt zum Handeln kommen kann, ist, daß reale und subjektiv wahrgenommene, sogenannte ipsative Handlungsspielräume relativ übereinstimmen (siehe Tanner und Foppa 1995). In der Wirklichkeit werden aber je nach Standpunkt der Nutzen oder die Kosten von umweltpolitischen Maßnahmen verzerrt. Damit weichen die von den Wirtschaftssubjekten wahrgenommenen Handlungsmöglichkeiten von den Möglichkeiten ab, die bei der herrschenden Technik sowie den institutionellen, gesellschaftlichen und politischen Bedingungen tatsächlich bestehen. Beispielsweise weisen Gegner von Energiepreiserhöhungen auf die Schwierigkeiten hin, welche die schockartige Erhöhung der Energiepreise während der Erdölkrise 1973 in den meisten Industrieländern ausgelöst hat. Dabei verschweigen sie den positiven Effekt der langfristigen Effizienzsteigerung. Umgekehrt zitieren Befürworter von Energiepreiserhöhungen das Beispiel Japan, das in den siebziger Jahren die Energiepreise politisch verteuerte und trotzdem eine beispiellose wirtschaftliche Entwicklung vorweisen kann. Allerdings erwähnen sie nicht, daß Japan zwar die direkte Abhängigkeit von fossilen Energieträgern reduzierte, dafür aber die Importe an grauer Energie drastisch erhöht hat. Mit anderen Worten, die energieeffiziente Produktion blieb in Japan, die plumpen, energieintensiven und schmutzigen Produktionszweige wurden in asiatische Schwellenländer exportiert (siehe auch Stephan 1995).

4.3.2 Wahrnehmung, Bewußtsein und Handeln

Die ökonomische Theorie betrachtet Gesellschaften als Systeme, die durch Individuen gestaltet werden. Somit ist eine Gesellschaft veränderbar, und freiwillige Kooperation zum Schutz der Umwelt ist per se nicht ausgeschlossen. Wenn wir also beobachten, daß die meisten Menschen für die Umwelt Sorge tragen wollen, dies aber als rational handelnde Individuen nicht tun, dann stellen sich für uns unmittelbar die Fragen: (1) Wie ist diese Kluft zwischen Wollen und Tun zu erklären? (2) Wie kann sie verkleinert werden? (3) Wovon hängt die individuelle Kooperationsbereitschaft und damit die Zustimmungsbereitschaft für umweltpolitische Maßnahmen ab?

Aus ökonomischer Sicht sind es im wesentlichen zwei Faktoren, die die individuelle Kooperationsbereitschaft beeinflussen (für eine psychologische Sichtweise siehe Swap 1991): die Wahrnehmung von Umweltbelastungen zum einen, und zum anderen die individuellen Kosten, die mit kooperativem Verhalten verbunden sind.

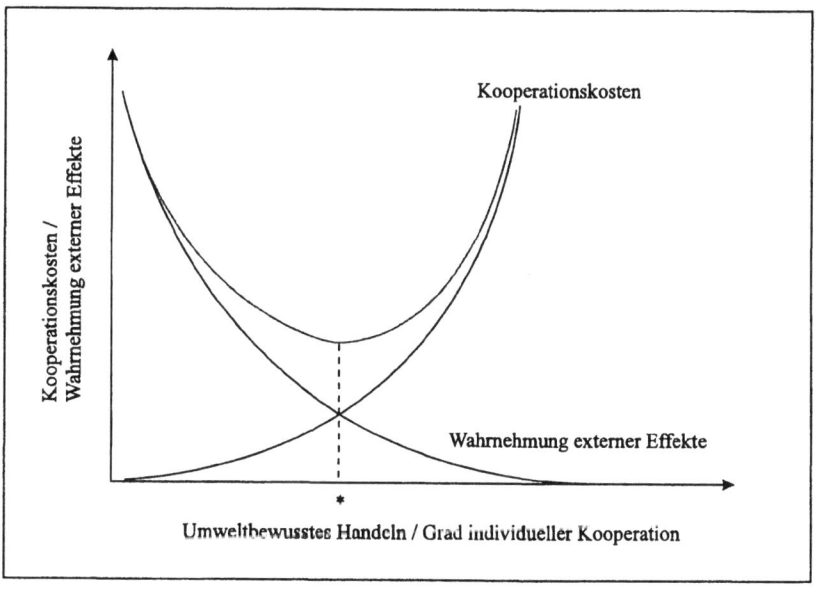

Abbildung 4.2

Die wahrnehmbaren Umweltbelastungen und somit die externen Effekte verschwinden bei zunehmender Kooperation, da ihre Ursache durch zunehmend umweltbewußtes Handeln rückgängig gemacht wird. Umgekehrt steigen die Kosten mit zunehmendem Kooperationsgrad, die ein Individuum bei freiwilligen Leistungen für den Umweltschutz tragen muß (siehe Abbildung 4.2).

Angesichts dieser beiden Kostenkomponenten, die sich gegenläufig und abhängig vom Grad kooperativen Verhaltens beim Umweltschutz entwickeln, wird ein rational handelndes Individuum denjenigen Aufwand zur Lösung von Umweltproblemen freiwillig zu leisten bereit sein, bei dem die Summe aus wahrgenommenen externen Belastungen und Kooperationskosten minimal ist. In Abbildung 4.2 wäre dies gerade der mit * bezeichnete Punkt.

Grundsätzlich lassen sich aus diesen Überlegungen zwei Typen von Maßnahmen ableiten, um individuelles umweltgerechtes Handeln zu fördern. Erstens kann man versuchen, die Wahrnehmung von externen Effekten zu steigern, und zweitens könnten die individuellen Kosten umweltschonenden Verhaltens verändert werden.

Obwohl die Frage, wie sich Umweltbewußtsein bei Individuen bildet, wissenschaftlich noch nicht vollständig geklärt ist (für eine ausführliche Diskussion siehe Tanner und Foppa 1995), können wir dennoch davon ausgehen, daß die individuelle Wahrnehmung externer Effekte unter anderem von folgenden Faktoren abhängt:

(1) der Umweltmoral, also der intrinsischen Motivation, der Umwelt zuliebe zu handeln, auch wenn dadurch nicht primär gegenwärtige Bedürfnisse befriedigt werden;

(2) dem Informationsstand über die Qualität der Umwelt, über Handlungsmöglichkeiten und das Verhalten der anderen.

Die individuellen Kosten, und damit die extrinsische Motivation, die aus einer Zustimmung zum oder der Ausführung von Umweltschutz folgen, sind bestimmt durch:

(1) die Transaktionskosten, wie oben beschrieben,

(2) die Wahl des politischen Instrumentariums, auf die in Kapitel 5 noch eingegangen wird,

(3) die technologischen Möglichkeiten zur Vermeidung oder Minderung von Umweltbelastungen, sowie

(4) die Verteilungseffekte, die von einer Maßnahme ausgehen.

Schlagen sich nun ein höherer Informationsgrad oder eine gestiegene Umweltmoral in einer verstärkten Wahrnehmung externer Effekte nieder, dann sind die Wirtschaftssubjekte bei unveränderten Kooperationskosten eher bereit, Umweltschutz zu betreiben (siehe Abbildung 4.3). Gelingt es umgekehrt, die Kooperationskosten zu senken, dann steigt selbst bei unverändertem Umweltbewußtsein ebenfalls die individuelle Bereitschaft, Umweltschutzmaßnahmen zu fördern und zu unterstützen. Denn in beiden Fällen hat sich das Minimum der Interdependenzkosten, also das Minimum der Summe aus externen Effekten und Kooperationskosten, nach rechts verlagert (siehe Abbildung 4.3).

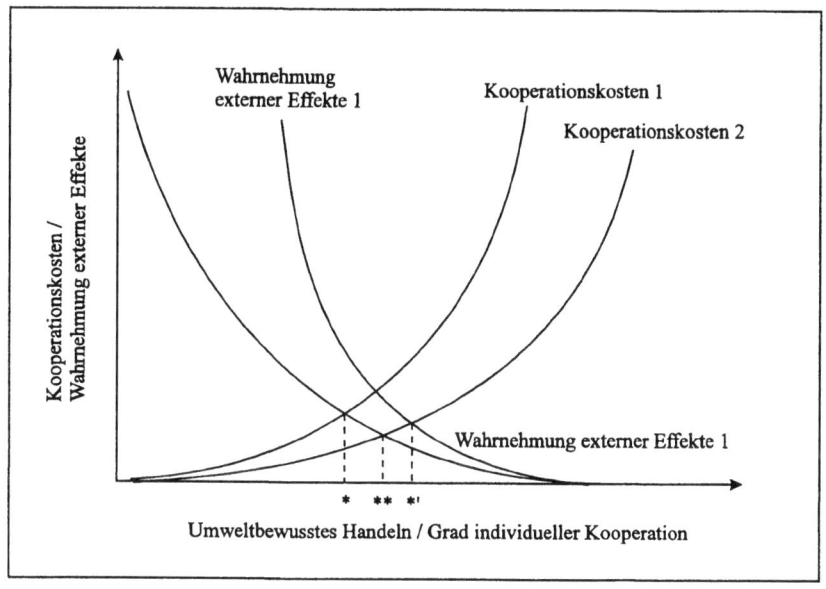

Abbildung 4.3

Sind dies rein theoretische Überlegungen, oder haben sie Relevanz für die praktische Umweltpolitik? Wir glauben letzteres. Menschen fällt es oft gerade deshalb so schwer, ihr Verhalten wirksam zugunsten umweltverträglicher Alternativen zu verändern, weil bei Umweltproblemen die sinnliche Wahrnehmung von Zuständen und Handlungsmöglichkeiten häufig verzerrt, selektiv fehlgeleitet ist (siehe hierzu auch Kapitel 1). Damit sind aber insbesondere aus ökonomischer Sicht die

Voraussetzungen für eine problemadäquate Verhaltensänderung und -anpassung nicht gegeben. Handlungsziele, Handlungsprämissen, Handlungsmittel und Handlungsfolgen müssen grundsätzlich aufeinander beziehbar sein, wofür ausreichende Informationen über Vorbedingungen, Mittel und Resultate des Handlungsvollzuges notwendig sind (siehe auch Gessner und Kaufmann-Hayoz 1995).

Unter dieser Perspektive ist zu vermuten, daß in der Praxis Informationen über das Ausmaß an Umweltbelastungen ebenso wie eine Aufklärung über individuelle Handlungsmöglichkeiten und Informationen über die Kosten von umweltpolitischen Maßnahmen auf die individuelle Kooperationsbereitschaft zur Lösung umweltpolitischer Probleme wirken (siehe Stephan, Steffen, Wiedmer 1994). Dabei sollte insbesondere klar werden, daß marktkonforme Instrumente in der Regel kostenminimierend sind. Denn sie senken einerseits die Durchführungskosten als solche, und sie reduzieren andererseits langfristig die ökonomischen und ökologischen Kosten.

Der erste Informationsaspekt dürfte kaum Anlaß geben zu handeln. Denn der Grad an Information über Umweltprobleme ist in den meisten Industrieländern ausreichend. Bei einzelnen Themen, wie zum Beispiel der Waldsterbensdebatte, zeichnet sich sogar eine Übersättigung ab. Dagegen bestehen Wissensdefizite bezüglich der Handlungsalternativen. Viele wissen gar nicht, welche Möglichkeiten auch dem einzelnen offenstehen, durch sein individuelles Handeln Umweltbelastungen abzubauen. Dieses Wissen ist aber wichtig. Psychologen, die sich mit Fragen der Bewußtseinsbildung beschäftigen, warnen ausdrücklich vor Kampagnen, die ausschließlich darauf abzielen, die Wahrnehmung von Umweltbelastungen in der Bevölkerung zu fördern (siehe Tanner und Foppa 1995). Nach ihrer Einschätzung ist eine Sensibilisierung der Wahrnehmung und das Vermitteln negativer Folgen menschlicher Tätigkeiten zwar wichtig, fördert aber gleichzeitig die Abwehrbereitschaft. Es sei daher unverzichtbar, gleichzeitig Möglichkeiten zu umweltgerechtem Handeln aufzuzeigen.

Damit kommen wir aber zu einem dritten und sehr kritischen Punkt. Rationale Wähler haben keine intrinsische Motivation, sich Kenntnisse über umweltpolitische Instrumente, ihre Handlungsmöglichkeiten und deren Kosten zu verschaffen, denn die Informationskosten sind relativ hoch. Insbesondere in Fällen von Unsicherheit tendieren die Individuen deshalb dazu, beim Bewährten zu verharren und das Unbekannte abzulehnen. Dieses aus Unkenntnis entstehende Status-quo-Verhalten ist kurzfristig nicht aufhebbar, sondern nur langfristig in einem Bewußtmachungsprozeß änderbar. Daher empfiehlt es sich, losgelöst von der tagespolitischen Aktualität einsichtige Regeln und Kriterien zur Beurteilung umweltpolitischer Maßnahmen zu entwickeln, die einmal akzeptiert allen zur Beurteilung umweltpolitischer Maßnahmen dienen.

Historische Erfahrungen mit der Entwicklung von Verfassungen zeigen, daß Gesellschaften spezielle Probleme und soziale Konflikte immer dann besser bewältigen können, wenn sie sich zuvor auf generelle und übergeordnete Prinzipien geeinigt haben. Dies dürfte auch für den Umweltschutz zutreffen. In vielen Fällen lassen nämlich die herrschenden sozio-ökonomischen Rahmenbedingungen nicht zu, Umweltbewußtsein in individuelles Handeln umzusetzen. Wenn aber die Spielregeln festgelegt sind, nach denen Rahmenbedingungen geändert werden sollen, dann ist es plausibel zu vermuten, daß die Wirtschaftssubjekte ihr Umweltbewußtsein in den politischen Prozeß einspeisen und einer Änderung gerade dieser, das umweltgerechte Handeln verhindernden Rahmenbedingungen zustimmen.[5]

4.4 Kriterien der Umweltpolitik

Aus unseren bisherigen Überlegungen läßt sich ableiten: Umweltpolitik soll die Wohlfahrt der Gesellschaft sichern und steigern. Das bedeutet, daß neben den traditionellen Zielen der Wirtschafts- und Sozialpolitik die Erhaltung der Natur angestrebt wird. Somit muß schonend mit der natürlichen Umwelt umgegangen und ihr Zustand so verbessert werden, daß sie auch künftigen Generationen bewahrt bleibt. Und es muß die Kluft zwischen individueller Rationalität und kollektivem Wohl verringert sowie ein Anreiz zur Umsetzung umweltbewußten Handelns geschaffen werden. Was auf den ersten Blick widersprüchlich wirkt, kann eingelöst werden, wenn bestimmte Kriterien in der Umweltpolitik beachtet werden (siehe hierzu zum Beispiel Field 1994, Frey 1992, Stephan 1987, Young 1992).

1. Kriterium: Ökonomische und ökologische Effizienz

Maßnahmen sind so einzusetzen und zu gestalten, daß vorgegebene Ziele bestmöglich mit minimalem Aufwand und Kosten erreicht werden. Dazu gehört auch, ein vorgegebenes ökologisches Ziel, eine gewisse Qualität der Umwelt oder eines Umweltmediums zum Beispiel, überhaupt zu erreichen und danach langfristig einzuhalten.

Ökonomen präferieren effiziente Maßnahmen. Schließlich sind sie durch das Studium von Allokationsproblemen auf die Suche nach effizienten Lösungen trainiert und haben die Fähigkeit entwickelt, diesbezüglich theoretisch exakte Aussagen zu treffen (siehe dazu auch die Ausführungen in Kapitel 3). Üblicherweise ziehen sie deshalb effiziente Allokationen anderen selbst dann vor, wenn

---

[5] Ein Beispiel hierfür ist der Individualverkehr. Viele können bei den bestehenden Verkehrsinfrastrukturen nicht auf ihr Auto verzichten, obwohl sie aus ökologischen Gründen den Gebrauch des PKW gerne einschränkten. Als Ersatzhandlung bietet sich für sie an, einer Änderung der herrschenden Rahmenbedingungen zuzustimmen.

die anderen Lösungen höhere Chancen auf politische Akzeptanz aufweisen. Für die praktische Umsetzung umweltpolitischer Maßnahmen muß man sich aber der Grenzen einer Effizienzargumentation bewußt sein. Effizienzargumente allein können Umweltpolitiker nicht überzeugen; nicht zuletzt auch deshalb nicht, weil sie der Fiktion einer optimalen und exakten Lösbarkeit von Problemen entspringen.

Die Kriterien ökonomische und ökologische Effizienz sind die konsequente Umsetzung der Forderung, die Allokation natürlicher Ressourcen müsse pareto-effizient sein; denn Pareto-Optimalität setzt voraus, daß mit knappen Faktoren effizient umgegangen wird. Nun genügt es aber nicht, die Nutzung der Natur nach Kriterien der statischen Allokationstheorie zu beurteilen. Vielmehr geht es in der Umweltpolitik darum, langfristig eine pareto-effiziente Allokation von Gütern, Dienstleistungen und natürlichen Ressourcen zu sichern. Dazu müssen entsprechende Anreize und Strukturen geschaffen werden.

2. Kriterium: Dynamische Anreizwirkung und Flexibilität

Nach unserer Einschätzung handelt es sich hier um das bedeutendste der genannten Kriterien. Wir haben schon in Kapitel 2 darauf hingewiesen, daß die zeitliche Dimension von wesentlicher Bedeutung für die Umweltproblematik ist. Ökologische Prozesse laufen im Vergleich zu ökonomischen langsam ab, und mangelnde Koordination der Stoffflüsse in beiden Systemen ist eine der Ursachen für Umweltbelastung und -zerstörung: Umweltschäden heute sind das Ergebnis vergangener Übernutzungen des ökologischen Systems, und Umweltbelastungen heute können morgen zu irreversiblen Schädigungen desselben führen. Angesichts dieser Situation erscheint es wichtig, Strukturen zu schaffen, die einen permanenten Anreiz zur Auffindung und Umsetzung von immer weniger umweltintensiven Produktions- und Konsumweisen setzen, und die flexibel genug sind, um in einer unsicheren Welt Irreversibilitäten vermeiden und eine vorausschauende Umweltpolitik betreiben zu können (siehe hierzu Weizsäcker und Weizsäcker 1984).

3. Kriterium: Einfachheit, Nachvollziehbarkeit, Transparenz

Umweltprobleme sind unter anderem auch deshalb so schwer zu lösen, weil in vielen Fällen die für eine optimale Umweltpolitik notwendigen Informationen fehlen. Wir kennen ökologische Wirkungszusammenhänge immer noch sehr ungenau. Insbesondere sind Kausalketten dann kaum noch herstellbar, wenn Wirkungen und Ursachen zeitlich weit auseinanderfallen, was bei vielen Umweltproblemen wie zum Beispiel Altlasten der Fall ist. Wir kennen aber auch nicht die Präferenzen der Haushalte oder die technologischen Möglichkeiten der Unternehmungen, Emissionen zu vermeiden. In dieser Situation sind umweltpolitische Instrumente, die mit wenig Informationen auskommen, gleichzeitig fehlerfreundlich sind und die Flexibilität erhöhen, starren, informationsintensiven Maßnahmen vorzuziehen. Zusätzlich muß man bedenken, daß der Vollzug von Umweltschutzmaßnahmen Kosten verursacht, die um so größer sind, je komplizierter und unverständlicher das entsprechende Regelwerk ist.

4. Kriterium: Niedrige Transaktionskosten

Zu den Transaktionskosten zählen die Kosten der Informationsbeschaffung und Überwachung. Neben diesen sind umweltpolitische Eingriffe von einer Vielzahl von Aufwendungen zur Durchführung begleitet. Dies wird deutlich, wenn man sich die Stufen klarmacht, die durchlaufen werden müssen, bis eine umweltpolitische Maßnahme zu greifen beginnt: (1) Erarbeitung naturwissenschaftlicher Grundlagen, (2) Formulierung umweltpolitischer Ziele, (3) Umsetzung in juristische sowie ökonomische Kategorien, einschließlich der Erarbeitung entsprechender Vorschläge, (4) Durchsetzung im politischen Prozeß, (5) Ausarbeitung entsprechender Durchführungsverordnungen, (6) Umsetzung und Überwachung.

5. Kriterium: Verteilungswirkungen

Jede Form von staatlichen Eingriffen wirkt sich auf die Entstehung und Verteilung von Einkommen aus. Unsere Diskussion um das Coase-Theorem und seine Anwendung auf das Raucher-Nichtraucher-Problem hat dies verdeutlicht. Bisher war man in der Wirtschaftstheorie von der Arbeitshypothese ausgegangen, man müsse zunächst Allokationsprobleme lösen und könne eventuelle Verteilungsungerechtigkeiten im nachhinein durch Transferzahlungen kompensieren. Im Falle der Umweltpolitik scheint dies eine gefährliche Vorgehensweise; einerseits, weil nachträgliche Transfers die Erreichung von Allokationszielen stören können, und andererseits, weil Eigentumsrechte an der Natur bislang im gesellschaftlichen Prozeß noch nicht wirklich verteilt, sondern höchstens historisch angeeignet worden sind.

6. Kriterium: Bewußtsein und Interessen der Beteiligten

Die politische Durchsetzbarkeit einerseits und die Wirksamkeit umweltpolitischer Maßnahmen andererseits hängt davon ab, wie die Interessen der Betroffenen berührt werden. Deshalb sollten Vorschläge zur Lösung von Umweltproblemen mit unserem Menschenbild, unserem Selbstverständnis, der Wahrung der Menschenrechte und unserer Moral übereinstimmen.

Diese Aspekte werden in der ökonomischen Diskussion von Umweltproblemen häufig vernachlässigt. Ökonomen schließen zwar nicht aus, daß Moral und Ethik das menschliche Verhalten beeinflussen. Sie betrachten diese inneren Werte jedoch als unabhängig von kurzfristigen Veränderungen von Rahmenbedingungen und Preisen (siehe dazu Becker und Stigler 1977). Schon Arrow (1974) hat aber darauf hingewiesen, daß es einen engen Zusammenhang zwischen externer, etwa durch Preise bestimmte, und interner, also moralgesteuerter, Handlungsmotivation gibt. Heute sieht man es in der psychologisch orientierten Ökonomie (siehe zum Beispiel Frey 1990) denn auch als gesichert an, daß ein extrinsischer Eingriff in einem Bereich, in dem das Handeln durch Moral und Bewußtsein bestimmt war, diese intrinsischen Motivation stören kann. Frey und Busenhart (1995) begründen dies wie folgt: Durch den Eingriff und vor allem die Kontrolle von außen spüren die Betroffenen eine Überveranlassung. Es bestehen zu viele Motive, innere und äußere, eine Tätigkeit auszuführen. Entsprechend werden die Motive, die in der individuellen Kontrolle liegen, und damit die intrinsische Motivation reduziert.

Für die Umweltpolitik folgt aus diesen Beobachtungen, daß nur solche Maßnahmen zu wählen sind, die die intrinsische Motivation so wenig wie möglich zerstören. Da dieser Verdrängungseffekt nur unter bestimmten Bedingungen auftritt, und wirtschaftlich Handelnde in unterschiedlichem Maß der Gefahr einer Erosion ihrer Motivation ausgesetzt sind, beziehungsweise unterschiedliche Grade ökonomischer Rationalität aufweisen (siehe Stephan 1995), ist an dieser Stelle eine generelle Empfehlung nicht möglich. Wir werden darauf im folgenden Kapitel zurückkommen, wenn die verschiedenen umweltpolitischen Instrumente im Detail diskutiert werden.

5. ANREIZE UND UMWELTPOLITISCHE INSTRUMENTE

In den letzten Kapiteln haben wir drei Aussagen herausgearbeitet, die im Zentrum der ökonomischen Auseinandersetzung mit der Umweltproblematik stehen und die ökonomische Sichtweise im wesentlichen charakterisieren.

Erstens wird die ökologische Krise gedeutet als Versagen des dezentralen Allokationsmechanismus Markt bei der Allokation natürlicher Ressourcen. Realistischerweise muß dabei davon ausgegangen werden, daß die historisch gewachsenen Märkte nicht in der Lage sind, allein aus sich heraus Umweltprobleme zu lösen. Viele der bestehenden Rahmenbedingungen müßten hierzu zunächst reformiert, neue Eigentumsrechte, neue Institutionen und alternative Organisationsformen überhaupt erst geschaffen und ausgestaltet werden.

Zweitens liegt eine der Hauptursachen für Umweltprobleme darin, daß in der westlichen Gesellschaft individuelle und gesellschaftliche Rationalität häufig nicht zusammenpassen. Es besteht wenig Hoffnung, den Raubbau an der Natur ausschließlich und einseitig durch Änderung der Umweltmoral und durch Bewußtseinswandel beenden zu können. Wenn es aber auch in Zukunft möglich sein soll, Entscheidungen individuell und in freier Selbstbestimmung zu treffen, dann muß diese Kluft so geschlossen werden, daß Handlungen, die sich für alle lohnen, auch für den einzelnen rentabel sind. Sonst bleibt den Individuen nichts anderes übrig, als beim Umweltschutz gegen ihre individuelle Rationalität zu handeln.

Drittens ziehen Ökonomen aus diesen Beobachtungen meist den Schluß, Marktversagen und die Fehlallokation von Dienstleistungen der Natur sollten durch entsprechende Anreize, notfalls durch staatliche Eingriffe korrigiert werden.

Staatlichen Institutionen und Umweltbehörden steht ein Spektrum von Instrumenten zur Verfügung. Die bekanntesten sind Gebote, Verbote, Umweltstandards und -auflagen. Diese Instrumente dominieren heute in der praktischen Umweltpolitik. Sie sind nichts anderes als der Versuch, mit dem Ordnungsrecht umweltschädigendes Verhalten zu unterbinden. Schließlich, so die Rechtfertigung für diese Maßnahme, sei die Umwelt zu kostbar, um sie der "ökologischen Vernunft" einzelner überantworten zu können. Der Staat müsse deshalb, notfalls mit Gewalt, dafür sorgen, daß sich die Individuen umweltmoralisch verhalten.

Eine solche Vorstellung widerspricht ökonomischer Einsicht. Denn einerseits steht sie im Widerspruch zur in der ökonomischen Theorie gepflegten Philosophie, Menschen seien prinzipiell frei und verfügten insbesondere über Entscheidungssouveränität. Und andererseits sollten umweltpolitische Eingriffe die Motivation des einzelnen, umweltverantwortlich zu handeln, unterstützen, nicht aber zerstören. Gerade beim direkten staatlichen Eingriff, beim "verordneten

Umweltschutz" besteht aber die Gefahr, daß Individuen ihre Eigenverantwortung für die Natur abbauen und statt dessen an den Staat delegieren.

Die Ökonomie favorisiert daher andere Instrumente. Dazu gehören die bislang wenig verwendeten, aber ebenso bekannten wie umstrittenen Lenkungsabgaben oder die Umweltzertifikate. Schließlich werden zur Zeit in der öffentlichen Diskussion die Konzepte Ökobonus beziehungsweise Ökosteuern genannt. Manche (siehe zum Beispiel Mauch, Iten, von Weizsäcker und Jesinghaus 1992) sehen darin sogar ein universelles Heilmittel für unsere Volkswirtschaften. Denn dank der doppelten Dividende dieser Instrumente soll es möglich sein, sowohl umweltökonomische als auch beschäftigungspolitische Probleme zu lösen.

Die Liste an umweltpolitischen Instrumenten ist damit keineswegs vollständig. Es handelt sich nur um die gängigsten und in der umweltpolitischen Diskussion immer wieder genannten. Neuerdings gewinnen dort aber Alternativen an Bedeutung wie etwa die Kompensationslösungen, freiwillige Vereinbarungen und vor allem das Umwelthaftungsrecht (siehe zum Beispiel Endres 1994). Diese Aspekte werden wir allerdings nur am Rande streifen und uns hauptsächlich auf die "traditionellen" Politikinstrumente, die Auflagen, Abgaben und Zertifikate, konzentrieren.

5.1 Auflagen, Abgaben und Zertifikate[1]

Funktioniert der Markt in idealer Weise, dann ist er der beste Allokationsmechanismus, den wir kennen (siehe Kapitel 3). Für eine Bewertung von umweltpolitischen Maßnahmen ist es aus ökonomischer Sicht deshalb wichtig zu wissen, inwieweit die eingesetzten Politikinstrumente marktkonform sind. Von Marktkonformität sprechen wir immer dann, wenn die Fehlfunktion der Märkte durch den politischen Eingriff zwar behoben, die eigentlichen Eigenschaften des Marktes aber nicht zerstört werden. Mit anderen Worten heißt das: Marktkonforme Problemlösungen im Umweltschutz machen den Markt im Sinne des Zweiten Hauptsatzes der Wohlfahrtstheorie (siehe Abschnitt 3.4) wieder funktionsfähig für die optimale Umweltnutzung.

Unter den eigentlichen Eigenschaften des Marktes verstehen wir dreierlei:

(1) Der individuelle Entscheidungs- und Handlungsspielraum wird durch den umweltpolitischen Eingriff nicht direkt eingeschränkt. Im Gegenteil, die Entscheidungssouveränität der Individuen bleibt in vollem Umfang erhalten.

---

[1] Für eine ausführliche und detaillierte Diskussion siehe zum Beispiel Reichmann (1994).

(2) Entscheidungen werden nur durch Preise beeinflußt, wobei es dem einzelnen überlassen bleibt, sich nach diesem Signal im Sinne ökonomischer Rationalität zu richten.

(3) Die Preise bilden sich auf den Märkten selbst durch das "freie" Spiel von Angebot und Nachfrage.

Diese Bedingungen definieren ein Raster, nach dem umweltpolitische Instrumente grob kategorisiert werden können (siehe Tabelle 5.1).

Kriterien / Instrumente	Souveränität	Preisbildung
Auflagen	Nein	Nein
Abgaben	Ja	Nein
Zertifikate	Ja	Ja

Tabelle 5.1

Danach haben Auflagen den geringsten Grad an Marktkonformität. Den höchsten weisen die handelbaren Zertifikate auf, während Abgaben einen Zwitter darstellen: Sie schränken den individuellen Entscheidungs- und Handlungsspielraum nicht unmittelbar ein und überlassen die Allokation von Ressourcen den Märkten. Doch der Abgabensatz und damit der Preis dafür, eine Dienstleistung der Natur nutzen zu dürfen, wird außerhalb des Marktes festgesetzt und vom Staat administriert.

Dies ist natürlich nicht die einzige Möglichkeit, umweltpolitische Instrumente zu klassifizieren. Auf jedem Markt gibt es zwei ökonomisch entscheidende Variablen: die Preise und die Mengen. Entsprechend lassen sich die umweltpolitischen Instrumente in Mengen- oder Preislösungen einteilen. Abgaben sind pretiale, Zertifikate mengensteuernde Ansätze, während Auflagen als imperative Verhaltensvorschriften gelten, da aus ökonomischer Sicht sowohl Preise als auch Mengen fixiert sind (siehe Hansmeyer 1993).

5.1.1 Auflagen

Auflagen sind Instrumente der direkten und interventionistischen Umweltpolitik. Abgestützt auf das bestehende Ordnungsrecht erläßt der Staat dabei direkte umweltbezogene Verhaltensvorschriften in Form von Geboten oder Verboten, um so umweltpolitische Ziele durchzusetzen.

	Auflagen			
Inputauflage	Prozeßnorm		Outputauflage	
	Stand der Forschung	Produktions- auflage	Produktnorm	Emissions- auflage
	Stand der Technik	Einschränkung		absolut
	Regel der Technik	Einstellung		relativ

Tabelle 5.2

Tabelle 5.2 listet die wichtigsten Ausprägungen von Umweltauflagen auf. Grundsätzlich gibt es drei verschiedene Typen. Bei Inputauflagen wird den Betreibern von Produktionsanlagen und -prozessen die Verwendung bestimmter Roh-, Hilfs- oder Betriebsstoffe vorgeschrieben beziehungsweise verboten.

Prozeßnormen sind Vorschriften bezüglich der zu verwendenden Technologie. Mit "Stand der Wissenschaft und Forschung" wird geboten, die fortschrittlichsten Verfahren anzuwenden, selbst wenn sich diese noch in der Phase der großtechnischen Erprobung befinden. Mit "Stand der Technik" wird vorgeschrieben, die jeweils fortschrittlichste, aber bereits zuverlässig nutzbare Produktionstechnologie einzusetzen. Die Auflage "Regel der Technik" verordnet dagegen nur, daß mindestens die Techniken verwenden werden, die andere bereits benutzen.

Outputauflagen können sich auf die erstellten Güter oder die Emissionen beziehen. Hier unterscheidet man wiederum zwischen Produktionsauflagen, die die Produktion bestimmter Güter einschränken, unter Umständen sogar verbieten, Produktnormen, womit qualitative Anforderungen an das Produkt selbst gemeint sind, und schließlich Emissionsauflagen, die absolute oder relative Emissionsobergrenzen definieren.

In der umweltpolitischen Praxis haben sich Kombinationen verschiedener Auflagen durchgesetzt. Am häufigsten werden in der Bundesrepublik Deutschland Emissionsauflagen mit der Auflage "Stand der Technik" verknüpft (siehe Faber, Stephan und Michaelis 1989).

5.1.2 Abgaben

Im Gegensatz zum Auflageninstrumentarium wird bei Abgaben das Ordnungsrecht nicht bemüht und über den direkten staatlichen Eingriff ein bestimmtes, umweltkonformes Verhalten erzwungen. Statt dessen werden die Verursacher nach Maßgabe ihrer Umweltnutzung mit Kosten belastet, um so beim einzelnen Anpassungsreaktionen auszulösen, die zu einer gesamtgesellschaftlich erwünschten Emissionsminderung führen (siehe Hansmeyer 1993).

Die theoretische Rechtfertigung für Lenkungsabgaben zum Schutz der Umwelt liefert der Zweite Hauptsatz der Wohlfahrtstheorie (siehe Abschnitt 3.4). Danach lassen sich Preise für die Dienstleistungen der Natur, eben die Umweltabgaben, so festsetzen, daß marktwirtschaftliches Verhalten in eine erwünschte, pareto-effiziente Verwendung dieser knappen Ressourcen mündet.[2] Während also die "Preise" für die Umweltnutzung administriert sind, bleibt die Entscheidung über die optimale Ausweich- und Vermeidungsstrategie jedem selbst überlassen.

Zentrales Problem bei einer Anwendung des Umweltabgabeninstrumentariums ist, eine geeignete Bemessungsgrundlage zu finden, auf die die Abgaben bezogen und erhoben werden. Je nach Bemessungsgrundlage lassen sich die folgenden Typen von Lenkungsabgaben unterscheiden (siehe Tabelle 5.3).

	Umweltabgaben	
Inputabgaben	Outputabgaben	
	Produktabgaben	Emissionsabgaben

Tabelle 5.3

Bei Inputabgaben werden bestimmte Güter und Dienstleistungen, die als Inputs in die Produktion oder den Konsum eingehen, zur Bemessungsgrundlage erklärt, und entsprechend wird eine Steuer pro eingesetzter Inputeinheit erhoben. Der Abgabensatz ist dabei um so höher, je umweltbelastender die Bereitstellung dieser Inputs selbst ist, beziehungsweise je mehr Emissionen entstehen, wenn diese in der Produktion oder beim Konsum verwendet werden.

---

[2] Marktwirtschaftlich heißt hier, Individuen handeln in voller Souveränität und ökonomisch rational. Dabei maximieren Unternehmungen ihre Gewinne und Haushalte ihren Nutzen.

Ein Beispiel für eine inputbezogene Lenkungsabgabe ist die Mineralölsteuer und in der Schweiz entsprechend der sogenannte Treibstoffzoll. Die Verbrennung von Mineralöl führt zu Umweltbelastungen mannigfaltiger Art. Über die Verteuerung des Mineralöls versucht man deshalb, den Verbrauch dieses Stoffes und damit die Emissionen zu verringern, die bei seiner Verbrennung entstehen. Das Beispiel veranschaulicht eine wichtige Wirkung von Inputabgaben: Sie lösen Inputsubstitutionen aus (siehe Abschnitt 1.5, dort insbesondere Abbildung 1.2). Durch die Verteuerung eines Inputs relativ zu den anderen Inputs wird ein monetärer Anreiz geschaffen, den umweltbelastenden und jetzt teureren Input durch andere, billigere zu ersetzen.

So einsichtig das Prinzip ist, so wenig ist aber klar, ob die Inputsubstitution tatsächlich zu einer effizienten Verringerung von Emissionen führt. Deutlich wird dies beim Vergleich der Schadstoffe Stickoxid (NOx) und Kohlendioxid (CO_2). CO_2-Emissionen hängen nur vom Kohlenstoffgehalt des Energieträgers ab, nicht aber von der Brenntechnologie. Wird eine Inputabgabe auf kohlenstoffhaltige Brennstoffe erhoben, so garantiert dies über die Verbrauchsreduktion eine Verringerung des CO_2-Ausstoßes. NOx entsteht zwar ebenfalls bei Verbrennungsprozessen, doch die Wahl der Brenntechnologie spielt eine entscheidende Rolle. Inputabgaben auf Kohlenstoff sind daher der richtige Weg, CO_2-Emissionen zu reduzieren, jedoch nicht, um auch die NOx-Problematik zu lösen.

Outputabgaben können sowohl als Produkt- als auch als Emissionsabgaben ausgestaltet sein. Produktabgaben sind eine Steuer auf ein Endprodukt, die um so höher anzusetzen ist, je mehr Emissionen bei der Produktion entstehen und je mehr Ressourcen bei der Herstellung eingesetzt werden müssen. Dadurch erhöht sich der Produktpreis. Konsumenten und andere Nachfrager werden ähnlich wie bei einer Inputabgabe dieser zusätzlichen Kostenbelastung gegensteuern, indem sie auf andere, in ihrer Funktion ähnliche Güter ausweichen.

Hinter diesem Ansatz steht also wiederum das Substitutionsprinzip, aber auch die Idee, die wir in Kapitel 2 ausführlich diskutiert haben (siehe dazu Abbildung 2.3): Emissionen sind unerwünschte Kuppelprodukte, die unglücklicherweise gleichzeitig und unvermeidbar mit der Bereitstellung eines erwünschten Gutes anfallen. Deshalb kann der erwünschte Produktionsoutput als Maßstab für Emissionen aufgefaßt werden.

Auch Produktabgaben sind problematisch: Einerseits ist nicht sichergestellt, daß die Nachfrage aufgrund gestiegener Preise tatsächlich sinkt. Gibt es keine Alternativen, zu denen man wechseln kann, dann besteht die Gefahr, daß der preisliche Sparanreiz verpufft. Andererseits funktionieren Produktabgaben nur, wenn die Unternehmungen diese Preissteigerung an die Verbraucher weitergeben. Angesichts der Konkurrenzbedingungen ist dies in einigen Branchen fraglich. Vielmehr werden die Unternehmungen versuchen, die durch Produktabgaben verursachten Preissteigerungen durch Kostensenkung an anderer Stelle zu kompensieren, und dabei möglicherweise sogar auf andere Formen von Umweltbelastungen ausweichen.

Insgesamt sind weder Input- noch Produktabgaben ideale Instrumente, denn sie setzen nicht direkt bei den Emissionen an und eröffnen somit Spielräume für nicht erwünschte Ausweichreaktionen. Emissionsabgaben beziehen sich dagegen direkt auf die Zielgröße, und eine Senkung der Abgabenlast kann nur durch Reduktion der Emissionen erreicht werden. Ein zentrales Problem bei Emissionsabgaben ist aber, daß es häufig schwierig und teuer ist, Emissionen zu ermitteln beziehungsweise zu überwachen. Dies gilt insbesondere dann, wenn die Umweltbelastung von vielen, möglicherweise mobilen Emissionsquellen ausgeht.

5.1.3 Zertifikate

Während sich die Theorie der Lenkungsabgaben auf den Zweiten Hauptsatz beruft und durch Korrektur der Güterpreise die Fehlallokation der natürlichen Ressourcen im bestehenden Marktsystem zu beseitigen sucht, wählt man bei Umweltzertifikaten einen anderen Ansatz. Umweltzertifikate sind der Versuch, die aus dem Theorem von Coase gewonnenen Erkenntnisse konsequent für den Schutz der Natur einzusetzen. Erinnern wir uns: Aus ökonomischer Sicht können Umweltprobleme als Common-Pool-Phänomene und damit als das Ergebnis einer mangelhaften Ausgestaltung von Eigentumsrechten an der Natur interpretiert werden (siehe Kapitel 3). Eine direkte Konsequenz wäre daher, das Problem der Übernutzung der Natur dadurch zu lösen, daß Eigentumsrechte an der Umwelt definiert und verteilt würden. Diese Idee wird durch das Instrument der Umweltzertifikate so umgesetzt, daß Eigentumsrechte an der Umwelt definiert und auf einem entsprechenden Markt gehandelt werden. Ein Umweltzertifikat ist somit ein verbrieftes und übertragbares Recht, einen definierten Schadstoff in einer vorgegebenen Menge in einer bestimmten Region während einer festgelegten Periode in die Umwelt zu entlassen.

Umweltschutz durch Zertifikate ist allerdings an eine Reihe von Voraussetzungen gebunden. Erstens muß festgelegt werden, wieviel eine Region an einer bestimmten Emission über einen bestimmten Zeitraum verkraften kann, um sicherzustellen, daß die von der Gesellschaft erwünschte Umweltqualität erreicht und langfristig eingehalten wird. Deshalb müssen sehr genaue Kenntnisse über ökologische Kreisläufe im allgemeinen und deren regionale Ausprägung im speziellen verfügbar sein. Insbesondere müssen für jeden Schadstoff die Entsorgungskapazitäten umweltmedienspezifisch bekannt sein, und es muß eindeutig von den Emissionen auf die Immissionen geschlossen werden können.

Zweitens müssen diese Rechte in Form von Berechtigungsscheinen (Zertifikaten) verteilt und die Einhaltung der verbrieften Emissionsrechte überwacht werden (für eine ausführliche Diskussion der Vergabeproblematik siehe Wiedmer 1993).

Drittens muß ein neuer, bisher noch nicht existenter Markt errichtet werden, auf dem Zertifikate gehandelt werden können. Ohne diese Möglichkeit ist nicht garantiert, daß es zu einer effizienten und pareto-optimalen Allokation dieser Verschmutzungsrechte kommt, was ja eine wesentliche Voraussetzung für eine effiziente Umweltnutzung ist (siehe Kapitel 3).

Erstmalig zugeteilt werden diese Emissionsrechte entweder durch Versteigerung an den Meistbietenden, durch eine Gleichverteilung oder durch Vergabe an die Altemittenten nach historischen Emissionsmengen. Im ersten Fall spricht man vom Auktionsprinzip, im letzten vom Großvaterprinzip (Grand-Fathering). Der Vorteil des Großvaterprinzips besteht darin, daß es im politischen Alltag leichter durchsetzbar ist. Für die etablierten Firmen ergibt sich nämlich keine Änderung des Status-quo, und gleichzeitig ist neu in den Markt Eintretenden der Zutritt erschwert. Allerdings hat das Großvaterprinzip einen negativen Ankündigungseffekt. Wenn Unternehmungen, die bereits im entsprechenden Markt aktiv sind, die Einführung einer Zertifikatreglung erwarten, werden sie ihre Emissionen anheben, um so bei der Erstverteilung größere Anteile zu erhalten. Das Auktionsprinzip weist diese Nachteile nicht auf. Dadurch aber, daß es bestehende Unternehmungen zusätzlich mit Kosten belastet, die zum Zeitpunkt der Investitionsplanung nicht absehbar waren, verschlechtert sich deren betriebswirtschaftliche Rentabilität. Dies mag der Grund sein, weshalb in der Realität bisher stets das Großvaterprinzip angewendet wurde.

Ohne die Bewertung der verschiedenen Instrumente vorweg zu nehmen, sollten hier dennoch die Parallelitäten, aber auch Unterschiede zwischen Zertifikaten und Emissionsabgaben deutlich gemacht werden. In beiden Fällen werden Emissionsrechte privatisiert. Bei Abgaben erkauft sich der Emittent das Recht auf Emissionen über Zahlung einer Abgabe. Bei Zertifikaten hat er Emissionsrechte erhalten oder muß sich diese bei einem anderen Emittenten auf dem Zertifikatmarkt erhandeln.

Der entscheidende Unterschied zwischen den beiden Instrumenten liegt in der Art der Preisbildung beziehungsweise Mengenfixierung. Bei Abgaben legen staatliche Behörden die Preise fest. Die Emissionsmengen stellen sich im Idealfall über den Marktprozeß so ein, daß eine effiziente Allokation erreicht wird. Bei Zertifikaten bilden sich die Preise über den Zertifikathandel, während die Mengen an zulässigen Emissionen im voraus fixiert sind.

Hierin liegt ein Problem der Zertifikate. Der Zertifikatmarkt muß in idealer Weise funktionieren, was, wie wir wissen, nur garantiert ist, wenn die Bedingungen des Ersten Hauptsatzes erfüllt sind. Insbesondere darf es dem einzelnen nicht möglich sein, den Zertifikatmarkt durch strategisches Verhalten zu manipulieren, was bei einer geringen Zahl an Marktteilnehmern aber zu befürchten ist. Deshalb müßte der Staat die Funktion der Märkte ständig überwachen. Wenn die Schaffung solcher Marktbedingungen nur unter hohem Aufwand möglich ist, dann verhindern gerade diese Transaktionskosten eine effiziente Allokation.

5.2 Bewertung der Instrumente

Nach unseren Überlegungen in Abschnitt 4.4 sollte Umweltpolitik ökonomisch und ökologisch effizient sein. Von ihr müßte ein immerwährender Anreiz ausgehen, neue, die Umwelt entlastende Verfahren, Organisationsstrukturen und Verhaltensweisen zu entwickeln und anzuwenden. Weiterhin sollte Umweltpolitik flexibel und gleichzeitig einfach nachvollziehbar sein, und sie darf weder der ökonomischen Rationalität noch der Umweltmoral entgegenlaufen.

5.2.1. Ökonomische und ökologische Effizienz

Üblicherweise wird die Überlegenheit marktkonformer Instrumente mit der Behauptung begründet, sie erzwängen Effizienz, während die Auflagenpolitik das Zustandekommen effizienter Allokationen eher behindere. Nehmen wir aber zunächst einmal an, es gebe nur einen Emittenten, sagen wir eine einzige Firma, die die Umwelt mit einem bestimmten Schadstoff belaste.[3] Dann schneiden bezüglich des Kriteriums "ökonomische Effizienz" die drei Politikinstrumente, Emissionszertifikate, Emissionsabgaben und Emissionsauflagen, gleich gut ab: Alle drei Instrumente implizieren die pareto-effiziente und damit ökonomisch effiziente Nutzung der Umwelt (siehe auch Abschnitt 5.5).

Dies ist eine Überraschung. Daß wir nicht auf das Phänomen der Ineffizienz von Auflagenlösungen stoßen, liegt jedoch an unseren Voraussetzungen: Erstens haben wir es nur mit einem beziehungsweise vielen, aber identischen Emittenten zu tun. Zweitens betrachten wir nur Emissions- beziehungsweise Produktauflagen, jedoch keine Verfahrensauflagen.

Hat man nur einen Emittenten und gibt diesem eine Emissionsobergrenze per Gesetz verbindlich vor, dann kann dieser die für ihn günstigste Methode wählen, die Auflage zu erfüllen. Bei Verfahrensvorschriften ist dies jedoch nicht möglich. Im Gegenteil, er muß eine bestimmte Technik anwenden, auch wenn sich die Emissions- oder Immissionsziele anders kostengünstiger erreichen liessen. Die Vorschrift, einen 3-Wege-Katalysator zur Abgasreinigung zu verwenden, ist ein Beispiel hierfür. Katalysatoren erhöhen den Spritverbrauch bei kleinem Hubraum erheblich. In kleinen und leichten Fahrzeugen wäre der Magermo-

---

[3] Alternativ können wir auch annehmen, es gebe viele, aber identische Emittenten. Identisch bedeutet dabei, daß bei der Vermeidung von Emissionen allen die gleichen Kosten entstehen.

tor das ökonomisch und ökologisch rentablere Konzept. Verfahrensvorschriften können also zu ineffizientem Umweltschutz führen.

Gibt es mehrere Emittenten, die sich in entscheidenden Parametern wie der Produktions- oder Entsorgungstechnologie unterscheiden, so beobachtet man ein ähnliches Ergebnis: Emissionsabgaben sind effizient, während dies bei Emissionsauflagen nicht der Fall sein muß.

Nehmen wir beispielsweise an, in einer Volkswirtschaft gebe es zwei unterschiedliche Emittenten, die die Umwelt mit derselben Emission belasten. Gehen wir weiterhin von einem gegebenen Umweltziel, einer erwünschten Umweltqualität und damit vorgegebenen Immissionen aus und unterstellen, daß eine Gesellschaft dieses Ziel auf zwei verschiedene Weisen zu erreichen sucht: durch die Vorschrift, die Emissionen E zu halbieren, einerseits oder andererseits durch Festlegen einer entsprechenden Emissionsabgabe, die von allen Emittenten entrichtet werden muß.

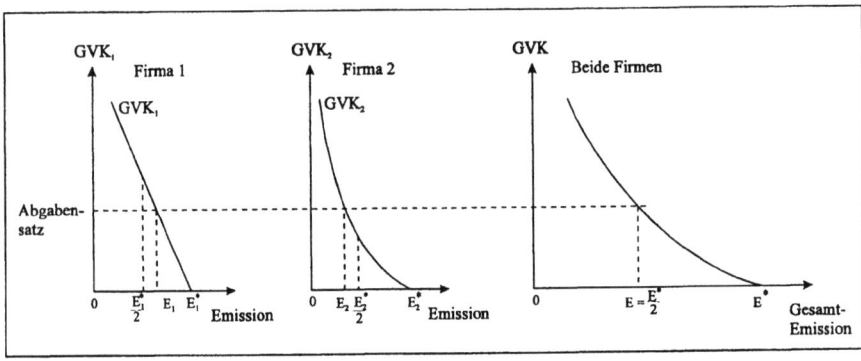

Abbildung 5.1

Bei den beiden Emittenten kann es sich beispielsweise um Unternehmungen mit unterschiedlichen Technologien handeln, was sich in unterschiedlichen Grenzvermeidungskosten widerspiegelt. In Abbildung 5.1 finden sich auf der rechten Seite die aggregierte Grenzvermeidungskostenkurve (GVK) und der Emissionsstandard $E = E*/2$. Wie man aus der Literatur weiß (siehe zum Beispiel Endres 1994), ist der Umweltschutz gesamtwirtschaftlich kostengünstiger, wenn nicht alle dazu gezwungen werden, ihre Emissionen zu halbieren, sondern berücksichtigt ist, daß die Vermeidungspotentiale und Kostenstrukturen der Unternehmungen unterschiedlich sind. Das wiederum bedeutet: Um effizient eine gewünschte Umweltqualität zu erreichen, sollte Firma 1 weniger, nämlich nur bis zum Emissionsniveau E_1, Firma 2 aber mehr Emissionsminderung, nämlich bis zum Niveau E_2, betreiben.

Unterschiede in den Vermeidungspotentialen und Kostenstrukturen müssen also erfaßt werden, wenn Umweltschutz gesamtwirtschaftlich effizient sein soll. Diese Überlegungen lassen sich übrigens auch auf internationale Vereinbarungen zur Lösung der CO2-Problematik übertragen. Der Vorschlag, einheitliche Reduktionsziele für alle Länder zu fixieren, führt zu ineffizientem Klimaschutz. So werden nämlich die länderspezifischen Reduktionspotentiale und damit die individuellen Kosten der Vermeidung von CO2-Emissionen nicht genügend ausgenutzt.

Abgaben und Zertifikate sind dagegen effizient, weil sie nicht Mengen direkt vorgeben, sondern über Preise das System steuern und es damit ermöglichen, unterschiedliche technische Möglichkeiten auszugleichen, wie Abbildung 5.1 ebenfalls zeigt.

Daß Umweltzertifikate ebenso wie Emissionsauflagen ökologisch effizient sind, ist unmittelbar einsichtig. In beiden Fällen werden Immissions- beziehungsweise Emissionsmengen festgelegt und zwingend vorgegeben, wobei sich im Fall von Zertifikaten Preise für Emissionen so einspielen, daß diese Zielvorgaben effizient eingehalten werden. Allerdings gilt dies nur, wenn Zertifikate unter vollkommener Konkurrenz gehandelt werden. Liegen monopolistische oder oligopolistische Strukturen vor, dann ist die Aussage nicht mehr korrekt.

Durch ein Zertifikatsystem ist zwar gesichert, daß die vom Gesetzgeber vorgegebenen Emissionsmengen nicht überschritten werden. Ob damit aber auch die Qualität der Umwelt erreicht und langfristig aufrechterhalten wird, die gesellschaftlich erwünscht und notwendig ist, bleibt offen. Dies wäre nämlich nur dann der Fall, wenn es gelänge, Umweltqualität und deren Entwicklung in Emissionsgrenzen umzurechnen (siehe Faber, Niemes und Stephan 1995). Dazu wären aber Rechenkapazitäten und Kenntnisse über das Verhalten von Ökosystemen notwendig, über die wir nicht verfügen.

Sind alle relevanten Informationen verfügbar und auch kostenlos verarbeitbar, dann sind aber auch Umweltabgaben ökologisch effizient. Dies mag überraschen, denn im Gegensatz zu Zertifikaten, wo bei festen Mengen der Markt die Preise bestimmt, wird bei Lenkungsabgaben der Markt dazu benutzt, bei von Behörden fixierten Preisen die Mengen festzulegen. Wären die Behörden allerdings vollständig über die Bedingungen auf der Angebots-, der Nachfrageseite und im ökologischen System informiert, dann könnten sie tatsächlich die optimalen Emissionspreise berechnen.

Eine solche Situation ist in der Realität nicht gegeben. Einerseits kennen Behörden die Produktionsbedingungen nicht, andererseits haben Haushalte Anreize, ihre Präferenzen zu verschleiern, wie wir in Kapitel 4 gesehen haben. Zudem ist unser Wissen über ökologische Prozesse unvollständig. Es besteht daher keine Hoffnung, den optimalen Abgabesatz errechnen zu können.

Es hat keinen Sinn, ausgefeilte Methoden entwickeln zu wollen, um den exakten Steuersatz berechnen zu können. Insbesondere müssen Versuche, über Grenznutzen- und Grenzkostenkurven optimale Umweltqualitäten sowie Abgaben und Steuersätze zu ermitteln, als hoffnungslos betrachtet werden. Sie stützen nur die These, daß sich Ökonomen gerne von scheinbarer Exaktheit begeistern lassen. Abgaben können deshalb immer nur dann eingesetzt werden, wenn es auf die ökologische Treffsicherheit nicht ankommt.

Dies gilt im doppelten Sinne: Einerseits sind wir nicht sicher, daß Immissionsziele sicher erreicht und eingehalten werden können. Andererseits wirken Abgaben nur langfristig. Im Fall einer Abgabe muß der Emittent die Emissionen nicht sofort reduzieren. Er kann sich dafür entscheiden, zunächst die Abgabe zu zahlen und dann im Zuge von Neu- und Ersatzinvestitionen emissionsärmere Technologien einzuführen. Dieser Handlungsspielraum besteht bei Auflagen nicht, bei Zertifikaten nur, wenn der einzelne bereit ist, einen höheren Preis zu zahlen.

5.2.2 Dynamische Anreizwirkungen

Hinter dem Konzept "dynamische Anreizwirkung" steht eine denkbar einfache Idee. Von einem umweltpolitischen Instrument soll ein permanenter Impuls ausgehen, der die Betroffenen dazu motiviert, laufend Anstrengungen zu unternehmen, ihre Emissionen zu verringern oder ganz zu vermeiden.

Offensichtlich kann eine Abgabe auf Emissionen diese Rolle übernehmen. Abgaben erzeugen einen finanziellen Druck, der erst dann erlischt, wenn ihm seine Basis, die Emission, entzogen ist. Allerdings tritt der gewünschte Anreizeffekt nur auf, wenn die Abgaben hoch genug sind, um die betriebswirtschaftliche Rentabilität von emissionsmindernden Maßnahmen sicherzustellen. Zusätzlich dürfen keine Emissionsfreigrenzen gewährt werden, wie dies beispielsweise das Abwasserabgabengesetz der Bundesrepublik Deutschland vorsieht. Dann nämlich bestehen Anreize, die Emission nur solange zu reduzieren bis die Freigrenze erreicht ist.

Üblicherweise wird in der Literatur argumentiert, das Verursacherprinzip im Umweltschutz werde durch Abgaben und Zertifikate durchgesetzt, im Fall von Auflagen aber (zumindest teilweise) verletzt. Diese Behauptung ist richtig. Wird Umweltschutz durch Abgaben oder über Zertifikate instrumentalisiert, dann muß für jede Immissions- oder Emissionseinheit ein Preis bezahlt werden. Bei Emissionsauflagen müssen nur die vorgegebenen Standards eingehalten werden. Also entstehen Kosten in Form von Vermeidungsaufwendungen nur für solche Emissionen, die oberhalb der gesetzlich geregelten Grenzen liegen. Emissionen unterhalb dieser Grenzen können kostenlos und damit ohne Kompensation der volkswirtschaftlichen Schäden an die Umwelt abgegeben werden. Im strengen Sinne führen die verbleibenden Emissionen aber auch zu externen Effekten und stellen somit eine Verletzung des Verursacherprinzips dar (siehe dazu Kapitel 3).

Nun kann man gegen diese Überlegungen einwenden, es sei in der Realität nicht nötig, externe Effekte vollständig zu internalisieren oder gar einen permanenten Anreiz zur Emissionsvermeidung zu setzen. Denn nach rein physikalischen Gesichtspunkten, wie zum Beispiel dem Entropiegesetz, ist es nicht möglich, die Null-Emissions-Produktion, den emissionslosen Konsum zu erreichen (siehe Kapitel 2). Und zusätzlich bietet die Umwelt ja doch Entsorgungsdienstleistungen an. Es wäre sicherlich ineffizient, dieses Angebot der Natur nicht zu nutzen.[4] Dieser Einwand gegen die konsequente Anwendung des Verursacherprinzips übersieht einen wesentlichen Aspekt. Dynamische Anreizwirkung bedeutet nicht nur Emissionsminderung und eventuell -vermeidung bei den herrschenden Technologien. Im Gegenteil, es besteht die Hoffnung, daß durch die verringerte betriebswirtschaftliche Rentabilität bestehender Technologien und Infrastrukturen neue Techniken, neue Produktions- und Konsumstrukturen entdeckt, entwickelt und schließlich angewendet werden.

5.2.3 Transaktionskosten, Staatshaushalt und Verteilung

Unter Transaktionskosten versteht man die Kosten, die einer Volkswirtschaft entstehen, wenn eine bestimmte Umweltpolitik etabliert, die entsprechenden Maßnahmen durchgeführt und deren Erfüllung schließlich überwacht oder gar erzwungen werden muß. Offensichtlich hängen diese Kosten entscheidend von der Wahl des umweltpolitischen Instrumentariums ab.

Auf der Seite derjenigen, deren Verhalten durch Umweltpolitik beeinflußt werden soll, verursachen Abgaben und Zertifikate geringere Transaktionskosten als Auflagen. Umweltpolitik durch Abgaben und Zertifikate fordert von den Emittenten Kenntnisse, die sie sich bei ihren täglichen wirtschaftlichen Aktivitäten bereits erworben haben: das Verhalten auf Märkten und die ökonomische Kalkulation mit Preisen. Auflagen dagegen setzen Verhaltensimpulse außerhalb des marktwirtschaftlichen Geschehens und müssen entsprechend verarbeitet werden. Es ist daher nicht überraschend, wenn die auf Auflagen basierende Umweltpolitik in ein Vollzugsdefizit gerät. Das mittlerweile komplexe Regelwerk ist selbst von Umweltfachleuten in der Industrie und Verwaltung nur mit Schwierigkeiten zu verstehen und anzuwenden (siehe Stephan, Steffen und Wiedmer 1994).

---

[4] Schlösse man sich dieser Auffassung an, wäre die Funktion der Umweltpolitik rasch umrissen. Es ginge darum, die jeweiligen Emissionsgrenzen auszuloten, und danach die entsprechenden Emissionsgrenzen festzulegen. Eine solche Definition greift aber zu kurz (siehe die Einführung zu Abschnitt 5.2), und es ist eine Illusion zu glauben, daß die für eine solche Politik erforderlichen Informationen je zur Verfügung stehen (siehe auch die Diskussion in Abschnitt 5.2.3).

Anders sieht die Situation für Institutionen und staatliche Behörden aus, die für die Implementierung und Ausführung von Umweltschutzmaßnahmen verantwortlich sind. Deren Einführungs-, Überwachungs- und Durchführungskosten sind bei Auflagen am geringsten, höher bei Abgaben und am höchsten bei den Zertifikaten. Bei Auflagen genügen in der Regel Stichproben. Werden diese einmalig verletzt, kann dies bereits weitreichende ökonomische Konsequenzen nach sich ziehen. Bei Emissionsabgaben ist streng genommen eine laufende Überwachung erforderlich, denn das Abgabenaufkommen wird bestimmt durch den Emissionsfluß einerseits und den Abgabensatz andererseits. Bei Zertifikaten muß zusätzlich noch der Handel auf den entsprechenden Märkten überwacht, in vielen Fällen sogar erst organisiert werden.

Diese Reihenfolge gilt aber nicht nur für die Kosten der Überwachung und Durchführung von umweltpolitischen Maßnahmen, sondern auch für deren Einführung. Aus theoretischer Sicht sollte der Verwaltungsaufwand für alle drei Instrumente gleich sein. In der Praxis treten allerdings Unterschiede auf, weil Auflagen ein von staatlichen Behörden schon immer eingesetztes Instrument sind, und daher Erfahrungen im Prozeß der Ausgestaltung und der politischen Umsetzung vorliegen. Ebenso existieren bereits die juristischen Grundlagen und Verfahrensvorschriften. Dies ist bei Abgaben und bei Zertifikaten nicht der Fall.

Neben der Belastung durch Transaktionskosten wird in der öffentlichen Diskussion über den Umweltschutz ein weiterer Effekt auf den Staatshaushalt ins Feld geführt: Lenkungsabgaben blähen im Gegensatz zu den anderen Instrumenten den Staatshaushalt auf, erhöhen so den Einfluß der Bürokratie und steigern die Ineffizienz. Wir wollen an dieser Stelle nicht ins Horn der allgemeinen Staatsverdrossenheit und des Mißtrauens gegen den "Wohlfahrtsstaat" stoßen. Wahr ist, bei Abgaben fließen immer Finanzströme zu den Behörden, bei Zertifikaten nur dann, wenn diese von den Behörden selbst gehalten werden, bei Auflagen dagegen nie.

Finanzströme sind in diesen Fällen immer auch mit Veränderungen der Einkommens- und Vermögensverteilung verbunden. Bei Abgaben und Zertifikaten kann jeder die Verteilungswirkung direkt am Geldbeutel ablesen. Auch wenn bei allen Umweltschutzmaßnahmen den Emittenten das von ihnen bislang beanspruchte Recht, Emissionen ohne Rücksicht in die Natur zu entlassen, entzogen wird, muß es nur im Fall von Abgaben und Zertifikaten stets auf neue von ihnen erkauft werden.

Das war in der Vergangenheit und ist auch heute noch ein Grund für die Ablehnung von Marktinstrumenten durch Verursacher von Emissionen. Doch auch Auflagen ändern die Einkommensverteilung (für eine analytische Betrachtung siehe Abschnitt 5.5). Auf den ersten Blick wirkt das überraschend. Erinnern wir uns aber an das Opportunitätskostenprinzip, wonach im Gleichgewicht der Preis eines Gutes genau den Opportunitätskosten entspricht, so wird die Bedeutung dieser Aussage rasch klar. In einer Volkswirtschaft mit vollkommener Konkurrenz müssen die Unternehmungen entweder ihre Produktion reduzieren oder verteuern, um den Standard, die Auflage, einhalten zu können. In jedem Fall kommt es dadurch zu Konsumverzichten, und der Schattenpreis der Auflage entspricht gerade dem dadurch verursachten Nutzenentzug. Dafür wird quasi als Kompensation bessere Umweltqualität (im gleichen Wert) an die Haushalte ausgeschüttet. Umweltqualität ist allerdings ein öffentliches Gut. Wird sie verbessert, kommt dies allen gleichermaßen zu Gute; also auch denjenigen, die dazu keinen Beitrag geleistet haben. Daher kann es zu einer erheblichen Umverteilung in dem Sinne kommen, daß wenige mit ihren Anstrengungen, die Umweltbelastung abzubauen, die Lebensqualität vieler verbessern.

5.3 Umweltmoral und polit-ökonomische Folgerungen

Sollen umweltpolitische Eingriffe erfolgen, müssen hierfür knappe Ressourcen wie Kapital und Arbeit eingesetzt werden. Ökonomen vertreten daher die Ansicht, effiziente Instrumente seien in der Politik stets anderen vorzuziehen (siehe zum Beispiel Becker 1983). Die so eingesparten Kosten und Ressourcen könnten dann zu anderen Zwecken verwendet und die Allokation pareto-verbessert werden. Um so erstaunlicher ist es für Ökonomen, daß in der praktischen Umweltpolitik fast immer die weniger effizienten Instrumente benutzt, und die effizienten, marktkonformen sogar heftig bekämpft werden.[5]

In der ökonomischen Literatur wurden schnell Gründe publiziert, die erklären sollen, warum der marktwirtschaftliche Umweltschutz in der Praxis selten angenommen wird und auf Widerstand stößt (für einen Überblick siehe Frey 1992, Faber, Stephan und Michaelis 1989). Die wichtigsten sind:

(1) Politiker und die für den Vollzug zuständigen Institutionen verstehen die Wirkungsweise des Preismechanismus zur Verbesserung der Umweltqualität nicht vollständig (siehe Blinder 1987).

(2) Unternehmungen bevorzugen direkte, regulative Maßnahmen aus drei Gründen. Erstens erscheinen die Auswirkungen von Auflagenlösungen als kalkulierbar im Gegensatz zu flexiblen, marktwirtschaftlichen Lösungen. Zweitens hegen die Unternehmungen die Illusion, durch direkte Verhand-

---

[5] So schreibt zum Beispiel Bonus (1991): "Ökonomen wurden nicht gehört, als diese Politik gegen Ende der sechziger Jahre sehr rasch entwickelt werden mußte; ganz andere Denktraditionen kamen zum Zuge und haben sich weitgehend durchgesetzt ... Im wesentlichen haben Juristen und Ingenieure ... *das* Instrumentarium konzipiert. *Dabei bescherten sie uns eine Politik, die* ökonomisch wie ökologisch ineffizient *ist* und ... *sich notwendigen Veränderungen des ökologischen Rahmens gegenüber sehr spröde verhält.*" Kursiv gesetzte Teile sind Einfügungen der Autoren.

lungen mit den Behörden, umweltpolitische Eingriffe in ihrem Sinne beeinflussen zu können. Schließlich ist es möglich, potentiellen Konkurrenten über Umweltauflagen den Marktzutritt zu erschweren (siehe Buchanan und Tullock 1975). Dies gilt insbesondere dann, wenn den bereits im Markt aktiven Firmen Übergangsfristen gewährt werden, innerhalb der sie die Umweltauflagen erfüllen müssen, während neu Eintretende die Umweltstandards sofort erfüllen müssen.

(3) Öffentliche Verwaltungen und Behörden stehen flexiblen, marktkonformen Maßnahmen ablehnend gegenüber, weil diese ihren potentiellen Einfluß schmälern, beziehungsweise weil sie befürchten, daß ihr Ansehen durch die offensichtliche finanzielle Belastung beschädigt wird (siehe Frey 1971).

(4) Marktwirtschaftlicher Umweltschutz erzeugt sichtbare Verteilungseffekte, die auch deshalb als unsozial eingeschätzt werden, weil so den Vermögenden zugestanden wird, sich das Recht auf Umweltverschmutzung zu erkaufen (siehe Faber und Stephan 1987). Zudem besteht für Politiker ein Bedarf an Rechtfertigung vor der Öffentlichkeit, der den Entwurf langfristiger Lösungen häufig hinter kurzfristigen, publikumswirksamen Aktionismus zurücktreten läßt (siehe Hansmeyer 1993).

Diese Argumente haben sicher eine gewisse Erklärungskraft. Doch vollständig überzeugen sie nicht. Warum sollten beispielsweise politische Entscheidungsträger weniger intelligent und mutig sein als andere? Wie ist es zu erklären, daß gerade in Ländern, in denen sich ökologisch Interessierte sehr gut, die Interessensvertreter der Industrie hingegen sehr schlecht organisiert haben, Marktinstrumente im Umweltschutz nicht zur Anwendung kommen (siehe Opschoor 1986). Hier drängt sich der Verdacht auf, daß Politiker, Bürokraten und Umweltschutzorganisationen entweder die Funktionsweise des marktwirtschaftlichen Umweltschutzes nicht verstehen wollen oder ihn aus anderen Gründen ablehnen.

Neuerdings bietet die ökonomische Theorie denn auch weitergehende Erklärungsfiguren an. So schreibt zum Beispiel Frey (1992): Insbesondere Gruppen wie die Grünen und politische Entscheidungsträger, die aktiv das Umweltbewußtsein in der Bevölkerung gefördert haben, melden Bedenken gegen marktwirtschaftliche Instrumente im Umweltschutz an, weil sie befürchten, daß diese die Umweltmoral beeinträchtigen. Ansatzpunkt für diese Aussage ist eine einfache Beobachtung aus der Sozialpsychologie (siehe dazu Schelling 1983): Verhalten wird sowohl durch extrinsische als auch intrinsische Motivation beeinflußt. Bei der Umweltproblematik sind dies die von außen kommende Steuerung durch Umweltpolitik zum einen, und die Handlungsregulation durch Umweltmoral zum anderen. Goodin (1980) behauptet nun, daß eine vollständige Substitution zwischen intrinsischer und extrinsischer Motivation möglich sei. Um eine emotionale Übersteuerung zu vermeiden, reduzieren deshalb die Wirtschaftssubjekte die intrinsische Motivation um so mehr, je stärker von außen Druck auf sie ausgeübt wird, eine bestimmte Verhaltensweise an den Tag zu legen.

Damit kommt es aber zu einem Dilemma: Unterstellen wir nämlich, daß die Wirtschaftssubjekte ein hohes Umweltbewußtsein haben, und marktwirtschaftliche Instrumente so eingesetzt werden, daß sie eine Verhaltensveränderung aus rein wirtschaftlichen Gründen bewirken. Hätten die Individuen die selben Maßnahmen auf Grund ihrer moralischen Überzeugung vollzogen, so werden sie jetzt durch den preislichen Hebel dazu gezwungen und entsprechend in ihrer Eigenverantwortlichkeit demotiviert. Der äußere Druck baut die Umweltmoral ab.

Daß der Einsatz von marktwirtschaftlichen Instrumenten in der Umweltpolitik die Umweltmoral untergräbt, ist in der ökonomischen Literatur theoretisch und empirisch ausreichend diskutiert. Arrow (1974) warnt denn auch davor, die ethischen Grundlagen menschlichen Verhaltens durch reinen ökonomischen Rationalismus zu ersetzen. Und es ist aus dieser Sicht auch verständlich, wenn ökologisch Engagierte den Akt der Umweltverschmutzung als Verbrechen zu stigmatisieren versuchen (siehe Frey 1992).

Wenn aber die Bereitschaft der Bevölkerung, sich aus ethisch-moralischer Überzeugung weniger umweltbelastend zu verhalten, durch den Einsatz marktwirtschaftlicher Instrumente unterminiert wird, dann hat dies negative Auswirkungen in Bereichen, in denen diese Politik selbst nicht wirkt oder nicht eingesetzt werden kann. Dies gilt insbesondere im Bereich der politischen Aktivitäten, wo ja keine extrinsische Handlungsmotivation besteht. Nach Brennan und Buchanan (1983) hat die Moral für das Abstimmungsverhalten große Bedeutung, weshalb die Auslöschung der Umweltmoral das Abstimmungsverhalten langfristig gegen den Umweltschutz beeinflussen dürfte.

Um diesen Effekt zu illustrieren, nehmen wir an, daß in einer Gesellschaft über Umweltschutzprogramme abgestimmt wird. Beschlossen wird dasjenige Programm, das in der Abstimmung die einfache Mehrheit erhält. Es gibt zwei Parteien: eine Autofahrerpartei einerseits und eine Umweltpartei andererseits. Beide kennen das Programm der jeweils anderen Partei und die Präferenzen der Stimmbürger vollständig. Welche Programme werden diese beiden Parteien vorschlagen, wenn sie sicher sein wollen, eine Zustimmung durch die Mehrheit zu erreichen? Bekannte Ergebnisse aus der Politischen Ökonomie (siehe Bernholz und Breyer 1993) sagen, beide Parteien schlagen dasjenige Programm vor, das den Wünschen des sogenannten Medianwählers[6] entspricht: Diejenige Partei, welche eine vom Median gewünschte Umweltqualität vorschlägt, erreicht das Maximum an Stimmen aus eigener Kraft, und Abweichungen nach links oder nach rechts erbringen Stimmenverluste.

---

[6] Zum Konzept des Medianwählers siehe Bernholz und Breyer (1993).

Aus dieser einfachen Überlegung wird ersichtlich, welch verheerende Wirkung der Abbau an Umweltmoral nach sich ziehen kann. Weil immer nur die Programme, die der Medianwähler favorisiert, realisiert werden können, geht ein Verlust an Umweltmoral mit einer Reduktion der politischen Akzeptanz des Umweltschutzes einher. Weil aber die gewählten Umweltprogramme immer nur den Status quo des Umweltbewußtseins in einer Ökonomie umsetzen, werden so die gesellschaftlichen Anstrengungen, die Natur zu schützen, reduziert. Dies ist um so bedeutsamer, als Umweltprobleme typischerweise langfristig sind und zukünftige Generationen betreffen.

Welche Schlußfolgerungen muß man aus diesen Betrachtungen ziehen? Etwa die, daß im Umweltschutz neben der bisherigen Auflagenpolitik nur noch freiwillige Vereinbarungen als Politikvariable in Betracht kommen, oder daß wir auf eine umfassende Umweltgesetzgebung setzen müssen, wie dies in Kapitel 4 vorgeschlagen wurde?

So richtig diese Frage unter einer sehr langfristigen Perspektive ist, sie befreit uns nicht von der Aufgabe, bereits kurz- und mittelfristig etwas tun zu müssen. Denn der ordnungsrechtliche Umweltschutz ist heute bereits an seine Grenzen gestoßen (siehe auch Hansmeyer 1993): Erstens fördert die Auflagenpolitik in erster Linie den nachsorgenden Umweltschutz. Da so die Entstehung von Schadstoffen aber nicht vermieden wird, trägt diese Politik langfristig nicht zur Umweltentlastung bei. Vielmehr kommt es zu einer Umverteilung der Belastung zwischen den verschiedenen Umweltmedien und bei Wirtschaftswachstum sogar zu einer Steigerung der Umweltbelastung (siehe dazu Kapitel 2). Zweitens wird der ordnungsrechtliche Umweltschutz auch ökonomisch immer ineffizienter. Einerseits müssen immer neue und schärfere Regelungen erlassen werden, und andererseits bietet das Ordnungsrecht keine Möglichkeit, die individuell unterschiedlichen Entsorgungskosten durch ökonomisch sinnvolle Anpassungen zu reduzieren (siehe Stephan, Steffen und Wiedmer 1994).

Hansmeyer und Schneider (1990) fordern deshalb eine instrumentelle Alternative, die politische Akzeptanz findet, bereits mittelfristig wirksam wird und eine konsistente und langfristige Lösung nicht behindert. Daher sollten die ordnungsrechtlichen Grundlagen der Umweltpolitik nicht grundsätzlich in Frage gestellt werden. Sie müßten aber dahingehend flexibilisiert und im Sinne eines Instrumentenmixes ergänzt werden, daß marktwirtschaftliches Handeln die Vorsorge im Umweltschutz fördert. Dazu gehört auch, die bisherigen Regelungen im Steuer- und Transferinstrumentarium neu zu überdenken, ja von diesen "flankierenden" Maßnahmen verstärkt Gebrauch zu machen, um die echte Vermeidung, den integrierten Umweltschutz zu fördern und nicht die End-of-the-pipe Beseitigung weiter auszubauen (siehe dazu Stephan 1992b).

5.4 Ökobonus und Ökosteuern

Ökobonus und Ökosteuern sind zwei Konzepte, die ökologische Aspekte mit den traditionellen Instrumenten der Fiskalpolitik verknüpfen. Mauch, Iten, von Weizsäcker und Jesinghaus (1992) sehen darin sogar eine Möglichkeit, die Akzeptanz für marktwirtschaftliche Instrumente zu erhöhen und die Ökologisierung der Wirtschaft zu beschleunigen. Für sie ist eine ökologische Steuerreform ein entscheidender Schritt auf dem Weg, der vom ordnungsrechtlichen Umweltschutz, der von der kostspieligen, weil nachsorgenden Umweltreparatur hin zur vorausschauenden Umweltpolitik führt, die Flexibilität und Gestaltungsspielraum erfordert.

Lenkungsabgaben erzeugen immer auch ein Abgabenaufkommen. In der umweltpolitischen Diskussion ist man bisher davon ausgegangen, diese Mittel zweckgebunden zu verwenden und nicht einfach in den allgemeinen Staatshaushalt einfließen zu lassen. Solange Lenkungsabgaben kaum und in nur sehr speziellen Anwendungsbereichen eingesetzt werden, ist die Frage nach der Mittelverwendung auch kein wesentliches Problem. Die damit zusammenhängenden Finanzströme sind zu gering, um die gesamtwirtschaftliche Allokation beeinflussen zu können. Wenn aber marktwirtschaftliche Lenkungsinstrumemte in großem Umfang zur Anwendung kommen und entsprechende Einkünfte erzeugen, dann wird die Frage nach der Mittelverwendung aus zwei Gründen aktuell: Erstens zeigen empirische Untersuchungen (siehe zum Beispiel Stephan, van Nieuwkoop und Wiedmer 1992), daß die wirtschaftlichen Auswirkungen einer marktwirtschaftlichen Umweltpolitik entscheidend von der Art der Mittelverwendung abhängen. Zweitens kommt es verstärkt zu politischem Widerstand, weil die Lenkungsabgaben dann als Instrument des Staates angesehen werden, den Staatshaushalt und damit den Einfluß der Bürokratie aufzublähen.[7]

Der Ökobonus setzt an dieser Kritik an. Er ist aus dem Wunsch geboren, die politische Akzeptanz von Lenkungsabgaben zu erhöhen. Häufig wird ja argumentiert, Lenkungsabgaben führen zu einer zusätzlichen Belastung der Haushalte, die bei niedrigen Einkommen stärker als bei hohen Einkommen ausfällt. Beim Ökobonus dagegen ist eine direkte Rückerstattung an die Haushalte nach einem pro-Kopf-Ausschüttungsverfahren vorgesehen: Wiederum erhält jeder Haushalt, unabhängig von der durch ihn erzeugten Umweltbelastung, den gleichen Betrag zum Beispiel in Form einer Steuervergütung. Dies entspricht einer impliziten Umverteilung zu Gunsten der einkommensschwächsten Haushalte (siehe dazu Stephan, van Nieuwkoop und Wiedmer 1992).

---

[7] Tatsächlich berechnen Stephan, van Nieuwkoop und Wiedmer (1992), daß eine CO2-Abgabe, die die Emissionen in der Schweiz auf dem 1990-Niveau stabilisiert, ein Einkommen von etwa 8% des Bruttosozialproduktes erzeugen würde. Das entspricht in etwa dem Staatshaushalt.

Bei den Ökosteuern ist eine explizite Rückerstattung zwar nicht zwingend vorgesehen. Es wird aber häufig vorgeschlagen, ihr Aufkommen dafür zu benutzen, andere Steuern zu senken, beziehungsweise deren Wegfall zu kompensieren. Eine so verstandene Ökosteuer hat somit neben der ökologischen Lenkungsfunktion auch eine Fiskalfunktion. Von dieser ist jeder, sei er nun Verursacher von Umweltbelastungen, die mit Abgaben belegt sind, oder nicht, betroffen.

Da Steuern auf Arbeit und Kapital in der Regel die Allokation verzerren und damit die Wohlfahrt mindern, erhofft man sich, durch Übergang zu einem Ökosteuersystem eine sogenannte doppelte Dividende erzielen zu können (siehe Goulder 1995 für eine ausführliche Diskussion). Einerseits soll durch die Lenkungsfunktion dieses Steuersystems, das ja ein Umweltabgabensystem mit spezieller Mittelverwendung ist, die Umweltqualität erhöht werden. Andererseits soll durch Abbau des alten, verzerrenden Steuersystems die Wohlfahrt gesteigert werden. Mauch, Iten, von Weizsäcker und Jesinghaus (1992) sehen sogar eine dritte Dividende. Wird das Aufkommen aus Umweltabgaben benutzt, um die Besteuerung des Faktors Arbeit zu verringern, dann sinkt der Bruttolohnsatz, was nach ihren Überlegungen die Nachfrage nach Arbeit steigen läßt und damit einen Beitrag zur Beseitigung der Arbeitslosigkeit leistet.

5.5 Exkurs: Auflagen, Abgaben und Zertifikate in einer idealen Welt

Für die theoretisch interessierte Leserschaft zeigen wir, wie die drei diskutierten Typen von umweltpolitischen Instrumenten in einer idealen Ökonomie untersucht werden können. Ideal heißt in diesem Zusammenhang: (1) Wir betrachten eine Abstraktion, ein Modell, einer realen Volkswirtschaft, die möglichst einfach und übersichtlich gestaltet ist, aber dennoch alles für unsere Fragestellung wesentliche umfaßt. (2) Wir unterstellen, Organisationsformen und Strukturen existieren, so daß umweltpolitische Ziele ohne Transaktionskosten umgesetzt werden können. Das bedeutet insbesondere: Informationen sind vollständig und ohne Faktoreinsatz beschaffbar und verarbeitbar, Wirtschaftssubjekte äußern ihre Präferenzen immer wahrheitsgetreu.

Gehen wir also im folgenden von einer Volkswirtschaft aus, in der zwei Güter unter Einsatz von zwei Faktoren produziert werden. Bei den beiden produzierbaren Gütern handelt es sich um Konsumgüter. Die beiden Produktionsfaktoren sind natürliche Ressourcen zum einen und Kapital zum anderen. Die jeweiligen Produktionstechnologien seien durch neoklassische Produktionsfunktionen g_i, $i = 1,2$, umschrieben. Das heißt: Werden m_1 Einheiten Ressourcen und k_1 Einheiten Kapital aufgewendet, dann ist es technisch möglich, c_1 Einheiten vom ersten Konsumgut zu produzieren, was durch die Bedingung

(5.2) $c_1 = g_1(m_1, k_1)$,

ausgedrückt ist. Entsprechend lassen sich c_2 Einheiten von Konsumgut 2 herstellen, wenn m_2 Einheiten der natürlichen Ressource und k_2 Kapitaleinheiten eingesetzt werden

(5.2a) $c_2 = g_2(m_2, k_2)$.

Die Produktionsfunktionen haben die üblichen Eigenschaften und sind für jeden Produktionsfaktor durch eine positive, aber abnehmende Grenzproduktivität gekennzeichnet.

Sind M und K die Ausstattungen dieser Volkswirtschaft an Ressourcen beziehungsweise Kapital, dann ist eine Konsumgüterproduktion im Umfang c_1 beziehungsweise c_2 physisch nur zulässig, wenn die Restriktionen eingehalten werden:

(5.3) $M - (m_1 + m_2) \geq 0$,

(5.4) $K - (k_1 + k_2) \geq 0$.

Da wir umweltpolitische Eingriffe analysieren, nehmen wir an, bei der Produktion von Konsumgut 1 entstehen Emissionen, während die Produktion des zweiten Konsumgutes emissionsfrei ist. Emissionen werden über natürliche Verteilungs- und Entsorgungsprozesse in der Umwelt in Immissionen umgewandelt (siehe dazu Kapitel 2) und bestimmen so die Umweltqualität Q. Deshalb können wir zur Vereinfachung annehmen, daß die Umweltqualität direkt durch den Ressourceneinsatz m_1 in den emissionserzeugenden Produktionsprozeß bestimmt wird; hiermit[8]

(5.5) $Q = f(m_1)$,

wobei ein steigender Ressourceneinsatz zu einer Erhöhung der Emissionen und folglich zu einer Verringerung der Umweltqualität führt, also $df/dm_1 < 0$.

Unterstellen wir nun eine soziale Wohlfahrtsfunktion der Form

(5.6) $W = W(c_1, c_2, Q)$,

---

[8] Üblicherweise hängt die Umweltqualität ab von: (1) laufenden Emissionen, (2) Diffusions- und Entsorgungskapazitäten der Umwelt und (3) Vorbelastungen der Umwelt. Diese komplexen Zusammenhänge sind hier mit der Funktion f umschrieben. Weiterhin entstehen Emissionen nur, wenn auch Ressourcen in die Produktion eingehen, weshalb wir die Umweltqualität an den Ressoureneinsatz knüpfen können.

mit $\partial W/\partial c_i > 0$, $i = 1,2$ und $\partial W/\partial Q > 0$.

Wie erwähnt, verfolgt Umweltpolitik auch das Ziel der Wohlfahrtsmaximierung unter Berücksichtigung der gegebenen physikalischen Begrenztheit der Produktionsmittel. In unserem Fall bedeutet dies: Maximierung von (5.6) unter Beachtung der Bedingungen (5.3) bis (5.5), sowie der Tatsache, daß die Produktion technisch ausführbar ist, was die Bedingungen (5.2) und (5.2a) erfassen.

Aus dem Kuhn-Tucker-Ansatz mit der Lagrange-Funktion

$$L = W(c_1,c_2,Q) + \Sigma_i p_i(g_i(m_i,k_i) - c_i) + p_m(M-m_1-m_2) + p_k(K-k_1-k_2) + p_3(f(m_1)-Q)$$

und den Lagrange-Multiplikatoren p_1, p_2, p_3, p_m, p_k, leiten wir die Optimalitätsbedingungen ab:

(5.7) $\partial W/\partial c_i - p_i \leq 0$, $i = 1,2$,

(5.8) $\partial W/\partial Q - p_3 \leq 0$,

(5.9) $p_i \partial g_i/\partial k_i - p_k \leq 0$, $i = 1,2$,

(5.10) $p_1 \partial g_1/\partial m_1 - p_m + p_3 \partial f/\partial m_1 \leq 0$,

(5.11) $p_2 \partial g_2/\partial m_2 - p_m \leq 0$.

Wie sind diese Optimalitätsbedingungen zu interpretieren? Erinnern wir uns, daß Lagrange-Multiplikatoren als Schattenpreise aufgefaßt werden können. Dann entsprechen p_1 und p_2 den Preisen für die Konsumgüter und p_m, p_k denjenigen für die Ressourcen und das Kapital. p_3 müßte als Preis für Umweltqualität gelesen werden. Diese Interpretationen werden klarer, wenn wir uns die Bedingungen (5.7) bis (5.11) genauer ansehen.

(5.7) besagt, daß im Optimum (bei positivem Konsum) der Preis der Konsumgüter dem Grenznutzen entsprechen muß, den diese stiften. Analog lesen wir aus Bedingung (5.8), daß der Preis für Umweltqualität im Optimum gleich ihrem Grenznutzen ist. (5.9) bedeutet, daß im Optimum das Wertgrenzprodukt des Faktors Kapital höchstens so groß sein darf wie der entsprechende Faktorpreis. (5.10) ist dahingehend zu interpretieren, daß derjenige Produzent, der bei der Konsumgüterproduktion durch Ressourceneinsatz Umweltbelastungen auslöst, diese Schäden in seine Kostenkalkulation einbeziehen muß. Das trifft natürlich auf die Produktion des zweiten Konsumgutes nicht zu, weil sie "emissionsfrei" ist (siehe (5.11)).

Bislang haben wir die Modellökonomie vom Standpunkt einer idealen Planwirtschaft aus betrachtet und eine Pareto-optimale Allokation von Gütern und Umweltqualität errechnet. Wir sehen, daß es dabei implizite Preise gibt und die externen Effekte internalisiert sind. Können uns diese Überlegungen für Marktwirtschaften weiterhelfen? Die Antwort ist ja, wenn wir das Modell wie folgt neu interpretieren.

Kennzeichnend für Marktwirtschaften ist, daß wirtschaftliche Entscheidungen dezentral (abhängig von Marktpreisen) gefällt und Güter auf Märkten gehandelt werden. Unterstellen wir deshalb folgende "Neu-Struktur". Es gebe drei Wirtschaftssubjekte: einen Haushalt, und zwei Unternehmungen, die sich als Preisnehmer und Gewinn- beziehungsweise Nutzenmaximierer verhalten. Unternehmung 1 stelle Konsumgut 1 her, Unternehmung 2 entsprechend Konsumgut 2. Die technologischen Möglichkeiten sind wiederum durch die Produktionsfunktionen g_1 beziehungsweise g_2 umschrieben. Die Präferenzen des Haushaltes seien durch die Wohlfahrtsfunktion W abgebildet und der Haushalt verfüge über die Eigentumsrechte an der Ressourcenausstattung M und am Kapital K.

Gehen wir zunächst davon aus, die Umwelt sei ein Common Pool und umweltpolitische Instrumente werden nicht eingesetzt. Wir befinden uns also in einer klassischen Konkurrenzwirtschaft. Da der Haushalt Nutzenmaximierer und Preisnehmer ist, wird er seine Konsumentscheidung so einrichten, daß bei gegebenen Güterpreisen p_1, p_2, p_m, p_k, für ihn das Maximierungsproblem gelöst ist:

Max $W(c_1, c_2, Q)$
unter der Bedingung $p_1 c_1 + p_2 c_2 \leq p_m M + p_k K$.

Errechnen wir die notwendigen Bedingungen für ein Nutzenmaximum, so erhalten wir

(5.7a) $\partial W / \partial c_i - \lambda p_i \leq 0$,

mit λ als Lagrange-Multiplikator. Da aber Preise und Nutzenindizes nur bis auf eine multiplikative Konstante festgelegt sind, haben wir dieselbe Bedingung wie im Planungsansatz.

Da die Umwelt ein Common Pool ist, lauten die Gewinnfunktionen $G(c_i)$ für die beiden Unternehmungen $i = 1,2$

(5.12) $G(c_i) = p_i c_i - p_m m_i - p_k k_i$.

Gewinnmaximierung unter den Nebenbedingungen (5.2) und (5.2a) führt hier zur notwendigen Bedingung

(5.9a) $p_i \partial g_i / \partial k_i - p_k \leq 0$, $i = 1,2$,

(5.10a) $p_1 \partial g_1 / \partial m_1 - p_m \leq 0$,

(5.11a) $p_2 \partial g_2 / \partial m_2 - p_m \leq 0$.

An dieser Stelle wird ein entscheidender Unterschied zum Planungsansatz deutlich. Nur noch die Unternehmung, deren Produktion immissionsfrei ist, erfüllt im Gewinnmaximum dieselben Bedingungen wie im Planungsoptimum. Der immissionserzeugende Unternehmer dagegen nicht, wie ein Vergleich von (5.10) mit (5.10a) offenlegt. Er hat jetzt geringere Grenzkosten der Produktion, da er ja aufgrund der Common Pool Eigenschaft der Umwelt die Kosten für die Immissionen, die von ihm ausgelöst werden, nicht in sein unternehmerisches Kalkül einbeziehen muß. Damit wird er jetzt mehr am Konsumgut und größere Immissionen als im Pareto-Optimum erzeugen. Wir beobachten hiermit Marktversagen, wie bereits anhand von Edgeworth-Betrachtungen in Kapitel 3 illustriert.

Hier stellen sich dem kritischen Betrachter zwei Fragen: (1) Konsumieren denn die Haushalte überhaupt mehr und nehmen einfach die nicht-optimale Umweltqualität hin? (2) Gibt es Möglichkeiten, auch in einer Marktwirtschaft optimale Allokationen zu erreichen? Die Antworten auf beide Fragen sind von einander abhängig.

Zunächst gilt, daß die Haushalte in gewissem Umfang bereit sind, schlechtere Lebensbedingungen hinzunehmen, wenn die Güterversorgung verbessert wird. Dies ist aber nur in beschränktem Umfang möglich. Sie werden sich nicht jeden Zustand der Umwelt durch mehr Konsum abkaufen lassen wollen. Welche Möglichkeit haben sie aber, ihr Umweltbewußtsein, das sich ja in ihren Präferenzen äußert, umzusetzen? Eine Möglichkeit wäre zum Beispiel zum Mittel des Konsumverzichtes zu greifen und damit die umweltbelastende Produktion zurückzudrängen. Dies wäre aber im Sinne einer Pareto-optimalen Allokation nur dann wirkungsvoll, wenn ein direkter Zusammenhang zwischen Konsum und Immissionen besteht. An Smogtagen auf das Auto zu verzichten, ist eine richtige Verhaltensstrategie. Wenn der Zusammenhang zwischen Immissionen und Konsum jedoch unklar ist, dann ist Konsumverzicht keine optimale Strategie mehr. Darüber hinaus besteht die Gefahr eines Gefangenendilemmas, denn der freiwillige, individuelle und unkoordinierte Konsumverzicht ist, wie besprochen, nicht rational.

Was bleibt dann zu tun? Machen wir uns zunächst klar, daß in einer klassischen Marktökonomie Informationen nur über Märkte ausgetauscht werden können. Wenn die Märkte unvollständig sind, weil zum Beispiel Märkte für Dienstleistungen der Umwelt fehlen und damit eine Pareto-optimale Allokation nicht mehr leisten können, dann muß auf die sogenannten politischen Märkte ausgewichen werden. Mit anderen Worten, Haushalte müssen versuchen, ihre Präferenzen bezüglich der Umwelt im politischen Prozeß zu artikulieren und durch ihr Abstimmungsverhalten dafür sorgen, daß die entsprechenden Strukturen geschaffen werden.

Nehmen wir an, die Haushalte hätten bewirkt, daß eine Umweltbehörde eingerichtet wird. Diese soll durch geeignete Eingriffe eine Pareto-optimale Allokation erzeugen. Wie kann sie in unserer Modellökonomie vorgehen? Im Prinzip kann sie alle drei diskutierten Instrumente einsetzen und zwar wie folgt:

Erstens die Auflage: Die Behörde errechnet die optimale Lösung und teilt dem Produzenten die maximale Produktion, oder besser noch die maximale Emissionsmenge mit. Letztere kann aus den Immissionen bei Kenntnis der Diffusionsfunktion ermittelt werden.

Zweitens die Abgabe: Die Behörde berechnet den optimalen Schattenpreis der Umweltqualität p_3, daraus wiederum eine Produkt- oder Emissionsabgabe und schreibt der Unternehmung 1 vor, diese Abgabe an die Behörde abzuführen.

Drittens die Zertifikate: Die Behörde legt Eigentumsrechte an der Umwelt fest und verteilt diese; beispielsweise an den Haushalt, womit Unternehmung 1 das Recht auf Immissionen diesem abkaufen muß. Im umgekehrten Fall erhält Unternehmung 1 Eigentumsrechte und der Haushalt muß diese dem Unternehmen abkaufen. Schließlich könnte die Behörde die Eigentumsrechte selbst behalten und an die Unternehmung verkaufen. In jeder Situation würde sich im Idealfall jetzt als Zertifikatpreis der Preis p_3 für Umweltqualität einstellen.

Teil III
Umweltschutz, staatliche Eingriffe und Bewertung

6. DIE ÖKONOMISCHE BEWERTUNG VON UMWELTSCHUTZ
Einführende Überlegungen

Unsere bisherigen Überlegungen haben gezeigt, daß ein marktwirtschaftliches System unter realistischen Bedingungen nicht in der Lage ist, einen effizienten Umgang mit der knappen Ressource Umwelt sicherzustellen. Vielmehr ist fast überall eine zunehmende Übernutzung der Natur zu beobachten. Um dieser Entwicklung mit ökonomischen Mitteln wirkungsvoll begegnen zu können, ist es notwendig, von der rein qualitativen Feststellung, daß die Umwelt durch menschliche Aktivitäten geschädigt wird, zu einer quantitativen Erfassung und ökonomischen Bewertung dieser Umweltveränderungen zu gelangen. Aus dieser allgemeinen Feststellung ergibt sich die Notwendigkeit, entsprechende Bewertungstechniken zu entwickeln, mit denen wir uns in den folgenden Kapiteln befassen wollen.

Unterhalb dieser generellen Motivationsebene lassen sich drei weitere Motive für die Durchführung ökonomischer Bewertungsanalysen im Umweltbereich identifizieren. Zum einen haben solche Analysen eine Kontrollfunktion im Hinblick auf die wegen des Versagens privater Märkte notwendige staatliche Beeinflussung der Allokation von Umweltressourcen. Zum zweiten spielen sie eine wesentliche Rolle bei der Erweiterung der traditionellen Volkswirtschaftlichen Gesamtrechnung um den Umweltaspekt, also bei der Ermittlung des sogenannten Ökosozialprodukts. Zum dritten hat die ökonomische Bewertung von Umweltgütern in den letzten Jahren vor allem in den USA eine zunehmende Bedeutung bei der Schadensermittlung im Rahmen von Umwelthaftungsprozessen gewonnen. Wir wollen diese drei Motive zur Durchführung ökonomischer Bewertungsanalysen im Umweltbereich zunächst etwas ausführlicher betrachten.

Wegen des Versagens des Ersten Hauptsatzes der Wohlfahrtstheorie bei der Allokation von Umweltressourcen muß der Staat in dem meisten Fällen direkt oder indirekt Einfluß auf die Verwendung der knappen Ressource Umwelt nehmen (für eine Diskussion der Rolle des Staates beim Umweltschutz siehe nochmals Kapitel 4). Direkten Einfluß übt der Staat über die Durchführung eigener umweltpolitischer Projekte wie die Beseitigung von Altlasten, die Anlage von Naturschutzgebieten oder ähnliche Vorhaben aus. Unter indirekten Staatseingriffen verstehen wir den Einsatz des in Kapitel 5 dargestellten staatlichen Lenkungsinstrumentariums zur Beeinflussung des privaten Umgangs mit der Umwelt.

Sowohl die direkten als auch die indirekten Staatseingriffe sind von erheblicher Bedeutung für die gesamte Ressourcenallokation einer Volkswirtschaft und damit für die Wohlfahrt einer Gesellschaft. So impliziert beispielsweise die Erhebung einer Energiesteuer eine Verteuerung aller energieintensiv produzierten Güter. Eine isolierte Preiserhöhung, der weder eine Einkommenserhöhung noch die Senkung anderer Preise gegenübersteht, führt für die Konsumenten der betreffenden Güter zu einer Nutzenverminderung, da sie als Folge dieser Preiserhöhung aufgrund ihres beschränkten Budgets entweder den Konsum der verteuerten Güter und/oder den anderer Güter einschränken müssen. Insgesamt bedeutet die Steuererhebung mit großer Wahrscheinlichkeit eine Verringerung der Nachfrage nach den besteuerten Gütern und auf diesem Wege auch eine Einschränkung ihrer Produktion. Damit werden aber auch alle zu dieser Produktion benötigten Inputs in geringerem Maße nachgefragt, was eine Verminderung der entsprechenden Faktoreinkommen und sogar die Unterbeschäftigung der betreffenden Produktionsfaktoren zur Folge haben kann.

Diesem negativen Effekt auf den individuellen Nutzen stehen andererseits nutzenerhöhende Effekte gegenüber. Diese entstehen unmittelbar dadurch, daß durch die Besteuerung einer umweltschädigenden privaten Aktivität diese eingeschränkt wird und so die Umweltqualität steigt, was mit einer Nutzensteigerung verbunden ist. Eine zusätzliche Erhöhung des individuellen Nutzens kann sich ergeben, wenn das so entstandene Steueraufkommen beispielsweise dazu verwendet wird, andere, bereits bestehende Steuern zu senken und damit eventuell existierende Zusatzlasten zu beseitigen, wie sie von verzerrenden Steuern hervorgerufen werden.[1] Man spricht in diesem Fall von einer "doppelten Dividende", wobei die erste Dividende in der Minderung der Umweltschädigung und die zweite Dividende in der Senkung der von einer bereits existierenden Steuer verursachten Zusatzlast besteht (siehe dazu Bovenberg und deMooij 1994, Schöb 1994, 1995).

Aus diesen Überlegungen wird deutlich, daß die von einer Ökosteuer hervorgerufenen ökonomischen Effekte zum Teil positiv und zum Teil negativ auf das Wohlergehen einer Gesellschaft wirken (für eine Erklärung siehe Kapitel 5). Je nach Steuergegenstand und Höhe des Steuersatzes ist mit unterschiedlichen Wohlfahrtswirkungen zu rechnen, so daß eine A-priori-Aussage über den Gesamteffekt einer Ökosteuer nicht möglich ist. Vielmehr müßte für jede geplante Ökosteuer eine gesonderte Analyse ihrer Wohlfahrtseffekte vorgenommen werden. Dasselbe gilt für den Einsatz der anderen umweltpolitischen Instrumente des Staates.

Auch die Durchführung ökologisch motivierter Projekte durch den Staat selbst, wie die Sanierung belasteter Gewässer oder Landschaften, impliziert sowohl positive als auch negative Wohlfahrtseffekte. Neben die offensichtlich wohlfahrtserhöhenden Effekte durch die Verbesserung der Umweltqualität kön-

---

[1] Unter der Zusatzlast ("excess burden") einer verzerrenden Steuer versteht man den Nutzenverlust, der über den rein aufkommensbedingten Nutzenverlust hinaus dadurch entsteht, daß eine solche Steuer die Preisrelationen zwischen den besteuerten und den unbesteuerten Gütern verändert (vergleiche hierzu die grundlegende Analyse von Harberger 1964).

nen wohlfahrtsvermindernde Effekte treten, weil die zur Durchführung des betrachteten Projekts eingesetzten knappen Produktionsfaktoren bei der Produktion anderer Güter fehlen.

Diese Umwidmung knapper Ressourcen geschieht dadurch, daß die projektbedingte zusätzliche Nachfrage des Staates ceteris paribus zu einer Preiserhöhung auf den betreffenden Faktormärkten und damit zu einem Ausscheiden aller privaten Grenznachfrager nach den betreffenden Faktoren führt. Unter Grenznachfragern seien hier diejenigen Unternehmen verstanden, deren Produktion bei den bisher herrschenden niedrigeren Faktorpreisen gerade noch ohne Verluste möglich war, die aber dank der vom Staat verursachten Preiserhöhungen in die Verlustzone rutschen und daher ihre Produktion langfristig einstellen. Ein solches Crowding-out auf den Faktormärkten verknappt und verteuert damit die entsprechenden Endprodukte, was wiederum Nutzenverluste bei den bisherigen Konsumenten dieser Produkte bewirkt. Somit stehen auch bei den direkten umweltpolitischen Eingriffen des Staates den positiven ökologischen Effekten wohlfahrtsvermindernde Effekte gegenüber, die aus der projektbedingten Verdrängung privater Nachfrager auf den entsprechenden Faktormärkten resultieren. Eine eindeutige Aussage im Hinblick auf die Wohlfahrtswirkungen staatlicher Umweltprojekte kann somit ohne explizite Überprüfung des jeweiligen Einzelfalls nicht getroffen werden.

6.1 Die Bedeutung ökonomischer Bewertungen

Unsere bisherigen Überlegungen zeigen, daß es naiv wäre anzunehmen, jede umweltpolitische Maßnahme des Staates sei quasi ex definitione "gut", weil sie der Umwelt nützt. Eine erste Aufgabe ökonomischer Bewertungsanalysen ist daher, sowohl die direkten als auch die indirekten umweltpolitischen Staatseingriffe sorgfältig auf ihre ökonomische Rationalität und ihre Implikationen im Hinblick auf das "Wohl" der Bevölkerung zu überprüfen. Handelt es sich wie bei einer ökologischen Steuerreform um umfassende, die gesamte Volkswirtschaft betreffende Maßnahmen, so ist es zur Abschätzung der daraus resultierenden Wohlfahrtseffekte notwendig, die wesentlichen ökonomischen Strukturen, insbesondere die Interaktion der Märkte, beispielsweise im Rahmen eines berechenbaren Allgemeinen Gleichgewichtsmodells zu erfassen.

Bei der Bewertung direkter staatlicher Maßnahmen, deren Auswirkungen dagegen von eher lokaler Bedeutung sind, kommen zumeist die Verfahren der traditionellen Nutzen-Kosten-Analyse als einer vereinfachten Form der Wohlfahrtsanalyse zum Einsatz. Auch auf diese Verfahren wird weiter unten eingegangen werden. Die Bedeutung der Nutzen-Kosten-Analyse ist übrigens auch vom Gesetzgeber der Bundesrepublik Deutschland immerhin so hoch eingeschätzt, daß es in § 7 der Bundeshaushaltsordnung (BHO) unter der Überschrift

"Wirtschaftlichkeit und Sparsamkeit, Nutzen-Kosten-Untersuchungen" heißt: "(1) Bei Aufstellung und Ausführung des Haushaltsplans sind die Grundsätze der Wirtschaftlichkeit und Sparsamkeit zu beachten. (2) Für geeignete Maßnahmen von erheblicher finanzieller Bedeutung sind Nutzen-Kosten-Untersuchungen anzustellen." Da es sich bei Umweltprojekten fast immer um "Maßnahmen von erheblicher finanzieller Bedeutung" handelt, kommt Nutzen-Kosten-Analysen in diesem Bereich eine besondere Bedeutung zu.

Eine zweite wesentliche Aufgabe ökonomischer Bewertungsanalysen im Umweltbereich ergibt sich aus den zunehmenden Bemühungen der amtlichen Statistik, den Wohlstand eines Landes nicht nur auf der Basis des Sozialprodukts festzulegen, sondern auch Umweltaspekte zu erfassen. Dabei geht es nicht um eine völlige Neugestaltung der traditionellen Volkswirtschaftlichen Gesamtrechnung, sondern um ihre Erweiterung durch sogenannte Satellitensysteme, in denen die Veränderungen des Naturvermögens eines Landes erfaßt werden (siehe hierzu zum Beispiel Stahmer 1992, 1993 und 1996). Der Wunsch, die rein wertschöpfungsorientierte traditionelle Volkswirtschaftliche Gesamtrechnung um den "Faktor Natur" zu ergänzen, entspringt der Überlegung, daß fast jeder industriellen Produktion eine Verschlechterung der Umweltqualität auf die eine oder andere Weise gegenübersteht (siehe Kapitel 2). Diese Verminderung des natürlichen Kapitalstocks zu ignorieren, hieße, den tatsächlichen Wohlstandszuwachs eines Landes in der jeweiligen Berichtsperiode systematisch zu überschätzen.

Das dritte Motiv zur volkswirtschaftlichen Bewertung von Veränderungen der Umweltqualität entspringt dem Bedürfnis, bei Unfällen mit Umweltschäden vom jeweiligen Verursacher eine Kompensation zu verlangen. Insbesondere in den USA hat sich sowohl in der öffentlichen Meinung als auch in der Rechtsprechung die Auffassung durchgesetzt, daß bei Unfällen, gerade im industriellen Bereich, nicht nur die unmittelbaren Vermögensschäden, sondern auch eventuell entstandene Umweltschäden evaluiert und in die Schadensregulierung einbezogen werden sollen. Da die Umweltschäden bei Unfällen wie der Havarie des 1989 in Alaska auf Grund gelaufenen Supertankers "Exxon Valdez" schnell schwindelerregende Höhen erreichen, kommt den bei der Schadensevaluierung verwendeten Bewertungsverfahren eine enorme wirtschaftliche Bedeutung zu.

Wir haben somit drei wesentliche Anwendungsgebiete für Wohlfahrtsanalysen im Umweltbereich identifiziert. Zum einen dienen solche Analysen der Kontrolle der ökonomischen Sinnhaftigkeit staatlicher Investitionen im Umweltbereich. Zum zweiten stellen sie ein wichtiges Instrument bei der Berechnung des Ökosozialprodukts dar. Zum dritten spielen sie eine zentrale Rolle bei der Ermittlung der Schadenshöhe im Rahmen von Umwelthaftungsprozessen. Die grundsätzlichen Probleme sind bei diesen drei Anwendungsgebieten im wesentlichen sehr ähnlich gelagert, so daß wir diese Problemfelder über weite

Strecken unserer Untersuchung gemeinsam behandeln können. Zur Sprachvereinfachung wird daher im folgenden häufig entweder von der Bewertung von Umweltveränderungen oder von der Bewertung von Umweltprojekten die Rede sein, obwohl damit auch die Bewertung eines Umweltschadens, also eines "negativen Umweltprojekts" gemeint sein kann.

6.2 Die Struktur ökonomischer Bewertungsanalysen

Bei der wohlfahrtstheoretischen Bewertung von Umweltgütern oder staatlichen Umweltprojekten müssen zwei grundlegende Arten von Problemen gelöst werden. Zunächst müssen die Effekte eines solchen Projekts auf die Wohlfahrt eines einzelnen Haushalts oder Individuums ermittelt werden. Man spricht in diesem Zusammenhang auch vom sogenannten Identifikationsproblem, weil es hier im wesentlichen um die Identifikation der nutzenverändernden Effekte der betrachteten Umweltmaßnahme geht, also beispielsweise um die Preis- und Mengenänderungen oder Änderungen der Umweltqualität und die Erfassung der durch sie bewirkten Nutzenänderungen.

Sind die individuellen Nutzenänderungen identifiziert, stellt sich als zweites Problemfeld die Aggregation der individuellen Nutzeneffekte zu einer gesellschaftlichen Bewertung der betrachteten Umweltmaßnahme. Dies ist unproblematisch, wenn sich die Wohlfahrt aller von einem Umweltprojekt Betroffenen in dieselbe Richtung ändert; wenn sich also alle Bürger infolge des Projekts entweder verbessern oder verschlechtern. In diesem Fall realisiert die Gesellschaft entweder eine Pareto-Verbesserung oder Pareto-Verschlechterung, und über die Frage der Realisierung oder Nichtrealisierung kann es vernünftigerweise keinen gesellschaftlichen Dissens geben.

Leider kommen in der Realität einheitliche Nutzenänderungen aller Betroffenen äußerst selten vor. Einige Individuen können von den negativen Effekten eines Umweltprojekts stärker betroffen sein als andere und unter Umständen von den positiven Effekten einer verbesserten Umweltqualität weniger profitieren. In allen Fällen uneinheitlicher Nutzenänderungen müssen, um zu einer gesellschaftlichen Entscheidung über die Wünschbarkeit des betreffenden Projekts zu kommen, die Nutzenzuwächse der Gewinner gegen die Nutzeneinbußen der Verlierer abgewogen werden. Diese Aufgabe bezeichnet man im Rahmen der Wohlfahrtsmessung als das Aggregationsproblem. Wir werden uns im weiteren zunächst dem Identifikationsproblem und dann dem Aggregationsproblem zuwenden.

6.2.1 Individuelle Wohlfahrtsmessung

Wie wirken die verschiedenen Effekte einer umweltpolitischen Maßnahme oder einer Umweltveränderung auf das Wohlergehen eines Individuums und mit welchem theoretischen Konzept sollen diese Nutzenänderungen erfaßt werden? Um uns diesem Problem sinnvoll nähern zu können, müssen wir uns zunächst eine Vorstellung von dem Nutzenempfinden beziehungsweise von den Determinanten des Wohlergehens eines Individuums machen. Wie wir in dem vorangegangenen Abschnitt gesehen haben, können sich umweltpolitische Maßnahmen des Staates nicht nur auf Qualität und Quantität von Umweltgütern, sondern auch auf die Preise der von einem Individuum konsumierten, auf Märkten gehandelten privaten Güter[2] und auf sein Einkommen auswirken. Wollen wir wissen, wie sich sein Nutzen infolge eines Umweltprojekts ändert, so müssen wir herausfinden, wie sich die Änderungen dieser Parameter - Umweltqualität, Preise, Einkommen - auf seinen Nutzen auswirken.

Da Nutzen und Nutzenänderungen keine objektiv beobachtbaren Phänomene, sondern subjektive Befindlichkeiten bezeichnen, ist eine Messung von Nutzenänderungen durch externe Beobachter, wie sie bei der Bewertung von Umweltprojekten erforderlich ist, mit einer Reihe empirischer und konzeptioneller Schwierigkeiten verbunden. Eines der zentralen Probleme der individuellen Wohlfahrtsmessung betrifft somit die Wahl einer Maßeinheit, da Nutzeneinheiten offensichtlich keine objektivierbare Größe darstellen. Zudem ist das Denken und Rechnen in Nutzeneinheiten für den normalen Bürger zu ungewohnt, um darauf ein sinnvolles Wohlfahrtsmaß aufzubauen. Obwohl es in der ökonomischen Literatur verschiedene Vorschläge zur Lösung dieses Problems gibt, hat sich in der Praxis die Messung von Nutzenänderungen in Geldeinheiten wegen der intuitiven Kraft diese Konzeptes und seiner einfachen Kommunizierbarkeit weitgehend durchgesetzt. Auch für die konkrete Ausgestaltung einer solchen money-metric utility wurden in der Literatur verschiedene Konzepte[3] entwickelt, wobei die größte Popularität letztlich den beiden auf Hicks (1939a und 1942) zurückgehenden Maßen der Kompensierenden Variation und der Äquivalenten Variation zukommt.

Die Grundidee der Hicksschen Kompensierenden Variation (CV) besteht darin, eine Nutzenänderung durch die sie kompensierende Einkommensänderung auszudrücken, das heißt durch die Einkommensänderung, die den betrachteten Haushalt nach Durchführung des zu bewertenden Projekts wieder auf sein ursprüngliches Nutzenniveau zurücksetzen würde. Bei einem für den betrachteten Haushalt vorteilhaften Umweltprojekt mißt die Kompensierende Variation

---

[2] Private Güter, die auf Märkten gehandelt werden, nennen wir im folgenden stets Marktgüter.

[3] Zur money-metric utility siehe unter anderem Samuelson und Swamy (1974), McKenzie (1983) oder Blackorby und Donaldson (1988).

die aus diesem Projekt resultierende Nutzensteigerung durch den Geldbetrag, den man dem Haushalt nach Durchführung des Projekts maximal entziehen könnte, ohne ihn schlechter zu stellen als in der Ausgangssituation. Dies ist, aus umgekehrter Perspektive betrachtet, gerade der Geldbetrag, den er maximal für die Durchführung des fraglichen Projekts zu zahlen bereit wäre. Bei für den Haushalt nutzensteigernden Projekten ist die Kompensierende Variation somit positiv und gleich seiner maximalen Zahlungsbereitschaft (MZB) für dieses Projekt.

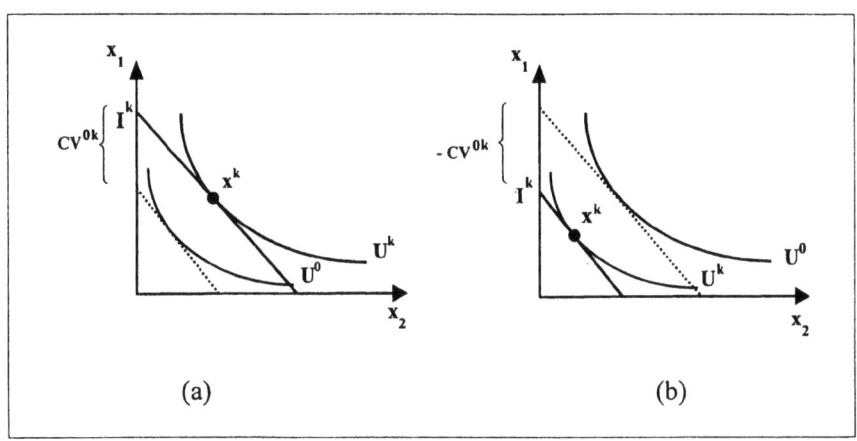

Abbildung 6.1

Dies ist in Abbildung 6.1(a) beispielhaft verdeutlicht. Hier wird vereinfachend angenommen, es gebe nur zwei Marktgüter, von denen der betrachtete Haushalt mit dem Einkommen I die Mengen x_1 und x_2 bei den Preisen p_1 und p_2 konsumiert. Das in der Ausgangssituation vom Haushalt realisierte Nutzenniveau wird mit U^0 und das in einer neuen Situation realisierte Nutzenniveau wird mit U^k bezeichnet. In Abbildung 6.1(a) wird, wie auch in allen folgenden Graphiken, das erste Gut als Numéraire gewählt, so daß sein Preis gleich eins gesetzt werden kann. Daher gibt der Achsenabschnitt der in der neuen Situation gültigen Budgetgerade $p^k x = I^k$ an der x_1-Achse das neue Haushaltseinkommen I^k an. Bei diesem Einkommen realisiert der Haushalt mit dem Güterbündel x^k das Nutzenniveau U^k. Aus Abbildung 6.1(a) wird deutlich, daß der Haushalt in der neuen Situation maximal den mit CV^{0k} bezeichneten Einkommensbetrag aufgeben könnte, ohne sich gegenüber der Ausgangssituation zu verschlechtern. Daher ist CV^{0k} in Abbildung 6.1(a) gleich der Kompensierenden Variation der betrachteten Nutzenänderung.

Sinkt der Nutzen des Haushalts, so ist seine Zahlungsbereitschaft und damit die Kompensierende Variation negativ. Hier kann die (negative) Kompensierende Variation als seine "minimale Entschädigungsforderung" (MEF), beispielsweise für die Durchführung eines bestimmten Umweltprojekts, interpretiert werden. Dies wird aus Abbildung 6.1(b) deutlich, wo der betrachtete Haushalt in der neuen Situation durch eine Transferzahlung in Höhe von CV^{0k} Geldeinheiten wieder auf sein ursprüngliches Nutzenniveau U^0 zurückversetzt werden könnte. Zusammenfassend kann man festhalten, daß die Kompensierende Variation CV^{0k} denjenigen Geldbetrag bezeichnet, der einen Haushalt nach Durchführung eines Umweltprojekts (im positiven oder negativen Sinne) nutzenmäßig so kompensiert, daß er sich in der neuen Situation weder schlechter noch besser fühlt als in der Ausgangssituation.

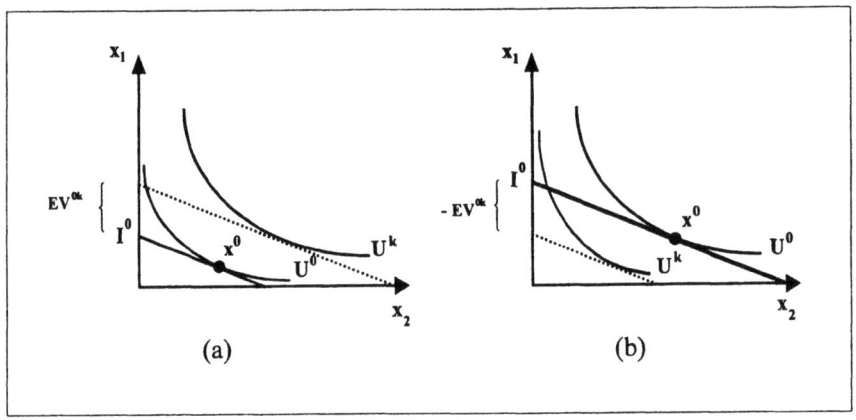

Abbildung 6.2

Demgegenüber beschreibt die Hickssche Äquivalente Variation (EV) den Geldbetrag, mit dem man ein Individuum (im positiven oder negativen Sinne) auch ohne Durchführung des fraglichen Umweltprojekts nutzenmäßig genauso gut oder schlecht stellen könnte wie mit seiner Durchführung. Dies wird in Abbildung 6.2(a) verdeutlicht, wo sich der betrachtete Haushalt von dem ursprünglichen Nutzenniveau U^0 zu dem Nutzenniveau U^k verbessert. Dieselbe Nutzenerhöhung könnte man in der Ausgangssituation bei Gültigkeit der ursprünglichen Budgetbeschränkung $p^0 x = I^0$ auch durch einen Einkommenstransfer in Höhe von EV^{0k} Geldeinheiten erreichen. Daher ist EV^{0k} in Abbildung 6.2(a) gleich der Äquivalenten Variation des Haushalts. Im Falle einer Nutzenverminderung repräsentiert die Äquivalente Variation EV^{0k} denjenigen Geldbetrag, den der Haushalt maximal zu zahlen bereit wäre (seine MZB), um eine Durchführung des fraglichen Umweltprojekts zu verhindern. Dieser Fall ist in Abbildung 6.2(b) dargestellt. Es handelt sich bei der Äquivalenten Variation somit um den Geldbetrag, der für den Haushalt (im positiven oder negativen Sinne) nutzenmäßig äquivalent zu dem betrachteten Umweltprojekt ist.

Ein wesentlicher Vorteil der beiden Hicks-Maße ist, daß ihr Konzept und der gedankliche Zusammenhang zwischen den von ihnen beschriebenen Geldbeträgen einerseits und den zugrundeliegenden Nutzenänderungen andererseits auch für Nicht-Ökonomen relativ leicht einsichtig ist. Daher handelt es sich hier um Nutzen- oder Wohlfahrtsmaße, die sowohl gegenüber der betroffenen Bevölkerung als auch gegenüber den politischen Entscheidungsträgern leicht mitteilbar sind. Vor allem dieser Vorteil der Kommunizierbarkeit ist für die hohe praktisch-politische Popularität der beiden Hicks-Maße im Vergleich zu anderen, theoretisch gleichwertigen Maßen verantwortlich.

Unter theoretischen Gesichtspunkten ist zu vermerken, daß beide Hicks-Maße zuverlässige Wohlfahrtsindikatoren sind, weil von ihrem Vorzeichen eineindeutig auf die vom jeweils betrachteten Projekt verursachten individuellen Nutzenänderungen geschlossen werden kann: Eine positive (negative) CV oder EV signalisiert eindeutig eine Nutzenzunahme (Nutzenabnahme) bei dem betreffenden Individuum. Umgekehrt determiniert eine Nutzenzunahme (Nutzenabnahme) ein positives (negatives) Vorzeichen der beiden Hicks-Maße. Ändert sich der Nutzen nicht, so nehmen die Hicks-Maße einen Wert von null an, und umgekehrt. Die Erfüllung dieses als Indikatorbedingung bezeichneten Zuverlässigkeitskriteriums folgt aus den in Kapitel 8 erläuterten mathematischen Definitionen der beiden Hicks-Maße.

Neben der Kommunizierbarkeit und der theoretischen Zuverlässigkeit eines Wohlfahrtsmaßes ist natürlich seine empirische Berechenbarkeit ein wichtiges Kriterium für seine Praxistauglichkeit. Dieser Punkt wird in unseren weiteren Untersuchungen eine wesentliche Rolle spielen. Im Moment wollen wir die Frage der konkreten Berechnung der Hicks-Maße jedoch noch zurückstellen und uns zunächst dem Problem der Aggregation der individuellen Wohlfahrtsänderungen zu einem gesamtgesellschaftlichen Wohlfahrtsmaß zuwenden.

6.2.2 Gesellschaftliche Vorteilhaftigkeit

Wie oben bereits erläutert wurde, ist die gesellschaftliche Bewertung eines staatlichen Projekts unproblematisch, wenn entweder kein Individuum Nutzenverluste hinnehmen muß und mindestens ein Individuum seinen Nutzen steigern kann, oder wenn kein Individuum von dem fraglichen Projekt profitiert und mindestens eines sich verschlechtert. In diesen Fällen sind die Bedingungen für eine Pareto-Verbesserung beziehungsweise für eine Pareto-Verschlechterung erfüllt. Die gesellschaftliche Bewertung solcher Projekte ist eindeutig: Paretoverbessernde Projekte sollten durchgeführt, pareto-verschlechternde abgelehnt werden.

In der Praxis hat man es jedoch häufig mit Projekten zu tun, bei denen sich einige Haushalte nutzenmäßig verbessern, während sich andere verschlechtern. In diesen Fällen versagt das Pareto-Kriterium, da die Voraussetzungen zu seiner Anwendung nicht gegeben sind. Daher kommt man in Fällen entgegengesetzter individueller Nutzenänderungen um eine Nutzenaggregation nicht umhin. Voraussetzung für eine objektive Nutzenaggregation wäre die Existenz einer gesellschaftlichen Präferenzordnung, die sich aus den individuellen Präferenzordnungen der einzelnen Bürger ableiten ließe. Arrow (1951) zeigte jedoch, daß unter der Annahme ordinaler individueller Präferenzen[4] eine gesellschaftliche Präferenzordnung mit akzeptablen Eigenschaften nicht existiert. Das grundlegende Problem der Nutzenaggregation ergibt sich aus der Annahme ordinaler Präferenzen der einzelnen Individuen, da diese Annahme die Messung von Nutzenintensitäten unmöglich macht. Dadurch werden interpersonelle Nutzenvergleiche ausgeschlossen, die für eine "neutrale" Nutzenaggregation unerläßlich sind. Statt dessen sind mehr oder weniger willkürlicher Verteilungsurteile notwendig. Das heißt, die Nutzenverluste einiger Bürger müssen gegen die Nutzengewinne anderer Bürger abgewogen werden.

Der bis heute sicherlich populärste Vorschlag zur Lösung des Aggregationsproblems geht auf Kaldor (1939) und Hicks (1939b) zurück, die das reine Pareto-Kriterium zu dem "potentiellen" Pareto-Kriterium, auch Kaldor-Hicks-Kriterium genannt, erweiterten. Nach diesem Kriterium ist ein Projekt genau dann gesellschaftlich vorteilhaft, wenn die Summe der Kompensierenden Variationen der Gewinner, das heißt ihre MZBs, die Summe der Kompensierenden Variationen der Verlierer, also ihre MEFs, übersteigt. Hinter diesem Kriterium steht die Idee, es sei in einem solchen Fall den Gewinnern theoretisch möglich, die Verlierer nach Durchführung des fraglichen Projekts zu kompensieren und dennoch einen Überschußbetrag übrig zu behalten. Diesen Geldbetrag könnten sie dann zur Steigerung ihres eigenen Nutzens verwenden, womit diese fiktive Situation nach Durchführung der Kompensationszahlungen gegenüber der Ausgangssituation pareto-superior wäre. Umgekehrt ist ein Umweltprojekt nach dem Kaldor-Hicks-Kriterium gesellschaftlich nachteilig, wenn die Summe aller individuellen Kompensierenden Variationen negativ ist, da in diesem Fall die

---

[4] Die Annahme ordinaler Präferenzen unterstellt, daß jedes Individuum in der Lage ist, verschiedene Zustände gegeneinander abzuwägen und diese Zustände in einer Rangfolge gemäß dem von ihnen jeweils erzeugten Nutzen zu ordnen. Es wird hierbei jedoch nicht erwartet, daß ein Individuum auch Nutzenintensitäten angeben kann, wie sie zum Beispiel in der Aussage "Der neue Zustand ist mir doppelt so lieb wie der alte" implizit enthalten wären (siehe Kapitel 3).

Summe der MZBs der Gewinner geringer ist als die Summe der MEFs der Verlierer. Ist die Summe der individuellen Kompensierenden Variationen gleich null, so ist die Gesellschaft nach dem Kaldor-Hicks-Kriterium gegenüber dem fraglichen Projekt indifferent.

In analoger Weise kann das Kaldor-Hicks-Kriterium auch auf der Basis der Hicksschen Äquivalenten Variation definiert werden. Dann impliziert das Kaldor-Hicks-Kriterium eine Gegenüberstellung der Geldbeträge, die man den potentiellen Gewinnern eines Projekts mindestens geben müßte, um sie für einen Verzicht auf die Realisierung dieses Projekts zu kompensieren, und der Geldbeträge, welche die potentiellen Verlierer für die Verhinderung des Projekts maximal zu zahlen bereit wären. Obwohl beide Formen des Kaldor-Hicks-Kriteriums aus theoretischer Sicht äquivalent sind, ist die auf der Kompensierenden Variation basierende Version des Kaldor-Hicks-Kriteriums in der praktischen Anwendung, vor allem wohl wegen ihrer größeren Anschaulichkeit, weitaus populärer.

Dem Vorteil der intuitiven Anschaulichkeit des Kaldor-Hicks-Kriteriums stehen aus theoretischer Sicht jedoch einige gravierende Nachteile gegenüber. So wiesen Scitovsky (1941) und Boadway (1974) auf theoretische Inkonsistenzen hin, die bei stark unterschiedlichen Präferenzen der betroffenen Individuen auftreten können. Ferner darf nicht übersehen werden, daß die dem Kriterium gedanklich zugrundeliegenden Kompensationszahlungen nicht tatsächlich geleistet werden, so daß de facto keine pareto-verbessernde oder pareto-verschlechternde Situation herbeigeführt wird. Vielmehr erzeugt das fragliche Projekt in der Realität Gewinner und Verlierer, so daß das Kaldor-Hicks-Kriterium letztlich die Nutzenzuwächse der Gewinner gegen die Nutzeneinbußen der Verlierer aufrechnet und damit interpersonelle Nutzenvergleiche durchführt. Dies ist jedoch nur im Rahmen der kardinalen Nutzentheorie zulässig, weshalb das Kaldor-Hicks-Kriterium letztlich eine Abkehr von der ordinalen Nutzentheorie bedeutet. Darüber hinaus sind in diesem scheinbar so harmlosen und "objektiven" Wohlfahrtskriterium implizit bereits gesellschaftliche Werturteile enthalten.

Trotz dieser theoretischen Einwände erfreut sich das Kaldor-Hicks-Kriterium gerade in der praktischen Anwendung größter Beliebtheit. Aus diesem Grund werden auch wir den folgenden Überlegungen das Kaldor-Hicks-Kriterium als gesellschaftliches Entscheidungskriterium zugrunde legen. Um eine konkrete umweltpolitische Maßnahme mit Hilfe dieses Kriteriums auf ihre gesellschaftliche Vorteilhaftigkeit zu überprüfen, müßte zunächst, je nachdem, für welche Version des Kaldor-Hicks-Kriteriums man sich entscheidet, entweder die Kompensierende oder die Äquivalente Variation für alle betroffenen Bürger empirisch bestimmt werden. Natürlich ist eine solche Vorgehensweise in der Praxis gar nicht denkbar. Statt dessen ermittelt man die CVs oder aber die EVs für eine repräsentative Auswahl der betroffenen Bürger und rechnet diese

Stichprobe dann auf die betroffene Haushaltsgruppe hoch. Voraussetzung für die Entscheidung über die gesellschaftliche Vorteilhaftigkeit einer umweltpolitischen Maßnahme ist in jedem Fall die empirische Berechnung der individuellen CVs oder EVs. Im folgenden werden wir uns ausführlicher mit den bei der Bestimmung der Hicks-Maße auftretenden Meßproblemen befassen.

6.3 Die Gesamtbewertung umweltpolitischer Projekte

Das entscheidende Kriterium für die gesellschaftliche Vorteilhaftigkeit eines staatlichen Umweltprojekts ist seine Wirkung auf das Wohlbefinden der einzelnen Bürger. Um eine unter theoretischen Gesichtspunkten exakte Bewertung staatlicher Umweltprojekte durchzuführen, müßte man streng genommen für jeden der potentiell betroffenen Bürger die Kompensierende beziehungsweise Äquivalente Variation berechnen. Natürlich wäre es viel zu aufwendig, die CV oder die EV für eine repräsentative Stichprobe von Haushalten zu berechnen und dann auf die Gesamtheit aller Haushalte hochzurechnen. Im nächsten Schritt werden dann, wie wir gesehen haben, die individuellen Nutzenänderungen mit Hilfe des Hicks-Kaldor-Kriteriums zu der als Summe der individuellen Kompensierenden oder Äquivalenten Variationen definierten gesellschaftlichen Wohlfahrtsänderung aggregiert. Während dieser Aggregationsschritt letztlich nur aus einer einfachen Rechenoperation besteht, liegt die eigentliche empirische Aufgabe bei der Bewertung von Umweltgütern offensichtlich in der Ermittlung der individuellen Nutzenänderungen.

6.3.1 Exakte Wohlfahrtsanalysen im Umweltbereich

Wie wir gesehen haben, läßt sich die Gesamtwirkung eines Umweltprojekts auf den Nutzen eines Individuums auf unterschiedliche Effekte zurückführen. Obwohl ein solches Projekt eigentlich auf eine Erhöhung der Umweltqualität ausgerichtet ist, kann es entweder zufällig oder gezielt die für ein Individuum relevanten Preise und sein Einkommen verändern. Die Messung dieser unterschiedlichen Effekte eines Umweltprojekts auf den individuellen Nutzen kann im allgemeinen nicht mit ein und demselben Verfahren erfolgen, so daß eine Zerlegbarkeit des verwendeten Wohlfahrtsmaßes wünschenswert ist.

Vor allem für die Messung von Marktgütereffekten sind die sogenannten indirekten Verfahren der Präferenzerfassung zur Bestimmung der Hicks-Maße am besten geeignet. Bei diesen Techniken wird von dem beobachteten Konsumverhalten eines Individuums auf seine Präferenzen für die konsumierten Güter geschlossen. Während ein solches Verfahren bei Gütern, die auf Märkten gehandelt werden, aufgrund der objektiv nachvollziehbaren Transaktionen relativ einfach einsetzbar ist, sind die Anwendungsmöglichkeiten im Bereich der Umweltgüter eingeschränkt. So ist zwar der "Konsum" eines Badesees empirisch noch einigermaßen meß- und beobachtbar, da er mit eigenen Aktivitäten des betreffenden Individuums verbunden ist. Welchen Wert aber ein Bürger auf die Existenz der Regenwälder legt, kann anhand objektiver Tatbestände nicht beobachtet werden. Daher ist man hier auf die mit wesentlich größeren empirischen Risiken behafteten sogenannten direkten Verfahren der Wohlfahrtsmessung angewiesen. Diese Verfahren sind im allgemeinen als Interviewmethoden ausgestaltet, wodurch die Gefahr einer bewußten Beeinflussung des Untersuchungsergebnisses durch die befragten Bürger gegeben ist.

Wegen der unterschiedlichen Anwendbarkeit und Exaktheit der verschiedenen Methoden zur Wohlfahrtsmessung kommt es uns sehr entgegen, daß die beiden Hicks-Maße jeweils als Summe der Marktpreis-, Einkommens- und Umwelteffekte dargestellt werden können. Aufgrund dieser Eigenschaften (siehe Kapitel 8) können die verschiedenen Wohlfahrtseffekte eines Umweltprojekts getrennt voneinander mit dem jeweils am besten geeigneten Verfahren empirisch ermittelt und dann zur Berechnung eines der Hicks-Maße summiert werden. Für die wohlfahrtstheoretische Beurteilung der von einem Umweltprojekt hervorgerufenen Marktpreiseffekte und für einige wenige Umwelteffekte wird man sich der theoretisch vorteilhaften indirekten Methoden bedienen, während man bei der Bewertung eines Großteils der Umwelteffekte auf die direkten Verfahren zurückgreifen muß. Einkommensänderungen gehen aufgrund der speziellen Normierung der beiden Hicks-Maße, die Nutzenänderungen in Geldeinheiten messen, unmittelbar und unverändert in die Summe der Einzeleffekte ein.

Bezeichnet man die Gesamt-CV eines Haushalts h für ein Umweltprojekt mit CV_h^{0k} und die CV einer reinen Marktpreisänderung (bei Konstanz aller übrigen Parameter) mit CVP_h^{0k} sowie die durch Umweltqualitätsänderungen bedingte Teil-CV mit CVZ_h^{0k}, so kann die Kompensierende Variation eines Haushalts h nach

(6.1) $\qquad CV_h^{0k} = CVP_h^{0k} + I_h^k - I_h^0 + CVZ_h^{0k}$

in ihre Einzeleffekte zerlegt werden, wobei die Variablen I_h^0 und I_h^k wieder das Einkommen des Haushalts h vor und nach Durchführung des fraglichen Umweltprojekts symbolisieren. Eine analoge Aufspaltung kann natürlich auch für die Äquivalente Variation vorgenommen werden.

6.3.2 Pragmatische Ansätze zur Bewertung von Umweltprojekten

Die exakte wohlfahrtstheoretische Bewertung eines Umweltprojekts mittels aggregierter Hicks-Maße basiert, wie gezeigt wurde, auf der Ermittlung eines individuellen Hicks-Maßes für jeden einzelnen Haushalt einer Zufallsstichprobe, wobei für jeden dieser Haushalte die Einzel-CVs beziehungsweise -EVs für die Marktpreis-, Einkommens- und Umwelteffekte bestimmt werden. Allerdings ist der statistisch-ökonometrische Aufwand, der alleine für die Bestimmung der Marktpreiseffekte CVP getrieben werden muß, enorm, da er unter anderem die ökonometrische Schätzung sämtlicher Marktnachfragefunktionen aller Haushalte einer Stichprobe umfaßt. Um die mit der ökonomischen Bewertung von Umweltprojekten verbundenen Kosten in Grenzen zu halten, sucht man insbesondere bei kleineren Projekten von eher lokaler Bedeutung nach einfacheren und damit kostengünstigeren Varianten der exakten Wohlfahrtsanalyse, die häufig unter dem Sammelbegriff Nutzen-Kosten-Analyse subsumiert werden. Wegen der unmittelbaren Analogie zwischen Kompensierender und Äquivalenter Variation werden wir uns bei den folgenden Überlegungen ausschließlich auf die Kompensierende Variation konzentrieren.

Betrachtet man die Zerlegung der Kompensierenden Variation gemäß (6.1), so sieht man, daß die von einem Umweltprojekt verursachten Wohlfahrtseffekte im wesentlichen in zwei Kategorien zerfallen. Zum einen haben wir die Einkommens- und Marktpreisänderungen, die zu Änderungen des Marktgüterkonsums führen und so den von einem Individuum empfundenen Nutzen beeinflussen. Zum andern wirken sich auch die von einem Umweltprojekt ausgelösten Änderungen der Umweltqualität auf die Höhe des von einem Individuum realisierten Nutzenniveaus aus.

Wie erwähnt, setzt die exakte Ermittlung der durch die Reaktionen des Marktgüterkonsums bewirkten Nutzenänderungen die ökonometrische Schätzung der individuellen Nachfragesysteme voraus und ist somit sehr aufwendig. Daher beschränkt man sich in vielen vereinfachten Nutzen-Kosten-Analysen auf die Ermittlung zweier Punkte der Nachfragefunktionen eines Konsumenten, nämlich auf die Bestimmung seines ursprünglichen Konsumgüterbündels x_h^0, das ja objektiv beobachtbar ist, und die Schätzung des nach Durchführung des fraglichen Umweltprojekts konsumierten neuen Güterbündels x_h^k. Handelt es sich um eine Ex-post-Analyse, so sind beide Konsumgüterbündel objektiv beobachtbar, und die ökonometrische Abschätzung des Nachfrageverhaltens entfällt völlig.

Um die aus der Änderung des Marktgüterkonsums resultierenden Nutzeneffekte zu erfassen, wird in Nutzen-Kosten-Analysen häufig einfach die Änderung der individuellen Konsumgütermengen mit dem (neuen) Marktgüterpreis multipliziert. Damit wird der entsprechende Nutzeneffekt durch den Geldbetrag $p^k[x_h^k - x_h^0]$ gemessen. Diese Vorgehensweise rechtfertigt sich aus der

Tatsache, daß die im Vektor p^k zusammengefaßten Preise die monetarisierten Grenznutzen der betreffenden Marktgüter nach Durchführung des fraglichen Umweltprojekts darstellen. Da es in dem einfachen komparativ-statischen Haushaltsmodell keine Ersparnis gibt, sind die Güterausgaben $p^k x_h^k$ gleich dem Einkommen I_h^k des Haushalts h. Damit ist $p^k[x_h^k - x_h^0]$ gleich dem Geldbetrag $[I_h^k - p^k x_h^0]$, den der Haushalt nach Durchführung des Umweltprojekts abgeben könnte, oder zusätzlich erhalten müßte, damit er bei den neuen Preisen p^k wieder sein ursprüngliches Güterbündel x_h^0 konsumieren kann. Im Anhang (siehe Kapitel 8) wird gezeigt, daß es sich hierbei um eine lineare Approximation der exakten Kompensierenden Variation CVP und damit desjenigen Geldbetrags handelt, den der Haushalt nach den projektbedingten Preis-Einkommen-Änderungen aufgeben könnte beziehungsweise erhalten müßte, um bei den neuen Preisen wieder das alte Nutzenniveau zu realisieren.

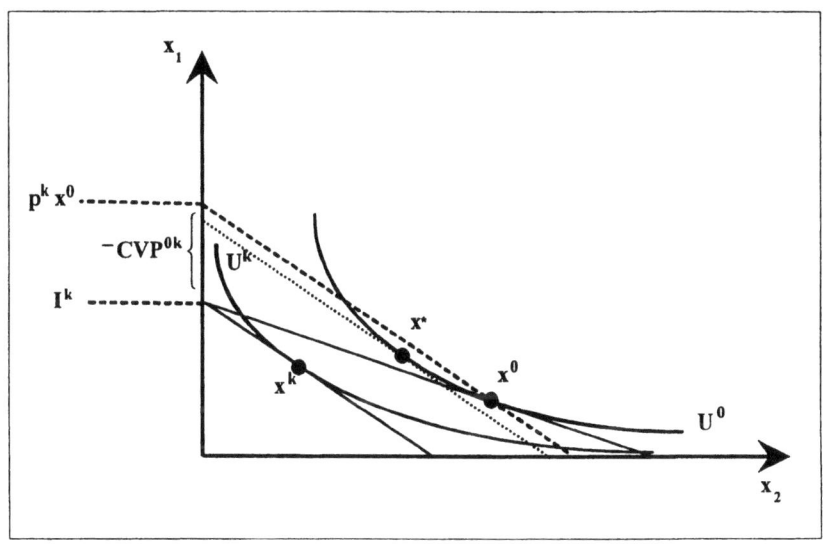

Abbildung 6.3

In Abbildung 6.3 ist der Unterschied zwischen der exakten Kompensierenden Variation CVP einerseits und dem Approximationsbetrag $p^k[x^k - x^0] = I^k - p^k x^0$ andererseits für den Fall einer Ökosteuer auf Gut 2 dargestellt.[5] Man sieht, daß der in der Nutzen-Kosten-Analyse verwendete Approximationsbetrag den "wahren" monetären Gegenwert CVP des Nutzenverlusts $[U^k - U^0]$ überschätzt.

---

[5] Auf die Verwendung des Haushaltsindexes h wird in Abbildung 6.3 verzichtet.

Der Grund hierfür ist, daß der Haushalt bei den neuen Preisen zur Realisierung des ursprünglichen Nutzenniveaus nicht wieder das Güterbündel x^0 konsumieren würde, sondern statt dessen das Güterbündel x^*, das weniger als $p^k x^0$ Geldeinheiten kostet. Diese Substitutionsmöglichkeit wird bei der linearen Approximation der CV, aus der die Nutzen-Kosten-Formel (6.2) entsteht, schlicht und einfach "übersehen".

Wie bei den Marktgütereffekten eines Umweltprojekts mißt die Nutzen-Kosten-Analyse die Umwelteffekte CVZ durch die mit den persönlichen Schattenpreisen π_h^0 des Haushalts h bewertete Differenz $[z^k - z^0]$ der Mengen beziehungsweise der Qualitäten der Umweltgüter. Der Schattenpreis eines Umweltgutes ist der monetäre Gegenwert seines Grenznutzens. Damit wird die in vielen praktischen Nutzen-Kosten-Analysen verwendete individuelle Nutzen-Kosten-Formel für einen Haushalt h zu

(6.2) $\qquad NK_h^{0k} = p^k \cdot [x_h^k - x_h^0] + \pi_h^0 \cdot [z^k - z^0]$.

Dieser Ausdruck ist, wie in Kapitel 8 gezeigt wird, eine Approximation erster Ordnung und damit eine sehr ungenaue Approximation der Hicksschen Kompensierenden Variation. Andererseits bedeutet die Nutzen-Kosten-Formel (6.2) insbesondere im Hinblick auf die Bestimmung der von einem Umweltprojekt verursachten Marktpreis- und Einkommenseffekte eine erhebliche Vereinfachung des statistisch-ökonometrischen Aufwands. Dies gilt jedoch nicht für die vom Projekt hervorgerufenen Umwelteffekte, da Umweltgüter nicht auf Märkten gehandelt werden und ihre Schattenpreise π_h somit empirisch nicht beobachtbar sind. Zur Bestimmung der individuellen Schattenpreise müssen daher dieselben Verfahren verwendet werden wie bei einer exakten Wohlfahrtsanalyse.

Um die gesellschaftliche Vorteilhaftigkeit des fraglichen Umweltprojekts auf der Grundlage des Kaldor-Hicks-Kriteriums zu überprüfen, müssen die individuellen Nutzen-Kosten-Änderungen NK_h^{0k} gemäß (6.2) für alle betroffenen Individuen h addiert werden. Voraussetzung hierfür ist, daß die Änderungen des individuellen Marktgüterkonsums und die individuellen Umweltschattenpreise für alle Haushalte bekannt sind. Die Ermittlung dieser Größen erfordert jedoch trotz aller bereits vorgenommenen Vereinfachungen einen beträchtlichen Aufwand, der in der Praxis aus Kostengründen oft gescheut wird. Daher definiert man für die Umweltgüter häufig sogenannte gesellschaftliche oder soziale Schattenpreise π, die gemäß der Samuelson-Regel als Summe der individuellen Schattenpreise interpretiert werden. Die Festlegung dieser aggregierten Schattenpreise durch den jeweiligen Nutzen-Kosten-Analytiker ist natürlich mit einem nicht unwesentlichen Maß an Willkür verbunden.

Um sich die empirische Bestimmung der individuellen Marktnachfrageänderungen zu ersparen, behilft man sich in der Praxis häufig mit einer gedanklichen Hilfskonstruktion. Man unterstellt, daß der Einsatz knapper volkswirtschaftlicher Ressourcen bei der Durchführung des betrachteten Umweltprojekts zu einer Verminderung des Marktgüterkonsums führt, da diese Ressourcen an anderer Stelle der betrachteten Ökonomie aus der Marktgüterproduktion abgezogen werden. Es wird also von einer Art Crowding-out auf den entsprechenden Faktormärkten infolge der zusätzlichen staatlichen Inputnachfrage ausgegangen. Unterstellt man ferner, daß die Preise q^k der bei einem Umweltprojekt eingesetzten Inputs y^k gleich ihren (potentiellen) Wertgrenzprodukten bei der Produktion von Marktgütern sind, so kann die Summe der individuellen Gütereffekte dieses Umweltprojekts durch die von ihm verursachten Inputkosten $q^k \cdot y^k$ ausgedrückt werden.

Erst an dieser Stelle wird die bisherige Analyse, die den durch ein Umweltprojekt erzeugten Nutzenerhöhungen die an anderer Stelle der Ökonomie verursachten Nutzenverminderungen gegenüberstellt und somit eine Art Nutzen-Nutzen-Analyse ist, zur eigentlichen Nutzen-Kosten-Analyse, die diese Nutzenverminderungen durch die Inputkosten des betrachteten Projekts mißt. Der Vorteil dieses Vorgehens ist offensichtlich: Statt bei jedem potentiell von einem Projekt betroffenen Haushalt die individuellen Konsumänderungen zu erfassen, kann hier sozusagen "am Projekt" gemessen werden, wobei man letztlich nur die eingegangenen Rechnungen für die eingesetzten Produktionsfaktoren addieren muß. Dadurch wird der mit einer Nutzen-Kosten-Analyse verbundene Erhebungsaufwand erheblich vermindert. Bewirkt ein Umweltprojekt auch Verbesserungen des Marktgüterkonsums, so werden diese als negative Inputmengen behandelt und ebenfalls am Projekt selbst und nicht bei den einzelnen Haushalten erfaßt.

Durch diese beiden Vereinfachungen, das heißt bei Verwendung sozialer Schattenpreise für Umweltgüter und bei Messung der Marktgütereffekte durch die Inputkosten eines Umweltprojekts, erhält man durch Summieren der individuellen Nutzen-Kosten-Differenzen (6.2) die einfachste Version einer gesellschaftlichen Nutzen-Kosten-Formel

(6.3) $\quad NK^{0k} = \pi \cdot [z^k - z^0] - q^k \cdot y^k$.

Diese Formel entstand aus der unter wohlfahrtstheoretischen Aspekten exakten Hicksschen Kompensierenden Variation dadurch, daß man zunächst die individuellen CVs linear approximiert hat, um so die individuelle Nutzen-Kosten-Formel (6.2) zu erhalten. Dann wurde unterstellt, daß die von einem Projekt verursachten Umwelteffekte durch die Verwendung sozialer Schattenpreise erfaßt und so in Kategorien gesellschaftlicher Wohlfahrt überführt werden können. Schließlich wurde angenommen, die Inputkosten des betreffenden Umweltprojekts beschrieben den durch entgangenen Marktgüterkonsum entstandenen Nutzenverlust hinreichend genau, weshalb letztlich auf eine explizite Berücksichtigung der von einem Umweltprojekt betroffenen Haushalte vollständig verzichtet werden kann.

Sicherlich stellt Version (6.3) eine extreme Form der Nutzen-Kosten-Analyse dar, die durchaus nicht immer zum Einsatz kommt. Aber auch weniger radikale Versionen wie die häufig praktizierte explizite Berechnung der aufsummierten individuellen Nutzen-Kosten-Formeln (6.2) implizieren als lineare Approximationen der Hicksschen Kompensierenden Variation im Vergleich zu dieser doch erhebliche Einbußen an theoretischer Exaktheit. Nichtsdestotrotz finden diese Formen der Nutzen-Kosten-Analyse in der Praxis aus Kostengründen häufig Anwendung.

7. DIE ÖKONOMISCHE BEWERTUNG VON UMWELTSCHUTZ
Eine detaillierte Analyse

Im letzten Kapitel wurde deutlich, daß staatliche Umweltschutzmaßnahmen alle den Nutzen eines Individuums determinierenden Größen, also die Güterpreise und das Einkommen ebenso wie die Umweltqualität beeinflussen können. Es wurde ferner erläutert, daß eine wohlfahrtstheoretische Bewertung der verschiedenen Parameteränderungen sinnvollerweise mit unterschiedlichen Verfahren durchgeführt werden sollte.

In diesem Kapitel befassen wir uns nun mit der Bewertung der einzelnen Effekte umweltpolitischer Maßnahmen des Staates. Dabei kommt es uns entgegen, daß die Hickssche Kompensierende Variation und analog die Äquivalente Variation in Teilmaße zerlegt werden kann, die sich jeweils auf die einzelnen Parameteränderungen beziehen. Da wir uns im weiteren ausschließlich mit verschiedenen Methoden zur Bestimmung individueller Wohlfahrtsänderungen beschäftigen, können wir fortan auf die Verwendung des Haushaltsindexes h verzichten, so daß die Zerlegung (6.1) zu

(7.1) $\quad CV^{0k} = CVP^{0k} + CVZ^{0k} + I^k - I^0$

wird.

Aufgrund der Einkommensnormierung der Hicks-Maße ist die Kompensierende Variation einer reinen Einkommensänderung trivialerweise durch die Differenz zwischen neuem und altem Einkommen gegeben. Aus empirischer Sicht ist somit nur noch die Bestimmung der Kompensierenden Variation von Marktpreisänderungen CVP und von Umweltqualitätsänderungen CVZ von Interesse. Mit diesen beiden Teilmaßen wollen wir uns im folgenden näher beschäftigen. Wegen der formalen und inhaltlichen Analogie zwischen der Äquivalenten und der Kompensierenden Variation kann auf eine explizite Erwähnung der Äquivalenten Variation an vielen Stellen der folgenden Betrachtungen verzichtet werden.

7.1 Die Bewertung von Marktpreiseffekten

Der Einsatz marktwirtschaftlicher Instrumente der Umweltpolitik wie Ökosteuern oder Umweltzertifikate verteuert letztlich immer diejenigen Konsumgüter, deren Produktion belastet wurde. Die aus dieser Verteuerung resultierende Wohlfahrtswirkung des marktwirtschaftlichen Instrumenteinsatzes kann daher mit der preisbezogenen Teil-CV, hiermit mit CVP gemessen werden. Wir werden uns zunächst der empirischen Bestimmung der CVP im komparativ-statischen Kontext zuwenden. Danach gehen wir kurz auf intertemporale Aspekte der Wohlfahrtsmessung und auf die Einbeziehung von Unsicherheit ein.

7.1.1 Komparativ-statische Analysen

Die Kompensierende Variation einer beispielsweise durch die Erhebung einer Ökosteuer bedingten Preiserhöhung ist gleich demjenigen Geldbetrag, den man einem Individuum nach der Steuererhebung mindestens geben müßte, damit es trotz gestiegener Preise wieder sein ursprüngliches Nutzenniveau realisieren kann (siehe Kapitel 6).

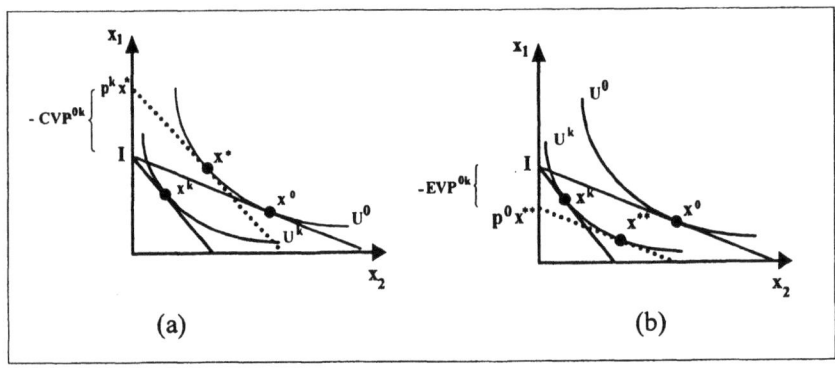

Abbildung 7.1

In Abbildung 7.1(a) ist für ein vereinfachtes Zwei-Güter-Modell eine Ökosteuer auf Gut 2 dargestellt. Bei konstantem Einkommen I führt diese Steuer zu einer Drehung der Budgetgerade zum Ursprung, so daß der Haushalt statt des ursprünglichen Nutzenniveaus U^0 nur noch das geringere Nutzenniveau U^k realisieren kann. Will man dem Haushalt die Möglichkeit geben, trotz der Verteuerung von Gut 2 wieder das ursprüngliche Nutzenniveau U^0 zu erreichen, so muß man ihn mindestens mit dem Einkommen $p^k x^*$ ausstatten, das es ihm bei den neuen Preisen p^k ermöglicht, das Güterbündel x^* auf der ursprünglichen Indifferenzkurve U^0 kaufen kann. Die Kompensierende Variation CVP ist in diesem

Fall gleich der Differenz $[I - p^k x^*]$ und entsprechend der Nutzenänderung negativ.

Da das Einkommen I bekannt ist, reduziert sich das empirische Problem der Berechnung der Kompensierenden Variation auf die Bestimmung des fiktiven Einkommens $p^k x^*$ und hier wiederum auf die Ermittlung des fiktiven Güterbündels x^*. Dieses Güterbündel würde der betrachtete Haushalt konsumieren, wenn er in der neuen Situation einen Einkommenstransfer in Höhe seiner Kompensierenden Variation CVP erhielte. Aufgrund des hypothetischen Charakters dieses Einkommenstransfers ist das Güterbündel x^* empirisch jedoch nicht beobachtbar.

Zur Prognose des Nachfrageverhaltens eines Konsumenten in hypothetischen Situationen wird üblicherweise sein sogenanntes Marshallsches Nachfragesystem

(7.2) $x = x(p,z,I)$

ökonometrisch geschätzt. Dabei wird beispielsweise im Fall einer Längsschnittanalyse über einen längeren Zeitraum hinweg für den betreffenden Haushalt notiert, welche Gütermengen er bei variierenden Preisen, Einkommen und, falls bestimmbar, Umweltgütermengen nachfragt. Auf der Basis dieser Daten, die alle objektiv beobachtbar sind, wird dann unter Verwendung entsprechender statistisch-ökonometrischer Methoden ein funktionaler Zusammenhang zwischen den vom Haushalt nachgefragten Marktgütermengen x einerseits und den Parametern p, I und z andererseits hergestellt. Mit Hilfe der Nachfragefunktionen vom Typ (7.2) kann dann das Nachfrageverhalten des Konsumenten auch für Situationen, die bisher noch nicht beobachtet wurden, prognostiziert werden.

Unglücklicherweise hilft uns das Marshall-Nachfragesystem (7.2) bei der Bestimmung des fiktiven Güterbündels x^* jedoch nicht weiter, da das bei den Preisen p^k zum Kauf notwendige Einkommen unbekannt ist. Statt dessen ist das Güterbündel x^* hier durch die Preise p^k, die Umweltgütermengen z und das Nutzenniveau U^0 determiniert. Um x^* auf dieser Informationsbasis zu berechnen, müßte das sogenannte Hicks-Nachfragesystem

(7.3) $x = \xi(p,z,U)$

des betreffenden Haushalts ermittelbar sein. Dieses Nachfragesystem gibt, wie aus (7.3) deutlich wird, die von einem Individuum nachgefragten Marktgütermengen als Funktionen der Preise p, der Umweltgütermengen z und des jeweils realisierten Nutzenniveaus U an. Da der Nutzen eines Individuums empirisch jedoch nicht beobachtbar ist, kann das Hicks-Nachfragesystem mit ökonometrischen Methoden nicht bestimmt werden. Seine Bedeutung ist somit rein theoretischer Natur. Für der Auffindung des Güterbündels x* bietet es jedoch keine Hilfe.

Ein ähnliches Problem stellt sich bei der empirischen Berechnung der in Abbildung 7.1(b) dargestellten Äquivalenten Variation für ein Ökosteuerprogramm. Hier ergibt sich die auf die fragliche Preiserhöhung bezogene Äquivalente Variation EVP als (das Negative der) Differenz zwischen dem tatsächlichen Einkommen I und dem fiktiven Einkommen $p^0 x^{**}$, das der Haushalt mindestens benötigte, um bei den ursprünglichen Preisen p^0, und damit ohne Erhebung der Ökosteuer auf Gut 2, das neue (niedrigere) Nutzenniveau U^k zu realisieren. Auch hier scheitert die empirische Berechnung der Äquivalenten Variation an der Unmöglichkeit, das fiktive Güterbündel x** zu bestimmen.

Vor diesem auf den ersten Blick entmutigenden Hintergrund haben sich zwei Wege zur empirischen Berechnung der Kompensierenden Variation von Preisänderungen herausgebildet. Der erste und noch immer populärste Weg besteht darin, daß man eine konkrete funktionale Form für die Nutzenfunktion eines Individuums annimmt, aus dieser das dazu passende Marshall-Nachfragesystem mathematisch ableitet und dann die entsprechenden Parameter dieses Nachfragesystems auf der Basis empirischer Preis-, Einkommens- und gegebenenfalls Umweltdaten ökonometrisch schätzt. Mit Hilfe dieser Parameter läßt sich dann die Kompensierende Variation für konkrete umweltpolitische Maßnahmen berechnen.

Dieses Verfahren hat den entscheidenden Nachteil, daß es auf der letztlich willkürlichen A-priori-Spezifikation einer konkreten Nutzenfunktion des betrachteten Individuums und damit auf der Unterstellung einer konkreten Präferenzordnung beruht. Da es aber gerade die Präferenzen eines Individuums sind, die man mit Hilfe einer solchen Wohlfahrtsanalyse ermitteln will, läuft dieses Vorgehen der eigentlichen Intention der Wohlfahrtsmessung entgegen. Aus diesem Grunde ist das hier beschriebene Verfahren trotz seiner erstaunlichen Popularität äußerst unbefriedigend.

Begünstigt durch die Verbesserung der Leistungsfähigkeit moderner Computer wurde von Vartia (1983) und McKenzie und Ulph (1986) ein zur oben vorgestellten traditionellen Methode alternatives Verfahren entwickelt, das ohne A-priori-Spezifikation einer konkreten Nutzenfunktion eines Individuums auskommt und daher wesentlich stärker an den empirisch beobachtbaren Daten orientiert ist. Ausgangspunkt dieses Verfahrens ist die in Kapitel 8 genauer erläuterte Tatsache, daß die Kompensierende Variation CVP als Integral über die oben erläuterten Hicks-Nachfragefunktionen für das ursprüngliche Nutzenniveau U^0 zwischen den neuen und den alten Preisen dargestellt werden kann. Somit gilt allgemein

(7.4) $$CVP^{0k} = - \int_{p^0}^{p^k} \xi(p, z, U^0) \, dp \ .$$

Analog kann die Äquivalente Variation einer Marktpreiserhöhung als Integral über die Hicks-Nachfragefunktionen für das neue Nutzenniveau U^k

(7.5) $$EVP^{0k} = - \int_{p^0}^{p^k} \xi(p, z, U^k) \, dp$$

ausgedrückt werden. In Abbildung 7.2 sind die Kompensierende und die Äquivalente Variation für den Spezialfall einer isolierten Ökosteuer auf Gut 2 dargestellt.

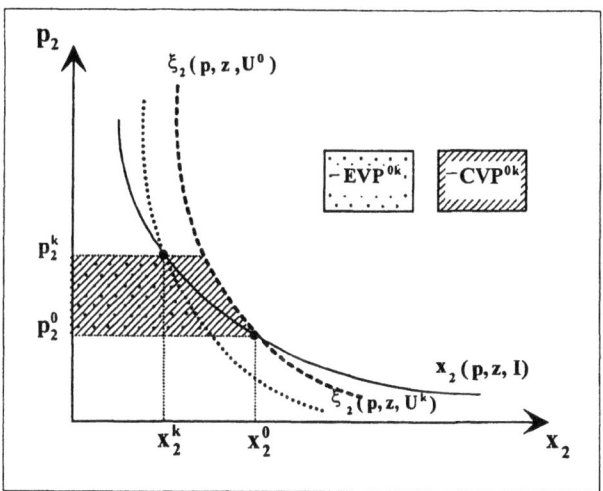

Abbildung 7.2

Wie Abbildung 7.2 zeigt, hat jede der beiden empirisch nicht beobachtbaren Hicks-Nachfragefunktionen $\xi(p,z,U)$ mit der empirisch beobachtbaren Marshall-Nachfragefunktion $x(p,z,I)$ jeweils einen Punkt gemeinsam: Die Hicks-Nachfragefunktion $\xi(p,z,U^0)$ für das ursprüngliche Nutzenniveau schneidet die Marshall-Nachfragefunktion im ursprünglichen Haushaltsgleichgewicht $[p^0, x^0]$; die Hicks-Nachfragefunktion $\xi(p,z,U^k)$ für das neue Nutzenniveau die

Marshall-Nachfragefunktion im neuen Gleichgewicht $[p^k,x^k]$. Das auf Vartia (1983) zurückgehende und von McKenzie und Ulph (1986) sowie Breslaw und Smith (1995a) verbesserte Berechnungsverfahren beruht auf der Idee, statt entlang der nichtbeobachtbaren Hicks-Nachfragefunktion entlang der empirisch beobachtbaren Marshall-Nachfragefunktion zu integrieren.

Bei größeren Preisänderungen hätte dieses Vorgehen natürlich beträchtliche Abweichungen von der "wahren" CVP bzw. EVP zur Folge.[1] Daher ist es für eine sinnvolle Anwendung dieses Verfahrens notwendig, die Preisänderung von p^0 nach p^k in eine möglichst große Anzahl kleiner Zwischenschritte zu zerlegen. So gilt beispielsweise für die Berechnung der Kompensierenden Variation, daß für jeden zwischen p^0 und p^k gelegenen Preis p^* wieder eine Marshall-Nachfragefunktion $x(p,z,I^*)$ für ein entsprechend adjustiertes Einkommen I^* existiert, welche die Hicks-Nachfragefunktion $\xi(p,z,U^0)$ an der Stelle p^* schneidet. Zur Berechnung der CV integriert man nun zunächst in den Grenzen zwischen p^0 und p^* entlang der Marshall-Nachfragefunktion $x(p,z,I)$ und dann in den Grenzen zwischen p^* und p^k entlang der Marshall-Nachfragefunktion $x(p,z,I^*)$. Je mehr solcher Zwischenschritte man bei diesem iterativen Integrationsprozeß zwischen p^0 und p^k einlegt, um so exakter ist das Verfahren. Geht die Anzahl der Zwischenschritte gegen unendlich, so konvergiert das Ergebnis gegen das Integral über die als explizite Funktion gar nicht bekannte Hicks-Nachfragefunktion $\xi(p,z,U^0)$ in den Grenzen zwischen p^0 und p^k (für eine ausführlichere Darstellung dieser hier nur knapp umrissenen Vorgehensweise siehe McKenzie und Ulph 1986).

Der entscheidende Vorteil dieser Berechnungsmethode im Vergleich zum traditionellen Verfahren besteht darin, daß auf die willkürliche Postulierung einer konkreten Nutzenfunktion des betrachteten Individuums vollständig verzichtet werden kann. Dadurch entfällt die beim traditionellen Verfahren implizit immer vorhandene unnötige Einschränkung der Analyse, so daß eine stärkere Orientierung an den tatsächlich vorgefundenen Nachfragedaten im Rahmen flexibler funktionaler Formen für das Nachfragesystem des jeweils untersuchten Individuums möglich wird.

Es ist also eine quasi-exakte numerische Berechnung der beiden Hicks-Maße für den Fall umweltpolitisch bedingter Marktpreiserhöhungen auf der Basis der empirisch beobachtbaren Marshall-Nachfragefunktionen möglich. Bei aller Euphorie sollte aber nicht übersehen werden, daß die ökonometrische Schätzung kompletter Marshall-Nachfragesysteme, die jetzt im Gegensatz zu

---

[1] Eine Integration der Marshall-Nachfragefunktionen in den Grenzen zwischen p^0 und p^k entspräche der Berechnung des traditionellen Marshall-Maßes. Unter ökonomisch halbwegs plausiblen Annahmen ist das entsprechende Integral jedoch nicht pfadunabhängig und damit nicht eindeutig bestimmt, so daß dieses Maß als zuverlässiger Wohlfahrtsindikator nicht in Frage kommt (siehe Ahlheim und Rose 1992).

der zuvor besprochenen Nutzen-Kosten-Analyse notwendig ist, sehr aufwendig und damit im allgemeinen auch sehr teuer ist.

7.1.2 Intertemporale Aspekte

Unsere bisherigen Überlegungen gelten für eine Welt ohne explizite Berücksichtigung der Zeit und damit nur für komparativ-statische Analysen. Gerade im Bereich der Umweltpolitik werden staatliche Maßnahmen jedoch häufig in mehreren Stufen über verschiedene Zeitperioden beispielsweise Jahre hinweg durchgeführt, wobei sich zwei Maßnahmen trotz gleicher Endzustände durch unterschiedliche Anpassungspfade unterscheiden können. So können verschiedene Vorschläge für die Durchführung einer ökologischen Steuerreform mit unterschiedlichen zeitlichen Strukturen der Tarifanpassung verbunden sein, selbst wenn sie zu gleichen Endpreisen führen. Trotz der gleichen Endtarife ist es für den Haushalt allerdings von Bedeutung, in welcher zeitlichen Abfolge die einzelnen Güter verteuert werden, da sich mit diesen Preisänderungen unmittelbar die Zusammensetzung der von ihm in den einzelnen Perioden konsumierten Marktgüterbündel ändert. So wird es von einem Individuum im allgemeinen durchaus als Unterschied empfunden, ob es ein bestimmtes Gut heute oder erst in zehn Jahren konsumieren kann.

Üblicherweise wird davon ausgegangen, daß ein und dasselbe Gut heute um so geringer geschätzt wird, je weiter sein Konsum in der Zukunft liegt (für eine Erläuterung dieses Phänomens siehe Stephan 1988). Eine Berücksichtigung dieser Unterschiede bei der ökonomischen Bewertung umweltpolitischer Maßnahmen ist nur im Rahmen eines intertemporalen Modells mit expliziter Modellierung der Zeit möglich, wobei ein theoretisch sinnvolles Wohlfahrtsmaß auch unterschiedliche Anpassungsvorgänge erfassen und unter dem Nutzenaspekt bewerten muß. Unter empirischen Gesichtspunkten muß ein solches intertemporales Wohlfahrtsmaß genau wie ein komparativ-statisches Wohlfahrtsmaß natürlich auch auf der Grundlage beobachtbarer Daten berechenbar sein.

Um diese Problematik etwas näher zu untersuchen, betrachten wir ein einfaches intertemporales Entscheidungsproblem, bei dem ein Haushalt seinen Konsum unter vollkommener Voraussicht über insgesamt T Zeitperioden plant. Wir gehen davon aus, daß der betrachtete Haushalt bei seiner Entscheidung bereits die Einkommen und Preise für sämtliche Perioden des Planungszeitraums kennt, also durch rationale Erwartungen gekennzeichnet ist (siehe dazu Stephan 1995). Wir unterstellen ferner, daß der Haushalt zu einem einheitlichen Marktzinssatz Ersparnisse anlegen oder Kredite aufnehmen kann, so daß die zukünftigen Preise und Einkommen mit diesem Zinssatz auf den Planungszeitpunkt abgezinst werden können.

In die intertemporale Nutzenfunktion des betrachteten Individuums gehen für sämtliche Planungsperioden die von ihm konsumierten Marktgütermengen und die Umweltgütermengen ein. Seine direkte Nutzenfunktion U kann somit durch

(7.6) $U = u(\ [x_1,z_1],[x_2,z_2],\ldots,[x_T,z_T]\ )$

ausgedrückt werden, wobei $[x_t,z_t]$ der Vektor der in Periode $t = 1,2,\ldots,T$ konsumierten Markt- und Umweltgüter ist. Ändern sich infolge einer umweltpolitischen Maßnahme des Staates die in der Zukunft gültigen Preise, so auch auch der intertemporale Konsumplan des Haushalts im Vergleich zu dem Plan, den er ohne die betreffende umweltpolitische Maßnahme gewählt hätte. Damit geht der von ihm realisierte intertemporale Nutzen von U^0 auf U^k über.

Will man diese intertemporale Nutzenänderung bestimmen, so liegt es nahe, die Hicks-Maße auf den intertemporalen Fall zu erweitern. Die intertemporale Kompensierende Variation ist dann gleich dem Geldbetrag, den der betrachtete Haushalt zum Planungszeitpunkt maximal für die Durchführung der betreffenden Maßnahme zu zahlen bereit wäre, beziehungsweise den man ihm mindestens geben müßte, um ihn für diese Maßnahme zu kompensieren. Entsprechend kann man die intertemporale Äquivalente Variation als den Geldbetrag definieren, den man dem betrachteten Haushalt zum Planungszeitpunkt geben müßte, um ihn auch ohne die betreffende Umweltmaßnahme nutzenmäßig genauso zu stellen wie bei ihrer Durchführung. Diese Konzepte beziehen sich auf die Gegenwartswerte der betreffenden Geldgrößen, und auch der Nutzen zukünftigen Konsums wird auf die Gegenwart bezogen. Manchmal wird in diesem Zusammenhang auch vom Gegenwartswert zukünftigen Nutzens gesprochen.

Aus theoretischer Sicht sieht es zunächst so aus, als hätte sich gegenüber der komparativ-statischen Analyse nichts geändert: Bei beiden Hicks-Maßen wird jeweils nach demjenigen Einkommenstransfer gesucht, der dafür sorgt, daß der über den gesamten Planungszeitraum realisierte Nutzen eines Individuums mit oder ohne Durchführung der betreffenden Umweltmaßnahme gleich hoch ist. Bei der CV wird mit Blick auf den ohne diese Maßnahme realisierten Lebensnutzen U^0 kompensiert, bei der EV dient der bei Durchführung dieser Maßnahme realisierte Lebensnutzen U^k als Referenz.

Aus empirischer Sicht ergeben sich hier allerdings erhebliche Probleme im Vergleich zur komparativ-statischen Analyse: Will man nämlich die intertemporalen Hicks-Maße empirisch berechnen, so muß man, unabhängig davon, ob man sich für die traditionelle Methode oder für das Vartia-Verfahren entscheidet, jeweils zunächst die intertemporalen Marshall-Nachfragefunktionen für den gesamten Planungszeitraum empirisch schätzen. Erstrecken sich die Auswirkungen einer umweltpolitischen Maßnahme über eine größere Anzahl von Jahren, so wird die empirische Bestimmung der intertemporalen Marshall-Nachfragefunktionen zunehmend kompliziert, da sie die Gegenwartswerte sämtlicher in diesem Zeitraum zu erwartenden Preise und Einkommen als Argumente enthalten.

Aus diesem Grunde bevorzugt man in intertemporalen Wohlfahrtsanalysen, die einen längeren Zeitraum betreffen, die Berechnung rein periodenbezogener Hicks-Maße, die dann über sämtliche Perioden addiert werden. Voraussetzung für diese Vorgehensweise ist die Annahme einer zwischen dem Konsum der einzelnen Perioden zumindest schwach separablen Nutzenfunktion, wodurch sich die in den verschiedenen Perioden jeweils realisierten Gegenwartswerte des Nutzens einzeln identifizieren lassen. Meistens wird in diesem Zusammenhang sogar Additivität unterstellt, so daß sich die individuelle Nutzenfunktion U durch

$$(7.7) \qquad U = \sum_{t=1}^{T} u_t(x_t, z_t)$$

darstellen läßt (für eine kritische Betrachtung siehe Stephan 1988). Dabei bezeichnen die Funktionen u_t die periodenspezifischen Nutzenfunktionen.

Bei einer additiven Nutzenfunktion läßt sich das intertemporale Nutzenmaximierungsproblem in zwei Schritte zerlegen: Im ersten entscheidet das Individuum über die Aufteilung seines während des gesamten Planungszeitraums erzielten Einkommens auf die einzelnen Perioden t. Wegen der Annahme eines vollkommenen Kapitalmarkts, auf dem das Individuum sparen oder sich verschulden kann, ist eine solche freie Aufteilung des Gesamteinkommens auf den gesamten Planungszeitraum möglich. Im zweiten Schritt wird dann über die Aufteilung der zuvor festgelegten Konsumausgaben der einzelnen Perioden auf die verschiedenen Konsumgüter innerhalb der betreffenden Perioden entschieden. Da die intertemporale Nutzenfunktion additiv ist, können für die einzelnen Perioden des Planungszeitraums getrennte Marktnachfragefunktionen geschätzt werden, die jeweils nur von den Preisen und Einkommen der betreffenden Periode selbst abhängen und daher eine wesentlich weniger komplexe Struktur haben als Nachfragefunktionen, die sich auf den gesamten Planungszeitraum erstrecken. Daher ist die ökonometrische Schätzung solcher Nachfragefunktionen (bei Vorliegen halbwegs zuverlässiger Prognosen für zukünftige Preis- und Einkommensentwicklungen) wesentlich einfacher als die Schätzung intertemporaler Gesamtnachfragefunktionen im allgemeinen Fall.

Auf der Basis dieser periodenspezifischen, empirisch beobachtbaren Marshall-Nachfragefunktionen lassen sich mit Hilfe des erläuterten numerischen Verfahrens von Vartia (1983) periodenspezifische Kompensierende beziehungsweise Äquivalente Variationsmaße berechnen. Die periodenspezifische

Kompensierende Variation CV_t für eine bestimmte Umweltmaßnahme gibt den Gegenwartswert desjenigen Geldbetrags an, den das betrachtete Individuum bei Durchführung der fraglichen Maßnahme in der Periode t maximal zahlen könnte oder mindestens erhalten müßte, um in dieser Periode dasselbe Nutzenniveau U_t^0 realisieren zu können wie ohne Durchführung der betreffenden Umweltmaßnahme. Analog läßt sich die periodenspezifische Äquivalente Variation EV_t als derjenige Geldbetrag definieren, den man dem Individuum mindestens geben müßte oder maximal entziehen könnte, damit es in Periode t auch bei einem Verzicht auf diese Umweltmaßnahme dasselbe Nutzenniveau U_t^k realisieren könnte wie bei ihrer Durchführung. Als intertemporales Wohlfahrtsmaß wird dann die Summe der periodenspezifischen Kompensierenden oder Äquivalenten Variationen über alle Perioden t verwendet.

Der Unterschied zu den zuvor angesprochenen intertemporalen Hicksschen Gesamtmaßen besteht darin, daß bei diesen Maßen Kompensationszahlungen gesucht werden, die den über den gesamten Planungszeitraum realisierten Gesamtnutzen U^0 respektive U^k für die Situationen mit und ohne Durchführung der zu bewertenden Umweltmaßnahme ausgleichen. Bei dieser Kompensationsform können die einzelnen Periodennutzen U_t mit oder ohne Durchführung dieser Maßnahme jeweils durchaus unterschiedlich sein, solange nur der Gesamtnutzen ausgeglichen ist. Die Verwendung der periodenspezifischen Hicks-Maße ΣCV_t beziehungsweise ΣEV_t ist hier wesentlich strenger, weil sie verlangt, daß die jeweiligen Periodennutzen U_t durch die Kompensationszahlungen für Situationen mit und ohne die fragliche Maßnahme für jede einzelne Periode t ausgeglichen werden. Da dieses Kompensationsschema somit wesentlich höhere Anforderungen stellt, ist die Summe der periodenbezogenen Kompensationszahlungen hier jeweils größer oder gleich der entsprechenden auf den intertemporalen Gesamtnutzenausgleich abzielenden Kompensationszahlungen. Daraus folgt, wie Blackorby, Donaldson und Moloney (1984) gezeigt haben, daß die Summe der periodenbezogenen Kompensierenden Variationen kleiner oder gleich der Gesamt-CV und die Summe der periodenbezogenen Äquivalenten Variationen größer oder gleich der Gesamt-EV ist; also

(7.8) $$\sum_{t=1}^{T} CV_t^{0k} \leq CV^{0k} \quad \text{und} \quad \sum_{t=1}^{T} EV_t^{0k} \geq EV^{0k}.$$

Da die intertemporalen Hicksschen Gesamtmaße CV^{0k} und EV^{0k}, wie in Kapitel 8 noch gezeigt wird, die tatsächliche intertemporale Nutzenänderung korrekt anzeigen, folgt aus (7.8), daß die Summe der Perioden-CVs die "wahre" intertemporale Kompensierende Variation tendenziell unterschätzt, während die Summe der Perioden-EVs die "wahre" intertemporale Äquivalente Variation überschätzt. Daher können die aufsummierten periodenbezogenen Hicks-Maße jeweils nur als "halbseitige" Wohlfahrtsindikatoren in dem Sinne verwendet werden, daß eine positive Summe der Perioden-CVs eine intertemporale Nutzenerhöhung und eine negative Summe der Perioden-EVs eine intertemporale Nutzenverminderung zuverlässig anzeigt.

Zur ökonomischen Evaluierung einer intertemporal wirksamen umweltpoltischen Maßnahme des Staates wird man somit zunächst prüfen, ob einer dieser beiden Fälle zutrifft. Hier wäre dann eine eindeutige Aussage über den Nutzeneffekt der zu bewertenden Maßnahme möglich. Leider kann jedoch auch der Fall eintreten, daß die Summe der Perioden-CVs negativ und zugleich die Summe der Perioden-EVs positiv ist. In diesem Fall ist eine ökonomische Bewertung der betrachteten Maßnahme mit Hilfe der summierten periodenbezogenen Hicks-Maße nicht möglich.

Insgesamt läßt sich bisher festhalten, daß nur die auf den gesamten Wirkungszeitraum einer zu bewertenden Maßnahme bezogenen Hicks-Maße unter theoretischen Gesichtspunkten als zuverlässige Nutzenmaße gelten können, während die summierten periodenbezogenen Hicks-Maße diese Bedingung nicht erfüllen. Leider steht dem theoretischen Vorteil der Gesamtmaße der empirische Nachteil gegenüber, daß die ökonometrische Schätzung der zur Berechnung dieser Maße benötigten Gesamtnachfragefunktionen äußerst schwierig und mit großen empirischen Unwägbarkeiten verbunden ist. Aus diesem Grunde erfreut sich die Verwendung der summierten periodenbezogenen Hicks-Maße trotz der damit verbundenen theoretischen Unsicherheiten großer Beliebtheit. Wichtig ist, sich bei ihrem Einsatz der Tatsache bewußt zu sein, daß zuverlässige Schlüsse aus dem Vorzeichen dieser Summenmaße auf die ökonomische Vorteilhaftigkeit einer staatlichen Maßnahme nur in den oben beschriebenen Sonderfällen möglich sind (siehe dazu die Ausführungen in Kapitel 8).

7.1.3 Risiko

Bisher sind wir davon ausgegangen, daß die einzelnen Wirtschaftssubjekte genau wissen, mit welchen Preisen, Einkommen und Umweltqualitäten sie jeweils mit oder ohne Durchführung einer bestimmten umweltpolitischen Maßnahme rechnen können. Auf der Basis dieser sicheren Erwartungen konnten dann ihre Zahlungsbereitschaften beziehungsweise Entschädigungsforderungen berechnet werden. In einem marktwirtschaftlichen System stellen sich die Güterpreise jedoch durch das Zusammenspiels von Angebot und Nachfrage auf den Märkten ein und sind daher von den einzelnen Marktteilnehmern nicht mit Sicherheit vorhersehbar. Vielmehr muß ein rationales Individuum für die Zukunft immer mit einem ganzen Spektrum alternativer Preisvektoren rechnen. Führt der Staat nun aus umweltpolitischen Gründen beispielsweise eine Ökosteuer ein, so ändert sich dieses Spektrum von Preiserwartungen gegenüber der Situation ohne Ökosteuer.

Will man in einer in diesem Sinn unsicheren Welt die durch eine umweltpolitische Maßnahme verursachte Nutzenänderung messen, so muß man berücksichtigen, daß zusammen mit den unsicheren Preiserwartungen auch der für die Zukunft von einem Individuum erwartete Nutzen unsicher ist. Bei gegebener Umweltqualität und gegebenem Einkommen hängt der Nutzen eines Individuums von den Marktgüterpreisen ab, da diese im Zusammenspiel mit den Umweltgütern und dem Einkommen seinen Marktgüterkonsum bestimmen. Kennt das Individuum die zukünftigen Marktgüterpreise nicht mit Sicherheit, sondern erwartet es verschiedene alternative Preisvektoren jeweils mit bestimmten Wahrscheinlichkeiten, so ist auch sein Nutzen und die infolge einer umweltpolitischen Maßnahme zu erwartende Änderung des Nutzens ungewiß.

Die in diesem Zusammenhang auftretenden Probleme werden möglicherweise etwas klarer, wenn man versucht, sie anhand einiger einfacher Formeln zu verdeutlichen. Nimmt man an, das betrachtete Individuum erwarte verschiedene Preisvektoren[2] P_g, g = 1,2,...,G, jeweils mit den Eintrittswahrscheinlichkeiten ω_g, so läßt sich der von diesem Individuum erwartete Nutzen EU mit Hilfe seiner indirekten Nutzenfunktion v darstellen als

(7.9) $\quad EU = E[v(P_g, z, I)] = \sum_{g=1}^{G} \omega_g \cdot v(P_g, z, I)$.

Der Erwartungsnutzen EU ergibt sich somit als gewichtetes Mittel der Nutzenniveaus $v(P_g, z, I)$, die sich bei Auftreten der verschiedenen alternativen Preisvektoren P_g jeweils realisieren ließen, wobei die Eintrittswahrscheinlichkeiten ω_g der verschiedenen Preisvektoren als Gewichtungsfaktoren dienen.[3]

Ändern sich infolge einer umweltpolitischen Maßnahme wie der Erhebung einer Ökosteuer oder der Subventionierung umweltfreundlicher Güter die Preiserwartungen des betrachteten Individuums von P_g^0 zu P_g^k, g = 1,2,...,G, so ändert sich auch sein Erwartungsnutzen zu

(7.10) $\quad EU^k = E[v(P_g^k, z, I)] = \sum_{g=1}^{G} \omega_g \cdot v(P_g^k, z, I)$.

---

[2] Zur Unterscheidung von den Einzelgüterpreisen p_n, bei denen es sich um Skalare handelt, werden hier zur Bezeichnung der alternativen Preisvektoren P_g Großbuchstaben verwendet.

[3] Mit E[...] sei hier der Erwartungsoperator bezeichnet. Das Konzept des Erwartungsnutzens ist natürlich wesentlich vielschichtiger und komplizierter, als es hier dargestellt werden kann. Für eine kritische Darstellung dieses Konzepts siehe etwa Querner (1994).

Zur Messung dieser Erwartungsnutzenänderung in Geldeinheiten wird in Analogie zur Hicksschen Kompensierenden Variation häufig der sogenannte Optionspreis OP^{0k} vorgeschlagen. Dabei handelt es sich um denjenigen Geldbetrag, den das betrachtete Individuum nach Durchführung der zu bewertenden Umweltmaßnahme maximal zahlen könnte, ohne sich schlechter zu stellen als vor Durchführung dieser Maßnahme. Es handelt sich bei OP^{0k} somit um denjenigen Geldbetrag, der den nach Durchführung der fraglichen umweltpolitischen Maßnahme insgesamt erwarteten Nutzen EU^k wieder auf das Niveau des ursprünglich erwarteten Nutzens EU^0 zurückführt, so daß gilt

(7.11) $\quad E[v(P_g^k, z, I - OP^{0k})] = E[v(P_g^0, z, I)] = EU^0$.

Die Höhe des Optionspreises ist situationsunabhängig in dem Sinne, daß nicht etwa die Herstellung eines Nutzenausgleichs für jede einzelne der zu erwartenden Preisalternativen P_g verlangt wird. Vielmehr geht es hier um den für alle Situationen $g = 1, 2, ..., G$ einheitlichen Geldbetrag OP, der den erwarteten Gesamtnutzen gemäß (7.11) beziehungsweise gemäß

(7.12) $\quad \sum_{g=1}^{G} \omega_g \cdot v(P_g^k, z, I - OP^{0k}) = \sum_{g=1}^{G} \omega_g \cdot v(P_g^0, z, I) = EU^0$

ausgleicht. Es handelt sich hierbei offensichtlich um die Summe, die das betrachtete Individuum maximal dafür zu zahlen bereit ist oder die man ihm mindestens als Kompensation dafür geben müßte, wenn sich das Spektrum der von ihm zu erwartenden potentiellen Preisvektoren von P_g^0 zu P_g^k ändert. Damit ist der Optionspreis gleich der Kompensierenden Variation dieser Änderung des zu erwartenden Preisspektrums.

Aus (7.12) folgt in Verbindung mit der strengen Monotonie der indirekten Nutzenfunktion im Einkommen, daß der Optionspreis dasselbe Vorzeichen wie die Erwartungsnutzenänderung $\Delta^{0k}EU = EU^k - EU^0$ hat. Daher ist er ein zuverlässiger Wohlfahrtsindikator und entspricht der im Hinblick auf Risiko verallgemeinerten Indikatorbedingung (siehe Kapitel 8).

Ein in der Literatur zur Nutzenmessung unter Risiko häufig vorgeschlagenes Maß ist der sogenannte Erwartete Surplus (ES). Hier wird nicht wie beim Optionspreis nach der die erwarteten Gesamtnutzen EU^k und EU^0 ausgleichenden, für alle potentiellen Situationen g einheitlichen Kompensierenden Variation gefragt, sondern nach situationsabhängigen Kompensationszahlungen. Dabei wird für jede der zu erwartenden Preissituationen P_g die entsprechende situationsspezifische Kompensierende Variation CV_g^{0k} gesucht. Dies entspricht dem Geldbetrag, den das betrachtete Individuum in der jeweiligen Situation g maximal für die durch die betreffenden Umweltmaßnahme bewirkte Preisänderung zu zahlen bereit wäre, damit in jeder einzelnen Situation g ein Nutzenausgleich nach

(7.13) $\quad v(P_g^k, z, I - CV_g^{0k}) = v(P_g^0, z, I)$

geschaffen wird. Multipliziert man die situationsspezifischen Kompensationsbeträge, die natürlich auch negativ sein können, mit den Eintrittswahrscheinlichkeiten ω_g der jeweiligen Situationen, dann ist die Summe der so gewichteten situationsbezogenen Kompensationsbeträge CV_g^{0k} gleich dem Erwarteten Surplus

(7.14) $\quad ES^{0k} = \sum_{g=1}^{G} \omega_g \cdot CV_g^{0k} = E[CV_g^{0k}]$.

Es handelt sich bei dem Erwarteten Surplus somit um den Erwartungswert der situationsbezogenen Kompensierenden Variationen CV_g^{0k} für die zu bewertende Umweltmaßnahme. Dagegen gibt der Optionspreis OP den situationsunabhängigen Geldbetrag an, den das betrachtete Individuum dafür zu zahlen bereit ist, daß es infolge dieser Maßnahme nun die Option auf einen der Preisvektoren P_g^k statt auf P_g^0 hat.

Falls wir es mit einer einheitlichen Änderung sämtlicher potentieller Preisvektoren zu tun haben, erfüllt auch der Erwartete Surplus die Indikatorbedingung. Bei heterogenen Preisänderungen, wenn also einige der potentiellen Preise infolge der zu bewertenden Umweltmaßnahme steigen und andere fallen, ist dies jedoch nicht zwangsläufig der Fall, wie Johansson (1993) zeigt. Daher kann der Erwartete Surplus nur mit Einschränkungen als Wohlfahrtsmaß bei Risiko eingesetzt werden. Entsprechend fragwürdig ist bei Vorliegen heterogener Preisänderungen auch das Konzept des sogenannten Optionswertes OW einer umweltpolitischen Maßnahme, der als Differenz zwischen Optionspreis und Erwartetem Surplus gemäß OW = OP - ES definiert ist.

Hintergrund dieses Konzepts ist die Vorstellung, daß sich der situationsunabhängige Optionspreis, der ja der situationsunabhängigen Gesamt-CV der betrachteten Maßnahme entspricht, in den mit ES gegebenen Erwartungswert der auf den Konsum der einzelnen Situationen g bezogenen Kompensierenden Variationen einerseits und den Wert OW der reinen Option auf diesen Konsum andererseits zerlegen läßt. Diese auf Weisbrod (1964) zurückgehende Zerlegung erscheint, ganz abgesehen von dem bereits angesprochenen Eindeutigkeitsproblem, im Hinblick auf reine Preisänderungen nicht sonderlich sinnvoll. In dem von Weisbrod betrachteten Fall der potentiellen Nutzung eines einzelnen Umweltgutes kommt diesem Konzept hingegen durchaus eine eigenständige Bedeutung zu. Daher werden wir hierauf im Zusammenhang mit der Bewertung von Änderungen der Umweltqualität nochmals zurückkommen.

Insgesamt gilt, daß für den Fall unsicherer Preiserwartungen der Optionspreis als zuverlässiges Wohlfahrtsmaß gelten kann. Dieser ist jedoch, ebenso wie der Erwartete Surplus nur ein Sonderfall eines von Graham (1981) für einheitliche Parameteränderungen entwickelten allgemeineren Kompensationsschemas, auf das an dieser Stelle nicht näher eingegangen werden kann.[4]

Grahams Arbeit erfuhr im Laufe der Zeit eine Reihe von Verallgemeinerungen (siehe Marshall 1989, Freeman 1991, Meier und Randall 1991, Chavas 1991, Graham 1992, Ready 1995), wobei die Frage der geeigneten Wahl eines Wohlfahrtsmaßes bei Risiko unter anderem auch unter dem Aspekt der Aggregation im Sinne des Hicks-Kaldor-Kriteriums betrachtet wurde. Hierbei zeigte sich, daß die Wahl des "richtigen" Kompensationsschemas letztlich von der Risikoverteilung innerhalb der betrachteten Gruppe von Individuen abhängt. Über diesen theoretischen Überlegungen sollte jedoch nicht übersehen werden, daß die Qualität der praktisch-empirischen Wohlfahrtsmessung unter Risiko vor allem auch davon abhängt, inwieweit es möglich ist, plausible Größen für die von einem Individuum erwarteten Eintrittswahrscheinlichkeiten der verschiedenen alternativen Preisvektoren festzulegen. In dieser Hinsicht ist wahrscheinlich nicht allzuviel Optimismus angebracht. Weiterhin sollte beachtet werden, daß die explizite Berücksichtigung von unsicheren Erwartungen stets auch die Postulierung kardinaler Nutzenfunktionen und damit das Verlassen der (von ihren Annahmen her wesentlich plausibleren) ordinalen Nutzentheorie impliziert. Aus diesen Gründen muß der praktischen Wohlfahrtsmessung unter Risiko unter empirischen Gesichtspunkten mit einer gewissen Skepsis begegnet werden.

Abschließend sollte darauf hingewiesen werden, daß sich unsere Ausführungen ausschließlich auf Risiko im Hinblick auf das zu bewertende Projekt und den zu erwartenden Preisvektor beziehen, nicht jedoch auf die in der ökonometrischen Literatur auf breiter Ebene diskutierte Unsicherheit im Hinblick auf die korrekte Schätzung von Nachfragefunktionen bei sicheren Erwartungen der betrachteten Individuen. Auf eine gesonderte Betrachtung dieser auf einer vorwiegend technischen Ebene geführten Diskussion soll hier verzichtet werden.[5] Vielmehr wollen wir uns im folgenden der wohlfahrtstheoretischen Bewertung von Änderungen der Umweltqualität zuwenden.

---

[4] Ausführlichere Darstellungen dieses Schemas finden sich bei Johansson (1993), Freeman (1993), Svento (1994) oder bei Ready (1995).

[5] Einen Überblick bieten Blundell, Pashardes und Weber (1993). Zu speziellen neueren Entwicklungen siehe auch Smith (1993), Kling (1992) sowie Adamowicz, Fletcher und Graham-Tomasi (1989).

7.2 Die Bewertung von Änderungen der Umweltqualität

Bisher haben wir uns mit den Auswirkungen staatlicher Umweltpolitik auf die Güterpreise und die Einkommen der Individuen befaßt. Solche Preis- und Einkommenseffekte können, wie wir bereits gesehen haben, vom Staat bewußt herbeigeführt werden, wenn er beispielsweise umweltschädigende Güter oder Inputs verteuert, um zumindest einen Teil der von ihnen erzeugten externen Umwelteffekte zu internalisieren. Sie können sich natürlich auch ungeplant infolge der von einer umweltpolitischen Maßnahme oder von einer Umweltkatastrophe ausgelösten Nachfrageeffekte ergeben. Ist die Verteuerung von Konsumgütern oder Produktionsfaktoren bewußt herbeigeführt, so ist dies jedoch kein Selbstzweck, sondern soll der Verbesserung der Umweltqualität dienen. Somit muß bei der Beurteilung einer umweltpolitischen Maßnahme neben den von dem einzelnen Haushalt zumeist als negativ empfundenen Preiseffekten stets auch der durch die betreffende Maßnahme bewirkte Umwelteffekt berücksichtigt werden.

Bei den als positiv empfundenen Umwelteffekten kann es sich zum Beispiel um Verbesserungen der Trinkwasserqualität, um die Ausweitung oder Neuschaffung von Naturschutzgebieten oder die Rekultivierung ehemaliger Industrielandschaften handeln. Daneben werden auch Verschlechterungen der Umweltqualität, die sich beispielsweise infolge von Umweltunfällen ergeben können, wohlfahrtstheoretisch evaluiert. Die ökonomische Bewertung solcher Umweltverschlechterungen spielt in der Praxis vor allem im Rahmen von Umwelthaftungsprozessen bei der Festlegung der Schadenshöhe eine Rolle.

Wie in Abschnitt 6.3 (siehe (6.1)) erläutert, können die Hicks-Maße in Marktpreis-, Einkommens- und Umwelteffekte zerlegt werden, so daß die Wohlfahrtswirkungen der einzelnen Teileffekte einer umweltpolitischen Maßnahme getrennt und damit auch mit unterschiedlichen Methoden erfaßt und danach additiv miteinander verknüpft werden. Nachdem wir im letzten Abschnitt die wohlfahrtstheoretische Bewertung von Marktpreisänderungen untersucht haben, wollen wir uns nun mit der isolierten Messung der durch eine umweltpolitische Maßnahme ausgelösten oder sich autonom ergebenden Änderungen der Umweltqualität bei Konstanz der Marktgüterpreise und der Einkommen befassen.

Im vorigen Abschnitt wurde die Kompensierende Variation einer Preisänderung als Integral über die entsprechende Hicks-Nachfragefunktion dargestellt. Analog kann man (siehe Kapitel 8) die Kompensierende Variation CVZ einer Änderung der Umweltqualität als Integral über die einkommenskompensierten Zahlungsbereitschaftsfunktionen $\phi(p,z,U)$ für die betreffenden Umweltgüter

(7.15) $\quad CVZ^{0k} = \int_{z^0}^{z^k} \phi(p, z, U^0)\, dz$

bestimmen.

Dieser Zusammenhang ist in Abbildung 7.3 illustriert. Die Zahlungsbereitschaftsfunktionen $\phi(p,z,U)$ geben die maximalen Preise an, die ein Haushalt für die betreffenden Umweltgüter (fiktiv) zu zahlen bereit wäre, wenn er bei den Marktgüterpreisen p und den Umweltgütermengen z das Nutzenniveau U realisieren wollte. Man kann solche Funktionen somit auch als fiktive inverse (kompensierte) Nachfragefunktionen auf einem ebenso fiktiven Markt für Umweltgüter interpretieren. Da die durch diese Funktionen beschriebenen Preise nicht tatsächlich bezahlt werden, spricht man häufig auch von den Schattenpreisen der betreffenden Güter. Wie auf einem "richtigen" Gütermarkt sind diese Schattenpreise gleich den in Geldeinheiten ausgedrückten Grenznutzen der betreffenden Umweltgüter im Haushaltsgleichgewicht.

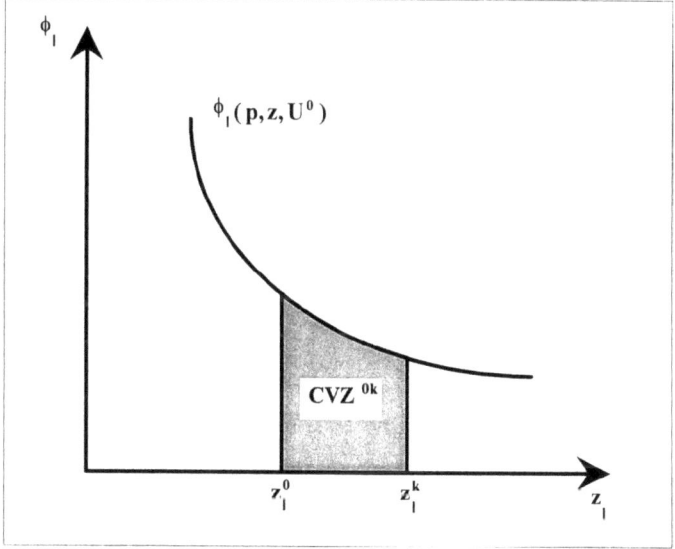

Abbildung 7.3

Bei der praktischen Evaluation von Änderungen der Umweltqualität beziehungsweise der vorhandenen Mengen von Umweltgütern ergibt sich das Problem, daß für solche Güter in der Realität keine Märkte existieren, auf denen das Nachfrageverhalten der Haushalte und damit ihre entsprechende Zahlungsbereitschaftsfunktion beobachtet werden kann. Umweltgüter wie Luft- und Wasserqualität oder landschaftliche Schönheiten sind von ihren Gutseigenschaften her typischerweise öffentliche beziehungsweise Kollektivgüter (siehe unsere Klassifikation in Kapitel 3) und werden daher im allgemeinen nicht auf realen Märkten gehandelt. Solche Güter sind zum einen nichtrival im Konsum und können daher von mehreren Individuen gleichzeitig konsumiert werden, ohne daß diese sich beim Konsum gegenseitig behindern. Zum andern läßt sich bei ihnen das Ausschlußprinzip nicht praktizieren, das bei auf Märkten gehandelten privaten Gütern dazu führt, daß Haushalte ein Gut nur dann konsumieren können, wenn sie dafür auch einen Preis bezahlen. Bei Umweltgütern wie reiner Luft oder der Ozonschicht läßt sich ein Ausschluß von Nichtzahlern oder "Schwarzfahrern" nicht praktizieren, so daß die Zahlung von Beiträgen zur Bereitstellung solcher Güter nicht erzwungen werden kann. Deshalb werden Umweltgüter, wie andere Kollektivgüter auch, im allgemeinen nicht oder nicht in effizientem Maße durch private Anbieter auf Gütermärkten bereitgestellt. Daher können auch keine Marktnachfrage- oder Zahlungsbereitschaftsfunktionen der privaten Haushalte für diese Güter beobachtet werden.

Die sogenannten indirekten Verfahren der Präferenzerfassung versuchen dennoch, von beobachtbaren Handlungen eines Individuums auf seine Präferenzen für ein Umweltgut zu schließen. Voraussetzung hierfür ist, daß überhaupt ein nachvollziehbarer Zusammenhang zwischen beobachtbaren Handlungen eines Individuums einerseits und seiner Wertschätzung für ein Umweltgut andererseits exisitiert. Besteht beispielsweise eine Komplementaritätsbeziehung zwischen einem Umweltgut und einem Marktgut derart, daß ein Individuum das Umweltgut nur bei gleichzeitiger Verwendung des Marktgutes nutzen kann, dann kann man von der Nachfrage nach dem Marktgut auf den Nutzen schließen, den das Individuum aus dem betreffenden Umweltgut zieht. Ein Beispiel hierfür wäre die Bestimmung der Wertschätzung eines Haushalts für die Erhaltung eines Angelsees anhand seiner Ausgaben für eine Angelausrüstung oder seiner Präferenzen für ein Skigebiet anhand seiner Skiausrüstungskäufe.

Auf derselben Idee basiert auch die sogenannte Reisekostenmethode, die sämtliche Aufwendungen eines Haushalts für die Nutzung eines Umweltgutes erfaßt und von diesen Aufwendungen auf seine Zahlungsbereitschaft für das betreffende Umweltgut schließt. Bei der Reisekostenmethode spielt neben Marktgüterkäufen insbesondere der mit der Nutzung des Umweltguts verbundene Zeitaufwand eine wichtige Rolle. Die Methode der hedonischen Preise schließlich versucht, von dem für ein bestimmtes Marktgut von einem Individuum gezahlten Preis (zum Beispiel dem für ein Haus gezahlten Kaufpreis) auf die in diesem Preis implizit enthaltene Zahlungsbereitschaft für ein mit diesem

Marktgut verbundenes Umweltgut (wie eine schöne Aussicht auf ein Naturschutzgebiet) zu schließen.

Der Nachteil dieser indirekten Verfahren der Präferenzerfassung besteht darin, daß sie letztlich immer nur einen Teil des Nutzens messen können, den ein Individuum aus einem Umweltgut zieht. Der Grund hierfür ist, daß alle diese Verfahren von eigenen Aktivitäten des betrachteten Individuums und damit von einem aktiven Gebrauch des jeweiligen Umweltgutes durch dieses Individuum abhängen. Die meisten Umweltgüter haben jedoch für viele Haushalte auch jenseits dieses reinen Gebrauchsnutzens noch einen Wert, der völlig unabhängig von eigenen Aktivitäten eines Haushalts ist. So kann man sich über die Existenz der Wale freuen, ohne selbst jemals eine Walbesichtigungsfahrt unternommen zu haben. Genauso kann einem an der Erhaltung der Regenwälder gelegen sein, ohne daß man selbst jemals die Tropen besucht hat. Gerade Umweltgüter haben häufig einen von jedem persönlichen Gebrauch unabhängigen sogenannten Existenzwert, wie bereits Krutilla (1967) in seiner grundlegenden Abhandlung zu diesem Thema feststellte.

Da alle diese sogenannten Nichtgebrauchswerte ("non-use values") eines Umweltgutes in keinerlei Zusammenhang zu irgendeiner Aktivität oder gar einem Marktgüterkauf durch den betrachteten Haushalt stehen, können diese Werte auch nicht mit Hilfe der oben beschriebenen indirekten Meßmethoden erfaßt werden.[6] Vielmehr muß hier auf die sogenannten direkten Methoden der Präferenzerfassung zurückgegriffen werden, bei denen es sich im wesentlichen um Interviewmethoden handelt. Da diejenigen Haushalte, deren Wertschätzung für ein bestimmtes Umweltgut mit Hilfe dieser Methoden erfaßt werden sollen, hier selbst aktiv bei der Wertermittlung mitwirken, besteht natürlich stets auch die Gefahr einer bewußten Verfälschung des Untersuchungsergebnisses. Aus diesem und anderen später ausführlich erläuterten Gründen, die Zweifel an der Zuverlässigkeit dieser Methoden aufkommen lassen, sind die direkten Methoden, die heute im allgemeinen unter dem Begriff der Kontingenten Evaluierung ("contingent valuation") zusammengefaßt werden, noch immer heftig umstritten.

Trotz der zahlreichen Einwände gegen diese Verfahren steht fest, daß eine alleinige Verwendung der indirekten Methoden eine systematische Unterbewertung der Umweltgüter bewirkt, da sie grundsätzlich "blind" für deren Nichtgebrauchswerte sind. Aus diesem Grunde führt letztlich kein Weg an einer Verbesserung der direkten Methoden vorbei, da nur mit ihnen die Chance auf eine einigermaßen vollständige Würdigung des gesellschaftlichen Wertes von Umweltgütern gegeben ist.

---

[6] Ausführliche Auseinandersetzungen mit den Problemen von Nichtgebrauchswerten finden sich bei Randall (1991), Shechter und Freeman (1994) oder Freeman (1993).

Trotz der grundsätzlichen, konzeptionell bedingten Unfähigkeit der indirekten Meßmethoden zur Erfassung des vollständigen Werts eines Umweltgutes sollen ihre wichtigsten Repräsentanten im folgenden kurz in ihren Grundzügen erläutert werden.

7.2.1 Indirekte Methoden der Bewertung von Umweltgütern

Voraussetzung für die Verwendung der indirekten Meßverfahren ist ein nachvollziehbarer Zusammenhang zwischen dem zu bewertenden Umweltgut einerseits und einem oder mehreren Marktgütern andererseits. Da die Annahme einer strengen Komplementarität im Hicksschen Sinne in den meisten Fällen nicht plausibel ist, greift man im allgemeinen auf das von Mäler (1974) vorgeschlagene Konzept der sogenannten schwachen Komplementarität zurück.

7.2.1.1 Schwache Komplementarität

Schwache Komplementarität zwischen einem Umweltgut und einem Marktgut ist im wesentlichen durch zwei Bedingungen gekennzeichnet. Zum einen muß es sich um ein nicht lebensnotwendiges Gut in dem Sinne handeln, daß für jedes Nutzenniveau ein sogenannter Prohibitivpreis ("choke price") existiert, bei dem die Nachfrage nach dem betreffenden Gut zu null wird. Dies bedeutet, daß die Hicks-Nachfragefunktionen nach dem betreffenden Marktgut für jedes Nutzenniveau einen Schnittpunkt mit der entsprechenden Preisachse haben. Zum anderen verlangt schwache Komplementarität, daß der Grenznutzen des zu bewertenden Umweltgutes für alle Preise des Marktgutes oberhalb des Prohibitivpreises zu null wird.

Da der Haushalt bei solchen Preisen das Marktgut nicht mehr nutzt, bedeutet dies letztlich, daß er aus dem Umweltgut nur dann einen Nutzen zieht, wenn er zugleich das zu diesem schwach komplementäre Marktgut konsumiert. Ohne den Konsum des Marktgutes ist auch das Umweltgut für ihn wertlos, und seine Zahlungsbereitschaft für das Umweltgut wird zu null. Beispiele hierfür sind das bereits erwähnte Skigebiet, das ohne Skiausrüstung nicht genutzt werden kann. Würde der betrachtete Haushalt auch jenseits des Prohibitivpreises für das Marktgut noch einen positiven Nutzen aus dem Umweltgut ziehen, so wäre dies der oben bereits erwähnte Nichtgebrauchsnutzen oder Nichtgebrauchswert, der dem Haushalt unabhängig von einer konkreten aktiven Nutzung des betrachteten Umweltgutes alleine aus dessen Existenz entsteht.[7]

---

[7] Diese Aussage gilt natürlich nur unter der Voraussetzung, daß eine aktive Nutzung des Umweltgutes ohne das Marktgut nicht möglich ist.

Im Kapitel 8 wird gezeigt, daß im Falle schwacher Komplementarität die Hickssche Kompensierende Variation und damit die maximale Zahlungsbereitschaft für eine Verbesserung der Umweltqualität gleich der Differenz der beiden Preisintegrale über die Hicks-Nachfragefunktionen nach dem betreffenden Marktgut für die neue und die alte Umweltqualität in den Grenzen zwischen dem jeweiligen Prohibitivpreis und dem aktuellen Marktpreis ist. Dies ist in Abbildung 7.4 dargestellt, wo die Hicks-Nachfragefunktion nach dem Marktgut n für die ursprüngliche Umweltqualität z^0 durch die Funktion $\xi_n(p,z^0,U)$ und für die neue Umweltqualität z^k durch $\xi_n(p,z^k,U)$ abgebildet ist.

Der Prohibitivpreis für die ursprüngliche Umweltqualität ist pro_n^0 und markiert den Achsenabschnitt der ursprünglichen Hicks-Nachfragefunktion $\xi_n(p,z^0,U)$ an der p_n-Achse. Analog bezeichnet pro_n^k den Prohibitivpreis für Gut n bei der neuen Umweltqualität z^k. Die Kompensierende Variation der Umweltqualitätsänderung von z^0 auf z^k kann nun als Differenz der Preisintegrale über die beiden Hicks-Nachfragefunktionen in den Grenzen zwischen dem aktuellen Marktpreis p_n^a und den jeweiligen Prohibitivpreisen berechnet werden, das heißt als Differenz $pro_n^k p_n^a B - pro_n^0 p_n^a A = pro_n^k pro_n^0 AB$.

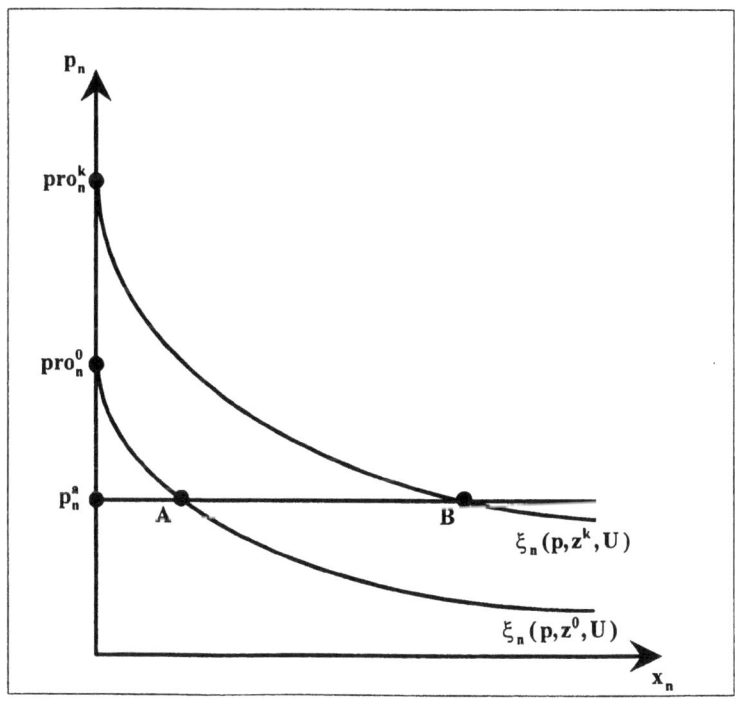

Abbildung 7.4

Die Bedeutung dieses Ergebnisses liegt darin, daß hier die empirisch nicht beobachtbare Kompensierende Variation einer Umweltqualitätsänderung in die Differenz zweier empirisch beobachtbarer Kompensierender Variationen für Marktpreisänderungen überführt wurde: die CVP einer Änderung des Marktgutpreises p_n von pro_n^k zu p_n^a für die neue Umweltqualität z^k einerseits (die Fläche $pro_n^k p_n^a B$ in Abbildung 7.4) und die CVP einer Änderung von pro_n^0 zu p_n^a für die alte Umweltqualität z^0 andererseits (entsprechend der Fläche $pro_n^0 p_n^a A$ in Abbildung 7.4).

Zur Berechnung der Kompensierenden Variation CVZ einer reinen Umweltqualitätsänderung müßte eigentlich, wie in Abbildung 7.3 veranschaulicht wurde, das Integral über die empirisch nicht beobachtbare Schattenpreisfunktion $\phi(p,z,U)$ gemäß (7.15) in den Grenzen zwischen z^k und z^0 berechnet werden. Statt dessen kann man jetzt die Integrale über die Hicks-Nachfragefunktionen für das zu dem betreffenden Umweltgut schwach komplementären Marktgut mit Hilfe des Vartia-Verfahrens numerisch auf der Basis empirisch beobachtbarer Marktdaten ermitteln. Dieser Zusammenhang gilt auch im allgemeineren Fall, wenn das Umweltgut in einer schwachen Komplementaritätsbeziehung zu mehreren Marktgütern steht (siehe Freeman 1993).

Bei der hier dargestellten Berechnungsmethode herrscht schwache Komplementarität zwischen dem zu bewertenden Umweltgut einerseits und den marktgehandelten Konsumgütern andererseits. Eine Abwandlung dieser Methode stellt die im folgenden in ihren Grundzügen erläuterte Reisekostenmethode dar, bei der vor allem eine schwache Komplementaritätsbeziehung zwischen dem betreffenden Umweltgut und der Zeit, die zu seiner Nutzung aufgewandt wird, im Vordergrund steht.

7.2.1.2 Reisekostenmethode und Haushaltsproduktionsansatz

Das Konzept der schwachen Komplementarität im engeren Sinne zielt, wie wir gerade gesehen haben, darauf ab, die durch eine Änderung der Umweltqualität verursachte Nutzenänderung durch Nachfrageänderungen bei Gütern zu messen, die sich zu den betreffenden Umweltgütern in einer schwachen Komplementaritätsbeziehung befinden und auf Märkten gehandelt werden. Die sogenannte Reisekostenmethode kann als eine Verallgemeinerung dieser Idee betrachtet werden, wobei nun der Komplementaritätsbeziehung zwischen dem zu bewertenden Umweltgut einerseits und der zu seiner Nutzung aufgewendeten Zeit andererseits besondere Aufmerksamkeit geschenkt wird.

Die auf Clawson (1959) zurückgehende Reisekostenmethode wurde historisch vor allem zur Bewertung von Freizeit- und Erholungsgebieten wie Badeseen, Angelbächen und ähnlichem verwendet.[8] Da solche Einrichtungen im allgemeinen entweder umsonst oder gegen Entrichtung vernachlässigbar geringer Eintrittspreise zugänglich sind, können keine unmittelbaren Marktnachfragefunktionen für diese Güter ermittelt werden. Dennoch ist die Nutzung eines Badesees für einen Haushalt schon deswegen nicht kostenlos, weil er zunächst von seinem Wohnort zu diesem See gelangen muß. Dafür wird zum einen Fahrtzeit aufgewendet, und zum andern entstehen auch Kosten in Form von Benzinkosten oder Fahrpreisen für öffentliche Verkehrsmittel. Vor Ort entstehen weitere Kosten beispielsweise durch Eintrittsgelder, Mieten für Sonnenschirme, Badematten oder ähnliches.

Zusätzlich wird auch die vor Ort verbrachte Zeit häufig nicht als kostenlos betrachtet, sondern mit ihren Opportunitätskosten bewertet. Dabei kann man sich natürlich streiten, ob der in diesem Zusammenhang häufig vorgeschlagene Lohnsatz des betreffenden Individuums eine adäquate Bewertungsgrundlage darstellt, da ja die am Badesee verbrachte Zeit nur selten alternativ als Arbeits- und damit als Verdienstzeit nutzbar gewesen wäre. Dasselbe gilt für die Bewertung der Fahrtzeit, wobei hier auch diskutiert wird, inwieweit es von Bedeutung ist, ob das betreffende Individuum die Fahrt genießt oder sich etwa über andere Verkehrsteilnehmer, Staus etc. ärgert.

Ein im Rahmen von Reisekostenuntersuchungen häufig verwendetes Instrument ist die sogenannte Entfernungs-Besuchsabnahme-Kurve ("distance decay curve"), die beispielsweise einen Zusammenhang zwischen den Kosten eines Badeseebesuchs und der Besuchshäufigkeit herstellt. Dabei wird zum einen für verschiedene Entfernungszonen die Anzahl der Badeseebesuche im Verhältnis zur Bevölkerungszahl in diesen Zonen ermittelt. Zum anderen werden die durchschnittlichen Kosten eines Besuchs für jede dieser Entfernungszonen bestimmt und als "Preis" für einen Besuch des Badesees interpretiert. Verbindet man nun die durch die jeweiligen Preise und die entsprechenden Besuchshäufigkeiten determinierten Nachfragepunkte der einzelnen Entfernungszonen miteinander, so erhält man die Entfernungs-Besuchsabnahme-Kurve eines Badesees, die häufig auch als eine Art Nachfragefunktion nach diesem See interpretiert wird. Da die Besuchshäufigkeit mit zunehmenden Kosten und damit auch mit zunehmender Entfernung des Wohnorts vom Badesee abnimmt, hat die Entfernungs-Besuchsabnahme-Kurve im allgemeinen eine negative Steigung.

Die Interpretation einer Entfernungs-Besuchsabnahme-Kurve als Nachfragefunktion nach dem Gut "Badesee" ist unter theoretischen Gesichtspunkten schon deshalb fragwürdig, weil sie auf der Basis von Punktbeobachtungen des

---

[8] Für eine frühe Auseinandersetzung mit der Reisekostenmethode siehe auch Clawson und Knetsch (1966). Ausführlichere Darstellungen dieses Ansatzes finden sich unter anderem auch bei Pommerehne (1987, S. 181 ff.), Bockstael, McConnell und Strand (1991, S. 2238 ff.).

Nachfrageverhaltens vieler verschiedener Individuen mit unterschiedlichen Präferenzordnungen geschätzt wird. Dennoch wird in praktischen Studien häufig durch Integration dieser Funktionen die Konsumentenrente und damit der Nutzen berechnet, der den Bürgern der einzelnen Regionen durch die Existenz eines solchen Badesees entsteht oder durch seine Verschmutzung entgeht (siehe hierzu Johansson 1993).

Die Reisekostenmethode wird oft in Verbindung mit dem vor allem von Becker (1965) und Lancaster (1966) entwickelten sogenannten Haushaltsproduktionsansatz betrachtet. Dieser Ansatz unterstellt, daß ein Haushalt in vielen Fällen nicht unmittelbar aus erworbenen Gütern ("goods") Nutzen zieht. Vielmehr verwendet er diese Güter als Inputs in einem "Nutzenproduktionsprozeß" und produziert aus diesen Gütern unter dem zusätzlichen Einsatz des Faktors Zeit Konsumgüter ("commodities"), aus denen er dann seinen Nutzen zieht. So entsteht dem Haushalt beispielsweise kein unmittelbarer Nutzen aus dem Kauf von Nahrungsmitteln, sondern erst aus dem Konsumgut "Mittagessen", das nach der Verarbeitung der Nahrungsmittel unter dem zusätzlichen Einsatz des Produktionsfaktors Zeit aus diesen "produziert" wird. Die Bedeutung dieses Ansatzes für die Bewertung von Umweltgütern ergibt sich aus der Tatsache, daß gerade im Umweltbereich viele nutzenspendende Konsumgüter wie der Badesee unter Einsatz verschiedener privater Inputs (An- und Abfahrt, Eintritt, Badekleidung) und vor allem Zeit erzeugt werden. Auf der Grundlage des Haushaltsproduktionsansatzes läßt sich dann eine Art Nachfragefunktion nach dem Konsumgut "Besuch eines Badesees" konstruieren, von der wiederum auf den Nutzen geschlossen werden kann, den ein solcher See dem betreffenden Haushalt spendet (für eine detaillierte Darstellung siehe Bockstael 1995, Smith 1991).

Ein wesentlicher Vorteil des Haushaltsproduktionsansatzes ist, daß es sich im Gegensatz zumindest zu der "naiven" Form der Reisekostenmethode um einen haushaltsbezogenen Ansatz handelt, der die Herleitung individueller Nachfragefunktionen und individueller Nutzenänderungen ermöglicht, die zum Beispiel als individuelle Kompensierende Variationen gemessen werden können. Damit steht dieser Ansatz stärker in der Tradition neoklassischer Wohlfahrtsmessungsverfahren als beispielsweise die Reisekostenmethode. Empirische Probleme ergeben sich vor allem bei der Schätzung der Nachfragefunktionen, da ja keine eineindeutige Zuordnung zwischen den Marktgütern, deren Kauf empirisch beobachtbar ist, und den nutzenspendenden Konsumgütern besteht. Für eine ausführliche Darstellung dieser Problematik sei auf Pollak (1978) verwiesen.

In vielen Studien zur Bewertung von neu zu schaffenden Umweltgütern, für die noch kein einschlägiges Nachfrageverhalten beobachtet werden konnte, wird das nutzenspendende Konsumgut des Haushaltsproduktionsansatzes in seine sogenannten Charakteristika zerlegt. So würde man das Konsumgut

"Besuch eines Badesees" beispielsweise in die Charakteristika Schwimmen, Bräunen, Kontakte mit anderen Menschen, Picknick unter freiem Himmel etc. zerlegen und dann anhand anderer Aktivitäten des betreffenden Haushalts empirisch untersuchen, welche Ausgaben er bisher schon für die Realisierung dieser Charakteristika im Rahmen seines beobachtbaren Konsumverhaltens getätigt hat. Dadurch wird die Bewertung eines Umweltgutes wie eines Badesees durch die Einzelbewertung seiner Charakteristika möglich. Dies ist unter anderem bei der Planung und Bewertung neu zu schaffender Umweltgüter von Vorteil, wenn verschiedene Versionen zur Auswahl stehen, die sich durch einzeln bewertbare Charakteristika unterscheiden. So könnte man beispielsweise bei der Anlage eines Badesees in einem ehemaligen Braunkohletagebaugebiet überlegen, ob man nicht auch noch einen Yachthafen für Segler oder ein Windsurfrevier oder einen Campingplatz einplant. Durch die Bewertung der einzelnen Charakteristika der verschiedenen Ausbaualternativen kann man dann die jeweils zu erwartenden Wohlfahrtsgewinne für jede dieser Varianten empirisch berechnen (für praktische Studien siehe Morey 1985, Smith und Desvousges 1986).

Umgekehrt kann man mit dieser Methode natürlich auch partielle Beeinträchtigungen eines Umweltgutes infolge von Umweltunfällen durch die Bewertung der einzelnen Charakteristika flexibler und damit genauer bewerten. So kann ein durch Abwässer verseuchter See zwar zum Schwimmen und Angeln ungeeignet, aber noch immer zum Rudern und Segeln geeignet sein. Hier ist eine charakteristikabezogene Bewertung sicher aussagekräftiger als eine Gesamtbewertung des Gutes "Besuch eines Badesees".

Insgesamt ist die Reisekostenmethode in all ihren Varianten letztlich mit großen empirischen Risiken behaftet, da die im einzelnen benötigten Daten im allgemeinen (aus statistisch-ökonometrischer Sicht) nicht in ausreichender Qualität verfügbar sind. Darüber hinaus hat die Reisekostenmethode wie auch alle anderen indirekten Verfahren den entscheidenden Nachteil, daß sie weder die Nichtgebrauchswerte von Umweltgütern noch eventuell geplante zukünftige Aktivitäten zur Nutzung ihrer Gebrauchswerte erfassen kann und daher zur Bewertung vieler Umweltgüter vollkommen ungeeignet ist.

7.2.1.3 Hedonische Preise

Die auf Ridker (1967), Griliches (1971) und Rosen (1974) zurückgehende Methode der hedonischen Preise gehört ebenfalls zu den indirekten Verfahren der Präferenzerfassung. Sie beruht auf der Überlegung, daß sich die für viele Marktgüter bezahlten Preise implizit in Teilpreise zerlegen lassen, wobei jeder dieser Teilpreise bestimmte, umweltbezogene Charakteristika des betreffenden Marktgutes bewertet. Vereinfacht ausgedrückt besteht das Ziel der hedonischen

Preismethode im Rahmen der Umweltbewertung darin, von den für solche Marktgüter gezahlten Preisen auf die Zahlungsbereitschaft der betreffenden Haushalte für Umweltgüter zu schließen, deren Qualität Einfluß auf den Wert der betreffenden Marktgüter hat. Die Methode der hedonischen Preise wird vor allem im Hinblick auf Immobilienmärkte angewandt.

Theoretischer Ausgangspunkt ist die Erklärung der Höhe eines Marktgüterpreises durch einzelne Charakteristika des betreffenden Marktgutes und durch den Nutzen, den diese Charakteristika einem Individuum spenden. So läßt sich beispielsweise der Preis eines Hauses oder eines Appartements durch bestimmte bauliche Eigenschaften wie Größe, Zimmerzahl, Bauweise, aber auch durch die Qualität der Umgebung wie die der sozioökonomischen Zusammensetzung der Nachbarschaft, Verkehrsanbindungen, Nähe zu Schulen und durch die vorhandene Umweltqualität erklären. Sammelt man nun für sämtliche auf dem Immobilienmarkt einer Region gehandelten Häuser die Daten der für ihren Wert als relevant erachteten Charakteristika und stellt diese den für diese Häuser gezahlten Preisen gegenüber, so kann man die sogenannte hedonische Preisfunktion für die betreffende Region schätzen. Die hedonische Preisfunktion beschreibt die tatsächlich gezahlten Häuserpreise als Funktion der Umweltqualität und den sonstigen Charakteristika.

Will man wissen, welcher Preis in den verschiedenen Wohngegenden der betrachteten Region (implizit) pro Einheit eines bestimmten Umweltcharakteristikums z_l, $l = 1,2,...,L$, gezahlt wurde, so muß man die partielle Ableitung der hedonischen Preisfunktion $\pi = \pi(c, z)$ nach z_l bei Berücksichtigung der für die jeweilige Wohngegend typischen Charakteristika $[c, z]$ bilden, da uns diese Ableitung angibt, wie sich der Hauspreis in der betreffenden Wohngegend bei einer isolierten Erhöhung der durch z_l repräsentierten Umweltqualität um eine Einheit ändern würde. Die so gewonnenen sogenannten Gebotsfunktionen ("bid functions")[9]

$$(7.16) \quad \beta_l(c, z) = \frac{\partial \pi}{\partial z_l}(c, z), \text{ für } l = 1,2,...,L,$$

können auch als "gesellschaftliche" Schattenpreisfunktionen für die betreffenden Umweltcharakteristika interpretiert werden. Sie geben den Preis des jeweiligen Umweltgutes an, der implizit in dem Gesamtpreis eines durch $[c, z]$ charakterisierten Hauses enthalten ist.

Dieser Interpretation liegt die Annahme zugrunde, die Auswahl an unterschiedlichen Häusern in der betrachteten Region sei so groß, daß jeder Haushalt mit dem von ihm gekauften Haus exakt den für ihn optimalen Mix an Charak-

---

[9] Dieser Name erklärt sich aus der Tatsache, daß diese Funktionen das jeweilige Preisgebot für ein Umweltcharakteristikum l beschreiben (siehe Freeman (1995)).

teristika erhält und sich damit in einem Gleichgewicht im Sinne der neoklassischen Konsumtheorie befindet. In diesem Idealfall ist der für jede dieser Charakteristika implizit bezahlte Preis gerade gleich dem von dem betreffenden Charakteristikum bei dem jeweiligen Haushalt erzeugten Grenznutzen.

Hätten alle Haushalte der betrachteten Region dieselbe Präferenzordnung, so könnte die Gebotsfunktion $\beta_l(c, z)$ zugleich als individuelle Zahlungsbereitschaftsfunktion der einzelnen Haushalte für die Umweltqualität l aufgefaßt werden. Dies ist jedoch in der Realität nicht der Fall. Vielmehr hat jeder der in einer solchen Untersuchung berücksichtigten Haushalte jeweils nur eine Einzelbeobachtung und damit nur einen einzigen Punkt zu dieser Funktion beigetragen. Trotzdem werden häufig die in den Gebotsfunktionen enthaltenen Daten in Verbindung mit den Einkommens-, Konsum- und weiteren sozioökonomischen Daten der kontrahierenden Haushalte dazu benutzt, auf dieser Basis in einer Art "Querschnittsanalyse" über alle erfaßten Haushalte eine individuelle (inverse) Nachfragefunktion nach den betreffenden Umweltgütern zu konstruieren, die, technisch gesprochen, gleich der jeweiligen unkompensierten Zahlungsbereitschaftsfunktion ist.

Aus (7.15) wissen wir, daß die durch eine Änderung der Umweltqualität von z^0 auf z^k bewirkte Nutzenänderung in Form der entsprechenden CVZ als Integral über die kompensierte, das heißt von dem Nutzenniveau U^0 abhängende Zahlungsbereitschaftsfunktion $\phi(p,z,U^0)$ in den Grenzen zwischen z^0 und z^k gemessen werden kann (der Vektor c der übrigen Charakteristika wurde hierbei vernachlässigt). Durch eine analoge Anwendung des bereits erwähnten auf Vartia (1983) und Hausman (1981) zurückgehenden numerischen Berechnungsverfahrens kann man nun das Integral (7.15) auf der Basis der aus den Gebotsfunktionen hergeleiteten individuellen unkompensierten Zahlungsbereitschaftsfunktionen berechnen, wie Horowitz (1984) gezeigt hat. Damit wird letztlich die Berechnung der Kompensierenden Variation CVZ einer isolierten Änderung der Umweltqualität auf der Grundlage der hedonischen Preisfunktion und der aus ihr abgeleiteten Gebotsfunktionen ermöglicht.

Trotz dieser scheinbar schlüssigen Vorgehensweise sollte beachtet werden, daß die Methode der hedonischen Preise unter theoretischen Aspekten auf recht schwachen Füßen steht. In der Realität kann sicherlich kaum davon ausgegangen werden, die Auswahl an Häusern und die Käuferflexibilität sei so groß, daß jeder Haushalt wie auf einem vollkommenen Markt sein persönliches Konsumoptimum und damit den optimalen Mix an Hauscharakteristika realisieren kann, bei dem die Grenznutzen aller Charakteristika jeweils gleich ihren fiktiven Preisen sind. Weiterhin muß bedacht werden, daß Haushalte im allgemeinen während eines Untersuchungszeitraums nicht hinreichend viele Hauskäufe tätigen, weshalb der Schluß von der hedonischen Preisfunktion, die ja auf dem beobachteten Kaufverhalten aller erfaßten Haushalte basiert, auf die individuellen Zahlungsbereitschaftsfunktionen aus theoretischer Sicht nicht zu rechtfertigen ist. Damit darf das Integral über diese Funktionen, von denen letztlich nur ein einziger Punkt das persönliche Kaufverhalten des betrachteten Haushalts widerspiegelt, korrekterweise nicht als individuelle Nutzenänderung dieses Haushalts intepretiert werden (siehe dazu Palmquist 1991 oder Freeman 1995).

Insbesondere soll jedoch nicht übersehen werden, daß die hedonische Preismethode, wie alle anderen indirekten Methoden auch, zur Erfassung der gerade bei Umweltgütern bedeutenden Nichtgebrauchswerte völlig ungeeignet ist. So werden sich die Präferenzen eines Individuums für die Rettung der Wale oder die Erhaltung der Regenwälder sicher nicht auf sein Kaufverhalten auf dem Immobilienmarkt auswirken. Die Messung der aus Änderungen der Nichtgebrauchswerte von Umweltgütern resultierenden Wohlfahrtsänderungen ist letztlich nur durch Verwendung der direkten Methoden der Präferenzerfassung möglich.

7.2.2 Die direkte Bewertung: Die Kontingente Evaluierung

Wie wir gesehen haben, versuchen die indirekten Methoden der Präferenzerfassung, von beobachtbaren Handlungen eines Individuums auf seine Präferenzen für ein Umweltgut zu schließen. Bei diesen beobachtbaren Handlungen kann es sich um Käufe auf Märkten für private Güter, die in einem (schwachen) Komplementaritätsverhältnis zu dem zu bewertenden Umweltgut stehen, um Besuche eines Badesees, um den Kauf eines Hauses oder ähnliches handeln. Immer besteht ein nachvollziehbarer Zusammenhang zwischen der Wertschätzung eines Haushalts für das betreffende Umweltgut einerseits und dem von ihm zur Nutzung dieses Gutes betriebenen finanziellen oder zeitlichen Aufwand andererseits.

Vor allem durch Weisbrod (1964) und Krutilla (1967) wurde der Blick der Ökonomen für die Tatsache geschärft, daß ein Individuum aus einem Kollektivgut auch dann einen positiven Nutzen ziehen kann, wenn bei ihm keinerlei Nutzungsaktivitäten beobachtet werden können. Weisbrod (1964) machte darauf aufmerksam, daß ein Individuum beispielsweise einen öffentlichen Park auch dann schätzen kann, wenn es ihn noch kein einziges Mal persönlich besucht hat, weil ihm die reine Existenz dieses Parks die Möglichkeit offenhält, eventuell in Zukunft dort einmal spazieren zu gehen.

Neben diesem sogenannten Optionswert lassen sich bei manchen Naturgütern auch Quasioptionswerte identifizieren. Diese werden einem Gut dann beigemessen, wenn eine konkrete Nutzung im Moment zwar noch nicht absehbar ist, aber für die Zukunft auch nicht völlig ausgeschlossen werden kann. Hier kann einzelnen Individuen oder der Gesellschaft insgesamt aus reinen Vorsichtsgründen, weil man nicht will, daß der Menschheit eine potentielle Ressource unwiederbringlich verloren geht, an der Erhaltung des betreffenden Naturgutes gelegen sein. Natürlich kann ein Individuum dem oben angesprochenen öffentlichen Park auch dann einen positiven Wert beimessen, wenn es mit Sicherheit niemals die Absicht hat, ihn persönlich aufzusuchen. So könnte es beispielsweise Wert darauf legen, daß seine Kinder später einmal die Möglichkeit haben, in diesem Park zu spielen. Man spricht deshalb vom Vermächtniswert des Parks, der natürlich ebenfalls nicht anhand beobachtbarer Handlungen des betreffenden Individuums identifiziert werden kann.

Vor allem Krutilla (1967) betonte, daß schon die reine Existenz eines Naturgutes unabhängig von jeder Option einer persönlichen Nutzung einen Wert für sich, eben den "Existenzwert", darstellen kann. Im Zusammenhang mit den Options-, Vermächtnis-, Quasioptions- und Existenzwerten von Natur- und Umweltgütern spricht man in der ökonomischen Literatur häufig auch zusammenfassend von ihren Nichtgebrauchswerten[10], denen die Gebrauchswerte dieser Güter gegenübergestellt werden.

Das Interesse von Ökonomen und Politikern für die Nichtgebrauchswerte von Umweltgütern wurde vor allem in den USA infolge des Comprehensive Environmental Response, Compensation, and Liability Act (CERCLA) von 1980 neu geweckt. In diesem Gesetzeswerk wurde festgelegt, daß der Staat als treuhänderischer Verwalter der Naturgüter eines Landes bei Unfällen mit Umweltschädigungen stellvertretend für die Gesellschaft Schadensersatz von den jeweiligen Verursachern auch dann fordern kann, wenn bei diesen Umweltschäden keine Privatpersonen direkt geschädigt wurden. Bei der Klärung der Frage, welche Arten von Umweltschäden kompensationsfähig sind, wurden explizit auch Nichtgebrauchswerte erwähnt. Im Jahr 1986 folgte eine Erweiterung und Konkretisierung dieses Gesetzes durch den Superfund Amendments and Reauthorization Act (SARA).

Kurz nachdem das amerikanische Innenministerium (Department of the Interior, DOI) Richtlinien zur Umsetzung dieser Gesetze erlassen hatte, reichten zehn Bundesstaaten, drei Umweltorganisationen sowie Vertreter von Industrie und Handel Klage gegen die DOI-Regeln ein. In seinem abschließenden Urteil zu dem berühmten "State of Ohio v. The United States Department of the Interior"-Prozeß bestätigte der U. S. Court of Appeals for the District of Columbia Circuits 1989 im wesentlichen die Grundlinie des CERCLA und verpflichtete das DOI, auch auf der Kompensation von Nichtgebrauchswerten von Umweltgütern zu bestehen. Als Meßmethode zur Erfassung der Nichtgebrauchswerte wurde die hier zu besprechende Kontingente Evaluierungsmethode (KEM) explizit vorgeschrieben. Eine vom amerikanischen Department of Commerce durch die National Oceanic and Atmospheric Administration (NOAA) einge-

---

[10] Aus der sehr umfangreichen Literatur über Nichtgebrauchswerte seien hier Madariaga und McConnell (1987), Randall (1991), Common, Blamey und Norton (1993), Freeman (1993a) und Shechter und Freeman (1994) erwähnt.

setzte Expertenkommission unter dem Vorsitz von Kenneth Arrow und Robert Solow legte Regeln für die konkrete Ausgestaltung von KEM-Studien zur Schadensbemessung im Rahmen von Umwelthaftungsprozessen fest (siehe Arrow, Solow et al. 1993), die 1993 im amerikanischen Federal Register veröffentlicht wurden.

Seither, so könnte man meinen, ist die Bedeutung der Nichtgebrauchswerte von Umweltgütern und ihrer Messung durch die KEM unumstritten. Dies ist jedoch keineswegs der Fall. Da die Entschädigung von Nichtgebrauchswerten bei Umweltunfällen die Schadenssummen gewaltig erhöhen kann, besteht natürlich bei den potentiellen Verursachern von Umweltschäden ein erhebliches Interesse, die Glaubwürdigkeit der Kontingenten Evaluierungsmethode zu erschüttern und die Meßbarkeit von Nichtgebrauchswerten generell anzuzweifeln. So war insbesondere dem Exxon-Konzern nach dem Tankerunglück in Alaska, bei dem der Supertanker "Exxon-Valdez" auf Grund lief und einen großen Teil ihrer Ladung verlor, an einer Desavouierung der KEM gelegen, da in dem fast unbesiedelten Unglücksgebiet trotz der gewaltigen Umweltverschmutzung kaum private Vermögen geschädigt und Gebrauchswerte von Umweltgütern, vor allem bei Fischern, nur in vernachlässigbarem Umfang betroffen waren. Die zerstörten Nichtgebrauchswerte dagegen drohten nach dem Aufschrei der Empörung, der nach dem Unglück durch die gesamten USA ging, in gigantische Höhen getrieben zu werden. Daher sponsorte Exxon eine ganze Serie von Forschungsprojekten, die sich mit der theoretischen und empirischen Zuverlässigkeit der KEM auseinandersetzen sollten. Die Ergebnisse dieser Untersuchungen wurden 1992 auf einem Symposium in Washington der Öffentlichkeit vorgestellt und 1993 in einem von Jerry Hausman herausgegebenen Konferenzband publiziert (Hausman 1993). Keine einzige dieser Studien kam zu einem für die KEM positiven Ergebnis (zur Kritik und einen knappen Überblick siehe Diamond und Hausman 1994).

Der Exxon-Konzern einigte sich außergerichtlich mit dem Staat von Alaska und der amerikanischen Regierung auf eine Schadensersatzzahlung in Höhe von 1,15 Milliarden Dollar (zahlbar über einem Zeitraum von elf Jahren) für zerstörtes Naturvermögen, während eine von Carson et al. (1992) angefertigte KEM-Studie zu einer Schadenshöhe von fast drei Milliarden Dollar gelangte (siehe Portney 1994). Solche Summen machen die enorme politische und ökonomische Bedeutung von Nichtgebrauchswerten im Rahmen von Umwelthaftungsprozessen deutlich. Daher ist es nicht weiter verwunderlich, daß die Literatur, die sich äußerst kontrovers mit der Zuverlässigkeit der KEM auseinandersetzt, inzwischen gewaltige Dimensionen erreicht hat und täglich weiter anwächst. So zählte Hanemann (1994) über 1600 Aufsätze zu diesem Thema.

Da die KEM auf eine Messung sowohl der Gebrauchs- als auch der Nichtgebrauchswerte von Umweltgütern abzielt, kann sie sich nicht wie die indirekten Methoden der Präferenzerfassung an beobachtbaren Handlungen der

Haushalte orientieren. Vielmehr setzt die KEM auf eine Ermittlung der individuellen Hicksschen Kompensierenden Variationen für Umweltgüter durch direkte Befragung der einzelnen Haushalte. Die Grundidee der KEM, die auf Ciriacy-Wantrup (1947)[11] zurückgeführt wird, besteht darin, im Rahmen eines Interviews für das befragte Individuum einen fiktiven Markt für Umweltgüter zu entwerfen, auf dem dieses Individuum das zu bewertende Gut (ebenfalls fiktiv) nachfragt und dabei seine Zahlungsbereitschaft für dieses Gut offenbart.

Der Aufbau einer KEM-Studie läßt sich, wie in Abbildung 7.5 dargestellt wird, im wesentlichen in drei Stufen zerlegen. Auf der ersten Stufe muß dem befragten Individuum das zu bewertende Gut zunächst in allen seinen wesentlichen Eigenschaften beschrieben werden. Dies ist eine der schwierigsten Aufgaben einer KEM-Studie, da es sich bei Umweltgütern im Gegensatz zu den meisten Marktgütern, die der Haushalt im täglichen Leben erwirbt, üblicherweise um nicht-standardisierte Güter handelt, mit denen der Haushalt häufig keinerlei Erfahrungen sammeln konnte. Dies gilt vor allem dann, wenn der Haushalt Umweltgüter bewerten soll, die erst im Rahmen eines öffentlichen Umweltprojekts entstehen sollen und daher nicht besichtigt werden können. In solchen Fällen müssen dem Haushalt möglichst detaillierte und anschauliche Schilderungen des geplanten Umweltgutes geboten werden. Hierbei sind insbesondere auch optische Hilfsmittel wie Planzeichnungen, retuschierte Fotografien oder Videofilme hilfreich.

Die Verwendung solcher Darstellungsinstrumente setzt allerdings voraus, daß die Befragung als persönliches Interview durchgeführt wird, bei dem Interviewer und Befragter in einem Raum zusammen sind. Diese Befragungsform ist wesentlich teurer als beispielsweise ein Telefoninterview oder gar eine schriftliche Befragung, hat aber im Vergleich zu diesen erhebliche Vorteile. Neben der Möglichkeit der Verwendung optischen Anschauungsmaterials bietet die persönliche Befragung dem Interviewer auch die Chance, bei Bedarf durch geeignete Zusatzerläuterungen Verständnisschwierigkeiten beziehungsweise Mißverständnisse bei dem Befragten auszuräumen. Weiterhin hat er bei dieser Interviewform, im Gegensatz zur Briefbefragung, die Möglichkeit, den Ablauf der Befragung vollständig zu kontrollieren und dabei insbesondere über die Einhaltung des vorstrukturierten Interviewaufbaus zu wachen. Ferner kann er sich persönliche Notizen über seinen Eindruck von der Ernsthaftigkeit und den intellektuellen Fähigkeiten seines Interviewpartners machen, die bei der Auswertung einzelner Antworten von Bedeutung sein können. Ein möglicher Nachteil der direkten Befragung kann darin bestehen, daß die Person des Interviewers unter Umständen unbewußt die Antworten des Befragten beeinflußt. Dieser sogenannte "interviewer bias" kann auftreten, wenn der Befragte beispielsweise dem Interviewer durch "politisch korrekte" Antworten, das heißt

---

[11] Die Durchführung der ersten praktischen KEM-Studie wird Davis (1963) zugeschrieben.

durch die Äußerung übertriebener Zahlungsbereitschaften für Umweltgüter, imponieren oder ihn umgekehrt durch Trotzantworten ärgern will.

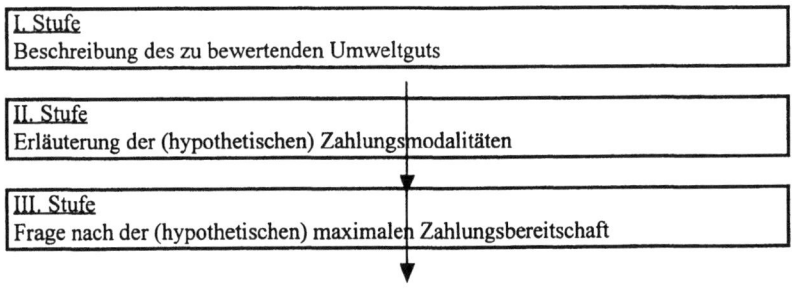

Abbildung 7.5

Bei den deutlich kostengünstigeren Telefoninterviews ist diese Gefahr geringer, aber auch die Möglichkeiten zur Unterstützung des Befragungsablaufs sind hier wesentlich eingeschränkter, obwohl immerhin die Chance zur Rückfrage bei dem Auftreten von Verständnisschwierigkeiten gegeben ist. Allerdings kann bei Telefonbefragungen keinerlei optisches Anschauungsmaterial eingesetzt werden, und die mögliche Dauer der Interviews ist naturgemäß wesentlich kürzer als bei persönlichen Interviews. Bei den noch billigeren Briefbefragungen scheidet auch die Möglichkeit von Rückfragen aus, so daß diese Befragungsform nicht empfohlen werden kann. Dasselbe gilt für die sogenannten "mall-stop surveys", bei denen nach dem Zufallsprinzip auf der Straße Passanten angesprochen werden. Hier ist weder mit der einer ernsthaften Befragung angemessenen Konzentration zu rechnen, noch kann eine einigermaßen erfolgreiche Problembeschreibung durchgeführt werden. Aus diesem Grunde können solche Befragungen keinerlei ernstzunehmende Ergebnisse liefern.

Auf der zweiten Stufe einer KEM-Studie müssen dem befragten Individuum die Zahlungsmodalitäten geschildert werden, unter denen es das zu bewertende Umweltgut nachfragen soll. Dabei muß erläutert werden, welcher Zusammenhang zwischen der von dem Befragten angegebenen Zahlungsbereitschaft einerseits und dem Zustandekommen des fraglichen Projekts, zum Beispiel der Anlage des Badesees, sowie der von ihm tatsächlich zu leistenden Zahlung andererseits besteht. Hier gibt es eine ganze Reihe verschiedener Möglichkeiten. So kann dem Probanden mitgeteilt werden, daß das fragliche Projekt nur durchgeführt wird, wenn die aggregierte Zahlungsbereitschaft aller befragten Individuen mindestens so hoch wie die zu erwartenden Kosten ist.

Oder man sagt ihm, daß das Projekt auf jeden Fall durchgeführt wird und die Befragung nur ein unverbindliches Meinungsbild ergeben soll.

Unter dem Aspekt der zu erwartenden Ernsthaftigkeit der Antworten ist hier sicherlich die erstgenannte Variante vorzuziehen. In Bezug auf den Zusammenhang zwischen geäußerter Zahlungsbereitschaft und tatsächlich zu leistender Zahlung ist es im Hinblick auf die Ernsthaftigkeit der Antworten wohl sinnvoll, einen entweder vollkommenen oder zumindest proportionalen Zusammenhang zwischen beiden Größen herzustellen. Wichtig ist, daß sich der befragte Haushalt bei seiner Antwort vorstellt, daß ihm der als Zahlungsbereitschaft für das zu bewertenden Umweltgut genannte Geldbetrag für den Kauf anderer (Markt-)Güter tatsächlich fehlt. Von nicht unerheblicher Bedeutung ist auch die Festlegung des sogenannten "Zahlungsvehikels", also der Art und Weise, in der die genannte Zahlung für das betreffende Umweltgut erhoben werden soll. Hierbei könnte es sich um eine einmalige oder eine jährlich wiederkehrende Zahlung handeln. Sie könnte als isoliert erhobener Beitrag geleistet werden oder als Zuschlag zu einer bereits bestehenden Steuer, wobei letzteres wegen der weitverbreiteten generellen Abneigung gegen Steuern als unvorteilhaft betrachtet wird.

Auf der dritten Stufe einer KEM-Studie geht es neben einigen ergänzenden Fragen zum sozioökonomischen Hintergrund und zu den Lebens- und Konsumgewohnheiten des befragten Individuums vor allem um die Bestimmung seiner Zahlungsbereitschaft für das zu bewertende Umweltgut oder -projekt. Die schlechteste aller Möglichkeiten ist hier sicher die sogenannte direkte, offene Befragung, bei der ein Individuum einfach gefragt wird, was es für das betreffende Gut zu zahlen bereit wäre. Da der Kauf von Umweltgütern nicht gerade zu den Alltagstätigkeiten des Normalbürgers gehört, haben die meisten auch keinerlei Vorstellung vom "Wert" solcher Güter. Es ist daher nicht verwunderlich, daß die Antworten bei der direkten, offenen Befragung die größte Streuung aufweisen.

Als Alternative wird häufig die sogenannte Versteigerungsmethode genannt, bei welcher der Interviewer ein Zahlungsgebot vorschlägt und, falls der Befragte "mithält", das Gebot in bestimmten Intervallen solange erhöht, bis der Befragte "aussteigt", das heißt bis zu seinem letzten Gebot. Dieses wird dann als seine Zahlungsbereitschaft für das fragliche Umweltgut interpretiert. Der Nachteil dieser Methode besteht darin, daß der Befragte möglicherweise durch die Höhe des Erstgebots in seinen Wertvorstellungen bezüglich des Umweltgutes beeinflußt werden kann. Dies wäre der sogenannte "starting point bias". Ebenso können zu eng gewählte Erhöhungsintervalle in Verbindung mit einem zu niedrig gewählten Erstgebot dazu führen, daß der Befragte schon vor Erreichen seiner wahren Zahlungsbereitschaft aussteigt, weil ihm die Prozedur zu langwierig erscheint.

Diese Gefahr soll bei der sogenannten Zahlungskartenmethode vermieden werden. Hier wird dem Befragten eine Karte mit verschiedenen Zahlungsvorschlägen in aufsteigender Folge vorgelegt, aus der sich der Befragte die für ihn zutreffende Zahlungsbereitschaft heraussuchen kann, ohne zuvor zu allen niedrigeren Geboten Stellung nehmen zu müssen. Allerdings kann auch hier eine mögliche Beeinflussung des Ergebnisses durch den aufgeführten Bereich denkbarer Zahlungsbereitschaften (der sogenannte "range bias") nicht ausgeschlossen werden.

Dieses Problem existiert nicht bei der von Bishop und Heberlein (1979) vorgeschlagenen sogenannten Referendumsmethode.[12] Hier wird jedem Haushalt nur eine einzige Zahlungsbereitschaft vorgeschlagen, und er wird gefragt, ob er das zu bewertende Umweltgut zu dem genannten Preis "kaufen" würde oder nicht. Der Vorteil dieser Frageversion wird vor allem darin gesehen, daß er den Konsumenten mit einer alltagsähnlicheren und damit vertrauteren Situation konfrontiert als die anderen Frageformen. Zum einen ist diese Frageform Bürgern aus Ländern wie der Schweiz, in denen des öfteren Volksbefragungen durchgeführt werden, durchaus geläufig, und zum andern werden auch referendumsunerfahrene Haushalte bei dem Einkauf von Marktgütern immer wieder vor die Wahl gestellt, ein Gut zu einem bestimmten Preis entweder zu kaufen oder auf seinen Konsum zu verzichten.

Der Nachteil der Referendumsmethode besteht darin, daß letztlich für keinen Haushalt die exakte, maximale Zahlungsbereitschaft ermittelt wird. Vielmehr erfährt man von jedem Haushalt nur, ob die vom Interviewer vorgeschlagene Zahlungsbereitschaft für ihn noch akzeptabel ist oder nicht. Wie weit die vorgeschlagene Zahlungsbereitschaft von seiner wahren maximalen Zahlungsbereitschaft entfernt ist, kann man bei diesem Verfahren nicht feststellen. Diese Befragung wird mit unterschiedlichen Preisgeboten bei einer repräsentativen Auswahl aller von einem Projekt potentiell betroffenen Haushalte durchgeführt. Dieses Vorgehen führt schließlich zu einer Funktion, die für jeden der vorgeschlagenen Preise den Anteil der betroffenen Bevölkerung angibt, der bei diesem Preis dem betreffenden Projekt noch zustimmen würden. Anders ausgedrückt zeigt diese Funktion für jeden der untersuchten Preise die Wahrscheinlichkeit an, daß ein zufällig angesprochenes Individuum das fragliche Projekt zu diesem Preis befürworten würde.

Die Kritik an der KEM ist vielfältig und kann hier nicht in allen Details wiedergegeben werden. Neben den bereits genannten verfahrensbedingten Verzerrungen des Untersuchungsergebnisses, werden von den Kritikern der Methode auch Verzerrungen befürchtet, die beispielsweise auf strategisches Verhalten der befragten Haushalte zurückzuführen sind. Die Gefahr des Auftretens eines

---

[12] Diese Methode wird auch als "discrete response method" (Carson 1991) oder als "take-it-or-leave-it method" (Hoevenagel 1994a) bezeichnet.

Schwarzfahrerphänomens auf hypothetischen Märkten ist möglicherweise jedoch geringer als die Gefahr, daß das Untersuchungsergebnis durch den hypothetischen Charakter der Untersuchung verfälscht wird. So könnten einige Haushalte die Befragung nicht ernst genug nehmen, um von ihren Antworten auf ihre wahre Zahlungsbereitschaft zu schließen. Auf einer anderen Ebene liegt die Befürchtung, daß ein Individuum, wenn es nach Dingen von übergeordneter Bedeutung wie dem Umweltschutz gefragt wird, nicht mehr seine wahren Präferenzen offenbart und sich wie ein "normaler" Konsument auf dem hypothetischen Markt verhält, sondern daß es sich bei solchen Themen als "Bürger" angesprochen fühlt und daher eher staatsmännische, "politisch korrekte" Antworten gibt.[13]

Die für die KEM grundlegende Annahme, daß der befragte Haushalt sich auf dem hypothetischen Markt wenigstens annähernd so wie auf einem "normalen" Markt verhält, wird von einigen Kritikern der Methode auch auf der Basis von Untersuchungen angezweifelt, bei denen die Zahlungsbereitschaft der befragten Personen nicht die erwartete Monotonieeigenschaft bezüglich der zu bewertenden Umweltgüter aufwies. So nahm in einer Untersuchung von Desvousges et al. (1993) die Zahlungsbereitschaft für die Rettung von Wasservögeln auch bei einer Vervielfachung der Anzahl der potentiell zu rettenden Vögel nur unwesentlich zu. Da dieses Phänomen auch bei einigen anderen Befragungen auftrat (siehe dazu Kahneman und Knetsch 1992, Knetsch 1994), wurde vermutet, daß die befragten Individuen mit der von ihnen geäußerten Zahlungsbereitschaft gar nicht die einzelnen konkreten Maßnahmen zur Rettung einer jeweils festliegenden Anzahl von Wasservögeln bewerteten, sondern eher das umfassendere und daher von der konkreten Anzahl der Vögel unabhängige Gut "Rettung von Wasservögeln". Aufgrund gravierender Mängel bei der Durchführung der entsprechenden Studien wird das Vorliegen solcher Einbettungseffekte, bei denen das konkret zu bewertende Projekt in ein umfassenderes Gut, das dann von den Befragten unbewußt tatsächlich bewertet wird, eingebettet ist, von den Befürwortern der KEM weitgehend bestritten (siehe etwa Hanemann 1994 oder Nickerson 1995).

Ähnlich wie die Unterstellung der Existenz von Einbettungseffekten zielt auch die sogenannte "Warm-glow-Hypothese" darauf ab, daß ein befragtes Individuum nicht das zur Disposition stehende Umweltgut selbst bewertet, sondern gerade im Umweltbereich ganz unabhängig von dem konkreten Projekt gerne eine großzügig bemessene Zahlungsbereitschaft nennt, um (wenn auch nur hypothetisch) etwas "Gutes" zu tun und das dabei entstehende gute Gefühl (das von Andreoni (1989) so benannte "warm glow of giving") zu genießen. Die tatsächliche Bedeutung der "Warm-glow-Hypothese" für die Beurteilung der

---

[13] Dieser Einwand gegen die KEM geht vor allem auf Sagoff (1988) zurück (siehe auch Common und Blamey Norton 1993 und Sagoff 1994).

KEM ist schwer abzuschätzen. Allerdings kann man in persönlichen Interviews versuchen, solche Motive durch geeignete Zusatzfragen zu erkennen und dann die entsprechenden Haushalte aus der Befragung herauszunehmen. Ein Schritt in diese Richtung ist sicher die Durchführung sogenannter "Think aloud studies", bei denen die Befragten alles zu Protokoll geben müssen, was ihnen beim Beantworten der Fragen spontan durch den Kopf geht (für eine ausführliche Beschreibung siehe Schkade und Payne 1994).

Auf einer eher theoretischen Ebene schließlich liegt die Behauptung, die Ergebnisse von KEM-Studien seien unbrauchbar, da gerade im Umweltbereich altruistische Präferenzen eine wichtige Rolle spielten und diese zwangsläufig zu Doppelzählungen bei der Erfassung der individuellen Zahlungsbereitschaften führten (siehe Milgrom 1993). Hier wurde inzwischen gezeigt, daß die explizite Berücksichtigung der bei KEM-Studien zweifellos einfließenden altruistischen Gefühle bei der Identifizierung von pareto-verbessernden Projekten nicht nur nicht falsch, sondern im Gegenteil sogar zwingend erforderlich ist, so daß dem Altruismusvorwurf im Hinblick auf die theoretische Zuverlässigkeit der KEM jegliche Grundlage fehlt (siehe Ahlheim und Schneider 1996).

Zusammenfassend läßt sich sagen, daß die Kontingente Evaluierungsmethode zwar sicherlich eine ganze Reihe von Fragen im Hinblick auf ihre theoretische und empirische Zuverlässigkeit unbeantwortet läßt. Dies gilt allerdings in ähnlicher Weise auch für die zuvor dargestellten indirekten Methoden der Präferenzerfassung, bei denen der unterstellte Zusammenhang zu dem Konsum komplementärer Marktgüter oft mehr als konstruiert und weltfremd wirkt. Darüber hinaus sind diese Methoden ohnehin nur zur Erfassung von Gebrauchswerten öffentlicher Güter geeignet. Da aber gerade für die Bewertung von Umweltgütern die sogenannten Nichtgebrauchswerte eine wesentliche Rolle spielen, kann hier eine Beschränkung auf die Verwendung der indirekten Meßmethoden nicht in Betracht gezogen werden. Will man nicht gänzlich auf eine ökonomische Bewertung von Umweltgütern verzichten, führt letztlich kein Weg an der Anwendung und Verbesserung der Kontingenten Evaluierungsmethode vorbei. Die Alternative hierzu wäre eine vollständige Delegation des Allokationsproblems im Umweltbereich an die Politik oder an anonyme Expertengremien, die jeder demokratischen Kontrolle entzogen sind. Im Vergleich hierzu bedeutet die Verwendung der KEM aufgrund ihrer Orientierung an den Präferenzen der Bevölkerung trotz aller Mängel doch ein Stück projektorientierter, unmittelbarer demokratischer Mitbestimmung in einem Bereich, der einer großen Zahl von Bürgern zunehmend am Herzen liegt.

8. ANHANG: DEFINITIONEN UND ERLÄUTERUNGEN

Um die Lesbarkeit des Textes für formal weniger Interessierte zu erhöhen, haben wir in den Kapiteln 6 und 7 weitgehend auf formale Darstellungen und mathematische Ableitungen verzichtet. Um allerdings den Bezug zur Literatur herzustellen und gleichzeitig unsere Argumentation zu vervollständigen, sind im folgenden die wesentlichen, in den Kapiteln 6 und 7 verwendeten Konzepte formal erläutert.

8.1 Ein einfaches Haushaltsmodell

Wir unterstellen, daß in einer Volkswirtschaft mit N Marktgütern H Haushalte von einem zu bewertenden Umweltprojekt betroffen sind. Jeder Haushalt $h = 1,2,...,H$ konsumiere das Marktgüterbündel $x_h = [x_{h1}, x_{h2},...,x_{hN}]$ zu den von ihm als gegeben betrachteten Preisen $p = [p_1, p_2,...,p_N]$. Jeder Haushalt h beziehe ein Pauscheinkommen I_h, das von ihm als exogen, also nicht gestaltbare Größe betrachtet wird.

Gibt es L Kollektivgüter[1], so konsumieren die Haushalte kostenlos gemeinsam das Kollektivgütergüterbündel $z = [z_1, z_2,...,z_L]$. Neben den Umweltgütern kann der Vektor z auch typische vom Staat bereitgestellte Güter wie Straßen, Kindergärten, öffentliche Sicherheit, Landesverteidigung etc. enthalten. Obwohl unser Interesse natürlich primär der Bewertung von Umweltgütern gilt, können beispielsweise staatliche Investitionen in Umweltprojekte Einsparungen bei der Bereitstellung anderer öffentlicher Güter nach sich ziehen, so daß bei der wohlfahrtstheoretischen Bewertung von Umweltprojekten nicht nur die jeweils anfallende Verbesserung der Umweltqualität, sondern auch die mit einem solchen Projekt verbundene Verminderung des Angebots an anderen öffentlichen Gütern berücksichtigt werden muß.

Der von einem Haushalt h empfundene Nutzen U_h kann in Abhängigkeit vom Marktgüterpreisvektor p, den konsumierten Kollektivgüterbündel z und dem persönlichen Pauscheinkommen I_h durch seine indirekte Nutzenfunktion

---

[1] Kollektivgüter oder öffentliche Güter sind durch die Eigenschaften der Nichttrivalität im Konsum und der Nichtanwendbarkeit des Ausschlußprinzips charakterisiert (siehe Kapitel 3 und 6). Diese beiden Eigenschaften führen dazu, daß sich für solche Güter keine funktionierenden Märkte bilden. Sie stehen entweder wie die meisten Umweltgüter "von Natur aus" kostenlos zur Verfügung, oder sie werden vom Staat aus dem allgemeinen Steueraufkommen finanziert, so daß auch hier kein dem Konsum dieser Güter direkt zurechenbarer Preis erhoben wird.

(8.6.1) $U_h = v_h(p,z,I_h)$

beschrieben werden (siehe dazu Kreps 1990, Ahlheim 1993), die das für den Haushalt h (mit z, I_h und p) maximal erreichbare Nutzenniveau U_h angibt.

8.2 Die Hicks-Maße

Ein Umweltprojekt kann, wie in Kapitel 6 erläutert wurde, potentiell jede der Größen p, z oder I_h verändern. Bezeichnet man die Ausgangswerte dieser Parameter mit $[p^0, z^0, I_h^0]$ und die neuen Werte, die sich nach einer umweltpolitischen Maßnahme einstellen, mit $[p^k, z^k, I_h^k]$, so ergibt sich die aus dieser Maßnahme resultierende Nutzenänderung $\Delta^{0k} U_h$ als

(8.2) $\Delta^{0k} U_h = U_h^k - U_h^0 = v_h(p^k, z^k, I_h^k) - v_h(p^0, z^0, I_h^0)$.

Dabei ist U_h^0 das Nutzenniveau der Ausgangssituation und U_h^k das Nutzenniveau der neuen Situation. Diese (ordinale) Nutzenänderung soll nun durch die in Kapitel 6 eingeführten Hicks-Maße erfaßt werden.

Die Hickssche Kompensierende Variation ist, wie bereits erläutert wurde, gleich dem Geldbetrag, der einen Haushalt h nach Durchführung des Umweltprojekts (im positiven oder negativen Sinne) nutzenmäßig so kompensiert, daß er sich in der neuen Situation nicht schlechter und nicht besser fühlt als in der Ausgangssituation. Formal läßt sich die Kompensierende Variation CV_h^{0k} eines Haushalts h für ein Projekt k mit Hilfe seiner Ausgabenfunktion $e_h(p, z, U_h)$ darstellen

(8.3) $CV_h^{0k} = e_h(p^k, z^k, U_h^k) - e_h(p^k, z^k, U_h^0) = I_h^k - e_h(p^k, z^k, U_h^0)$.

Die Ausgabenfunktion $e_h(p,z,U_h)$ beschreibt dabei diejenigen Ausgaben, die der Haushalt h bei Preisen p und dem Kollektivgüterbündel z mindestens tätigen muß, um das Nutzenniveau U_h zu realisieren (zu diesem Konzept siehe Kreps 1990 oder Ahlheim 1993). Das zweite Gleichheitszeichen erklärt sich aus der Tatsache, daß es im vorliegenden Modell keine Ersparnisse gibt, so daß das Pauscheinkommen I_h^k der neuen Situation mit den Ausgaben $e_h(p^k, z^k, U_h^k)$ übereinstimmt.

Der Ausdruck $e_h(p^k, z^k, U_h^0)$ beschreibt also die minimalen Ausgaben des Haushalts h, um bei den neuen Preisen p^k und nach Durchführung des k-ten staatlichen Projekts wieder sein ursprüngliches Nutzenniveau U_h^0 zu realisieren. Die Differenz $[I_h^k - e_h(p^k, z^k, U_h^0)]$ ist im Falle einer Nutzenerhöhung ($\Delta^{0k} U_h > 0$) positiv und steht dann, wie oben bereits erwähnt wurde, für denjenigen Geldbetrag, den der Haushalt als Gewinner des Projekts maximal an die Verlierer zu zahlen bereit wäre. Gehört der betrachtete Haushalt zu den Verlierern ($\Delta^{0k}U_h < 0$), so ist [$I_h^k - e_h(p^k,z^k,U_h^0)$] gleich (dem Negativen) seiner minimalen Entschädigungsforderung (MEF) für dieses Projekt.

Daß ein Individuum nach Durchführung eines Umweltprojekts durch die Korrektur seines Einkommens um die entsprechende Kompensierende Variation wieder auf sein ursprüngliches Nutzenniveau zurückversetzt wird, drückt die Identität

(8.4) $\quad v_h(p^k,z^k,I_h^k - CV_h^{0k}) \equiv U_h^0$

aus, die in der Literatur häufig als indirekte Definition für die CV verwendet wird. Die Äquivalenz beider Definitionen wird deutlich, wenn man (8.3) in (8.4) einsetzt und damit die bekannte Identität

$$v_h(p^k,z^k,e_h(p^k,z^k,U_h^0)) \equiv U_h^0$$

erhält (siehe dazu Kreps 1990). Analog zur Kompensierenden Variation läßt sich die Hickssche Äquivalente Variation EV_h^{0k} definieren als

(8.5) $\quad EV_h^{0k} = e_h(p^0,z^0,U_h^k) - e_h(p^0,z^0,U_h^0) = e_h(p^0,z^0,U_h^k) - I_h^0$.

Sie beschreibt denjenigen Geldbetrag, mit dem man den Konsumenten (im positiven oder negativen Sinne) auch ohne Durchführung des Umweltprojekts nutzenmäßig genauso gut stellen könnte wie bei seiner Durchführung. Aus diesem Zusammenhang ergibt sich wiederum die Möglichkeit zur indirekten Definition der EV

(8.6) $\quad v_h(p^0,z^0,I_h^0 + EV_h^{0k}) \equiv U_h^k$,

die sich in manchen Literaturbeiträgen zur Wohlfahrtsmessung findet. Hier wird deutlich, daß ein Haushalt bei den ursprünglichen Preisen, dem ursprünglichen Einkommen und der ursprünglichen Umweltqualität durch eine Korrektur seines Einkommens um den Geldbetrag EV_h^{0k} genauso "glücklich" wird wie durch die Durchführung des Umweltprojekts k. Einsetzen von (8.5) in (8.6) zeigt

$$v_h(p^0,z^0,e_h(p^0,z^0,U_h^k)) \equiv U_h^k$$

wieder die theoretische Kompatibilität der beiden Definitionen für die Äquivalente Variation.

In Abbildung 8.1 sind die beiden Hicks-Maße im Zwei-Güter-Fall für die Erhebung einer Ökosteuer auf Gut 2 dargestellt. Infolge dieser Steuer sinkt der Nutzen des betrachteten Haushalts von U_h^0 auf U_h^k. Da in Abbildung 8.1 das erste Gut als Numéraire mit konstantem Preis $p_1=1$ behandelt wird, kann man sowohl die CV als auch die EV jeweils wieder durch den senkrechten Abstand zweier paralleler Tangenten an die neue und die alte Indifferenzkurve des Haushalts h messen. Die Kompensierende Variation ergibt sich als Differenz zwischen den Achsenabschnitten der neuen Budgetgerade $p^k x_h = I_h^k$ einerseits und der fiktiven Budgetgerade $p^k x_h = e_h(p^k, z, U_h^0)$ andererseits und ist bei einer isolierten Steuererhebung natürlich negativ. Die Äquivalente Variation entspricht übrigens der Differenz zwischen den Achsenabschnitten der fiktiven Budgetgerade $p^0 x_h = e_h(p^0, z, U_h^k)$ einerseits und der alten Budgetgerade $p^0 x_h = I_h^0$ andererseits.

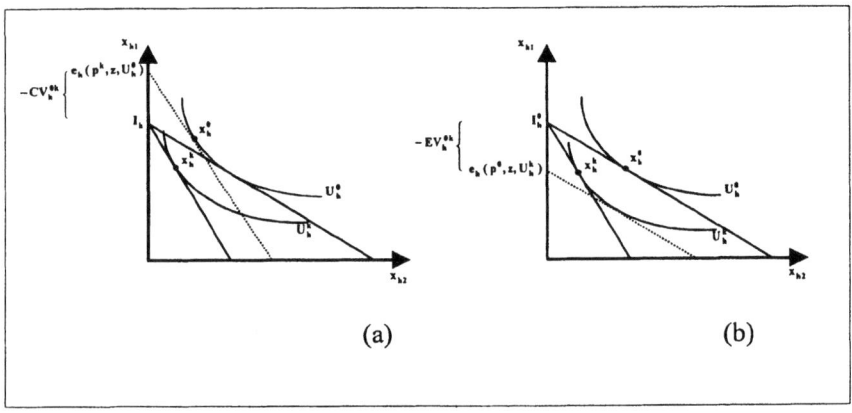

Abbildung 8.1

Aus der strengen Monotonie der Ausgabenfunktion im Nutzenniveau U folgt in Verbindung mit den Definitionen (8.3) und (8.5), daß sowohl die CV als auch die EV die sogenannte Indikatorbedingung

(8.7) $\quad CV_h^{0k} \gtreqless 0 \Leftrightarrow \Delta^{0k} U_h \gtreqless 0 \, , \, EV_h^{0k} \gtreqless 0 \Leftrightarrow \Delta^{0k} U_h \gtreqless 0$

erfüllen, so daß man vom Vorzeichen eines jeden dieser Maße unmittelbar auf das Vorzeichen der vom betreffenden Projekt verursachten Nutzenänderung schließen kann.

8.3 Aggregation

Der Schritt von der mit der Kompensierenden oder Äquivalenten Variation gemessenen individuellen Nutzenänderung zur Beurteilung der gesellschaftlichen Wohlfahrtsänderung wird nach dem Hicks-Kaldor-Kriterium durch Addieren der individuellen CVs beziehungsweise EVs vollzogen. Bezeichnet man das Niveau der gesellschaftlichen Wohlfahrt in der Ausgangssituation mit W^0 und in der Situation nach Durchführung des k-ten Umweltprojekts mit W^k, so läßt sich das Hicks-Kaldor-Kriterium für die Kompensierende Variation als

(8.8) $$\sum_{h=1}^{H} CV_h^{0k} \gtreqless 0 \quad \Rightarrow \quad W^k \gtreqless W^0,$$

und für die Äquivalente Variation durch

(8.9) $$\sum_{h=1}^{H} EV_h^{0k} \gtreqless 0 \quad \Rightarrow \quad W^k \gtreqless W^0$$

darstellen. Die ökonomische Rationalität, die sich hinter diesem Kriterium verbirgt, wurde in Kapitel 6 bereits ausführlich erläutert. So impliziert eine positive Summe der individuellen Kompensierenden Variationen: Die Gewinner des fraglichen Umweltprojekts wären nach seiner Durchführung in der Lage, die Verlierer durch Einkommenstransfers so zu kompensieren, daß diese sich nicht schlechter stellen als in der Ausgangssituation, und könnten dennoch einen eigenen Nutzenzuwachs realisieren. Ein solches Projekt impliziert somit zumindest eine potentielle Pareto-Verbesserung und wird daher als gesellschaftlich vorteilhaft betrachtet. Eine analoge Argumentation gilt für die auf der Grundlage der individuellen Äquivalenten Variationen definierte Form des Hicks-Kaldor-Kriteriums.

8.4 Die Zerlegung der Hicks-Maße

Ausgangspunkt der Zerlegung der Kompensierenden Variation ist die Definitionsgleichung (8.3). Addiert man zu dieser die Ausdrücke $e_h(p^0, z^0, U_h^0) - I_h^0 = 0$ und $e_h(p^k, z^0, U_h^0) - e_h(p^k, z^0, U_h^0) = 0$, so erhält man

(8.10) $$\begin{aligned} CV_h^{0k} = \quad & e_h(p^0,z^0,U_h^0) - e_h(p^k,z^0,U_h^0) + \\ & e_h(p^k,z^0,U_h^0) - e_h(p^k,z^k,U_h^0) + I_h^k - I_h^0. \end{aligned}$$

In dieser Darstellung ist die Kompensierende Variation in ihre verschiedenen Komponenten zerlegt, wobei diese Komponenten jeweils die Beiträge der einzelnen Parameteränderungen zum Gesamtwohlfahrtseffekt darstellen. So entspricht beispielsweise der Ausdruck $e_h(p^0,z^0,U_h^0) - e_h(p^k,z^0,U_h^0)$ der zuvor mit CVP_h^{0k} bezeichneten Kompensierende Variation einer isolierten Änderung der Marktpreise. Umgekehrt ist die Kompensierende Variation CVZ_h^{0k} einer Änderung der Umweltgütermengen (bei bereits geänderten Marktgüterpreisen) durch $e_h(p^k,z^0,U_h^0) - e_h(p^k,z^k,U_h^0)$ gegeben. Die CV einer Einkommensänderung $I_h^k - I_h^0$ wird wegen der Geldnormierung der Hicks-Maße durch die Einkommensänderung selbst ausgedrückt.

Ebenso kann man die Definitionsgleichung (8.5) der Äquivalenten Variation bei Beachtung der Beziehung $I_h^k - e_h(p^k,z^k,U_h^k) = 0$ in die Einzel-EVs von Marktpreis-, Umweltqualitäts- und Einkommensänderungen zerlegen; also

(8.11)
$$EV_h^{0k} = e_h(p^0,z^k,U_h^k) - e_h(p^k,z^k,U_h^k) +$$
$$e_h(p^0,z^0,U_h^k) - e_h(p^0,z^k,U_h^k) + I_h^k - I_h^0.$$

8.5 Hicks-Maße und die Nutzen-Kosten-Analyse

Das entscheidende empirische Problem bei der Berechnung der exakten Hicksschen Kompensierenden Variation ist die Emittlung des fiktiven Einkommensbetrags $e_h(p^k,z^k,U_h^0)$, mit dem der Haushalt h auch nach Durchführung des Umweltprojekts k das ursprüngliche Nutzenniveau U_h^0 realisieren könnte. Dieser Betrag ist aufgrund seines fiktiven Charakters empirisch nicht unmittelbar beobachtbar, und die exakte empirische Ermittlung der Differenz

(8.12) $\quad CV_h^{0k} = e_h(p^k,z^k,U_h^k) - e_h(p^k,z^k,U_h^0) = I_h^k - e_h(p^k,z^k,U_h^0)$

erfordert einen sehr hohen statistisch-ökonometrischen Aufwand, wie bereits diskutiert wurde.

Addiert man zu der Definitionsgleichung (8.3) der Kompensierenden Variation den Ausdruck $e_h(p^0,z^0,U_h^0) - I_h^0 = 0$, so erhält man

(8.13) $\quad CV_h^{0k} = e_h(p^0,z^0,U_h^0) - e_h(p^k,z^k,U_h^0) + I_h^k - I_h^0.$

Approximiert man die Differenz $e_h(p^0,z^0,U_h^0) - e_h(p^k,z^k,U_h^0)$ durch eine Taylor-Reihe erster Ordnung, so gilt

(8.14) $CV_h^{0k} \approx I_h^k - I_h^0 - \nabla_p e_h(p^0, z^0, U_h^0)[p^k - p^0] - \nabla_z e_h(p^0, z^0, U_h^0)[z^k - z^0]$,

wobei $\nabla_p e_h$ beziehungsweise $\nabla_z e_h$ die Gradienten der Ausgabenfunktion bezüglich der Preise p beziehungsweise der Umweltgütermengen z sind.

Nach Shephard's Lemma ist die partielle Ableitung der Ausgabenfunktion nach einem Güterpreis identisch zur Hicks-Nachfragefunktion nach dem entsprechenden Gut (siehe Kreps 1990). Damit sind die partiellen Preisableitungen der Ausgabenfunktion an der Stelle $[p^0, z^0, U_h^0]$ gleich den in der Ausgangssituation nachgefragten Gütermengen $\nabla_p e_h(p^0, z^0, U_h^0) = x^0$. Eine analoge Anwendung von Shephard's Lemma auf die Ableitungen der Ausgabenfunktion nach den Umweltgütermengen z zeigt, daß diese Ableitungen an der Stelle $[p^0, z^0, U_h^0]$ gleich dem Negativen der subjektiven Schattenpreise der jeweiligen Umweltgüter sind; also $-\nabla_z e_h(p^0, z^0, U_h^0) = \pi_h^0$ (siehe Ahlheim 1993).

Berücksichtigt man diese Zusammenhänge zusammen mit der Budgetbeschränkung des h-ten Haushalts $px_h = I_h$ in (8.14), so erhält man die individuelle Nutzen-Kosten-Formel (8.11) als lineare Approximation der Hicksschen Kompensierenden Variation

(8.15) $CV_h^{0k} \approx NK_h^{0k} = p^k [x_h^k - x_h^0] + \pi_h^0 [z^k - z^0]$.

Diese lineare Approximation der Kompensierenden Variation impliziert eine engere Interpretation des Konzepts der maximalen Zahlungsbereitschaft (MZB) beziehungsweise der minimalen Entschädigungsforderung (MEF) eines Haushalts. Während sich das im Zusammenhang mit der exakten CV erläuterte Konzept der "wahren" MZB beziehungsweise MEF auf die Einkommensvariationen bezieht, die den Haushalt nach Durchführung einer staatlichen Maßnahme wieder in die Lage versetzen, sein ursprüngliches Nutzenniveau U^0 zu realisieren, zielt das in der Nutzen-Kosten-Analyse verwendete Konzept einer MZB beziehungsweise MEF auf solche Einkommensvariationen ab, die dem Haushalt nach Durchführung des fraglichen Projekts wieder den Kauf des ursprünglichen Konsumgüterbündels x^0 erlauben.

Beiden Konzepten gemeinsam ist die Vorstellung von einer Einkommensänderung, die dem Haushalt nach Durchführung eines Projekts denselben Lebensstandard zugesteht wie in der Ausgangssituation. Beim Übergang von der exakten CV zu ihrer linearen Approximation NK geht aber offensichtlich die Berücksichtigung des Substitutionseffekts verloren, der dem Haushalt bei veränderten relativen Preisen die Realisierung des ursprünglichen Nutzenniveaus U^0 mit einem anderen als dem ursprünglichen Güterbündel x^0 erlaubt. Die Nichtberücksichtigung des Substitutionseffekts führt dazu, daß die linear approximierte CV kleiner oder höchstens gleich der exakten CV ist. Damit führt die im Rahmen von Nutzen-Kosten-Analysen verwendete approximierte CV tendenziell zu einer Unterschätzung der MZB für ein für den Haushalt positives

Projekt und zu einer Überschätzung seiner MEF im Falle eines für ihn negativen Projekts.

Im Hinblick auf die Änderung der Umweltgütermengen oder -qualitäten kann man zeigen, daß der approximierte Umwelteffekt $\pi_h^0[z^k-z^0]$ den "wahren" Umwelteffekt eher überschätzt. Das bedeutet, daß die im Rahmen von Nutzen-Kosten-Analysen bestimmten maximalen Zahlungsbereitschaften für Verbesserungen der Umweltqualität im Vergleich zu den "wahren" Zahlungsbereitschaften CVZ zu hoch und die minimalen Entschädigungsforderungen (für Verschlechterungen der Umweltqualität) zu gering sind. Folglich führt die lineare Approximation der individuellen Kompensierenden Variation, wie sie in der praktischen Nutzen-Kosten-Analyse üblich ist, bei Projekten, die nur Änderungen der Preise und Einkommen bewirken, zu einer zu pessimistischen Beurteilung, während sie Projekte, die ausschließlich den Kollektivgutkonsum ändern, eher zu optimistisch bewertet.

Summiert man die individuellen Nutzen-Kosten-Ausdrücke NK_h^{0k} gemäß (8.15) über alle Haushalte h, um in Anlehnung an das Hicks-Kaldor-Kriterium die gesellschaftliche Vorteilhaftigkeit eines Umweltprojekts zu prüfen, so erhält man die gesellschaftliche Nutzen-Kosten-Differenz NK^{0k}

$$(8.16) \quad NK^{0k} = \sum_{h=1}^{H} NK_h^{0k} = p^k \cdot \sum_{h=1}^{H} [x_h^k - x_h^0] + [z^k - z^0] \cdot \sum_{h=1}^{H} \pi_h^0 .$$

Während die Marktgütereffekte mit den für alle Haushalte gleichen Marktpreisen bewertet werden, läßt sich bei der gesellschaftlichen Bewertung der Umwelteffekte die Samuelson-Regel erkennen, nach der die gesellschaftliche Wertschätzung für ein Kollektivgut gleich der Summe der (unterschiedlichen) individuellen Wertschätzungen ist.

Wie in Kapitel 6 erläutert, wird in vielen Nutzen-Kosten-Analysen auf die teuere und mit großen empirischen Risiken verbundene Ermittlung der individuellen Schattenpreise für Umweltgüter verzichtet. Statt dessen werden gesellschaftliche Schattenpreise π gemäß

$$(8.17) \quad \pi = \sum_{h=1}^{H} \pi_h$$

definiert, die jedoch nicht tatsächlich auf der Basis der individuellen Wertschätzungen π_h berechnet, sondern von dem jeweiligen Nutzen-Kosten-Analytiker mehr oder weniger willkürlich auf der Grundlage allgemeiner Plausibilitätsüberlegungen festgelegt werden.

Drückt man ferner die individuellen Marktgütereffekte $p^k \cdot \Sigma_h[x_h^k - x_h^0]$ durch die Inputkosten des betreffenden Umweltprojekts durch

(8.18) $\quad p^k \cdot \sum_{h=1}^{H} [x_h^k - x_h^0] = - q^k \cdot y^k$

aus, so erhält man auf diese Weise die aus Kapitel 6 bekannte gesellschaftliche Nutzen-Kosten-Formel

(8.19) $\quad NK^{0k} = \pi \cdot [z^k - z^0] - q^k \cdot y^k$.

8.6 Hicks-Maße und vorab-spezifizierte Nutzenfunktionen

Die folgenden Überlegungen beziehen sich auf die Hicksche Kompensierende Variation, gelten aber in unmittelbarer Analogie auch für die Äquivalente Variation. Aus der formalen Definition (8.3) ergibt sich die auf reine Marktpreisänderungen bezogene Kompensierende Variation (für $I^0 = I^k = I$ und $z^0 = z^k = z$) als[2]

(8.20) $\quad CVP^{0k} = I - e(p^k, z, U^0)$.

Die einzig unbekannte Größe ist hier die Ausgabenfunktion $e(p,z,U)$, die empirisch nicht unmittelbar beobachtbar ist, da sie als Argument das empirisch nicht beobachtbare Nutzenniveau U enthält.

In der Praxis behilft man sich damit, daß man eine bestimmte funktionale Form für die indirekte Nutzenfunktion $v(p,z,I)$ des betreffenden Individuums postuliert. Aus dieser ergibt sich dann durch Invertieren respektive durch Auflösen der Identität (siehe Cornes 1992)

(8.21) $\quad v(p, z, e(p, z, U)) \equiv U$

die zur Berechnung der CV benötigte Ausgabenfunktion. Zur ökonometrischen Bestimmung der persönlichen Haushaltsparameter dieser Funktionen läßt sich mit Hilfe der Roy-Identität[3]

(8.21) $\quad \dfrac{\nabla_p v (p, z, I)}{\partial v (p, z, I) / \partial I} \equiv - x(p, z, I)$

---

[2] Im folgenden wird zur Vereinfachung der Notation auf die Verwendung des Haushaltsindexes h verzichtet.

[3] Zur Herleitung und Erläuterung der Roy-Identität siehe Kreps (1990) oder Cornes (1992). Mit $\nabla_p v(\cdot)$ wird der Gradient, also der Vektor der ersten partiellen Ableitungen, der indirekten Nutzenfunktion bezüglich der Preise p bezeichnet.

das Marshall-Nachfragesystem des betrachteten Haushalts in allgemeiner Form ableiten. Auf der Basis der empirisch beobachtbaren individuellen Nachfragedaten des betrachteten Haushalts können dann die Parameter seines persönlichen Nachfragesystems ökonometrisch geschätzt werden.

Setzt man diese Parameter in die anfangs postulierte allgemeine mathematische Form der indirekten Nutzenfunktion ein, so erhält man die persönliche Nutzenfunktion des betrachteten Haushalts, die dann zur Bestimmung seiner persönlichen Ausgabenfunktion über die Identität (8.21) und zur Berechnung seiner persönlichen Kompensierenden Variation CVP^{0k} gemäß (8.20) verwendet werden kann. Der Nachteil dieses Verfahrens liegt auf der Hand: Durch die A-priori-Fixierung der funktionalen Form für die Ausgabenfunktion werden zugleich die allgemeinen Eigenschaften der Präferenzordnung eines Konsumenten extern, damit ohne Berücksichtigung seines tatsächlichen Nachfrageverhaltens, festgelegt. So wird der Untersuchung ein Großteil an Realitätsnähe genommen, und deshalb dieses Verfahren im allgemeinen als unbefriedigend empfunden.

8.7 Hicks-Maße als Integrale über die Hicks-Nachfragefunktionen

Addiert man zur Definitionsgleichung (8.3) der Kompensierenden Variation den Ausdruck $e_h(p^0, z^0, U_h^0) - I_h^0 = 0$ und berücksichtigt, daß wir hier von $I_h^0 = I_h^k$ und $z^0 = z^k = z$ ausgehen, so erhält man (wiederum bei Vernachlässigung des Haushaltsindexes h)

(8.27) $\quad CVP^{0k} = e(p^0, z, U^0) - e(p^k, z U^0)$.

Nach dem Hauptsatz der Differential- und Integralrechnung folgt daraus

(8.28) $\quad CVP^{0k} = \int_{p^k}^{p^0} \nabla_p e(p, z, U^0) \, dp$,

wobei $\nabla_p e(p,z,U)$ der Gradient der Ausgabenfunktion bezüglich der Preise p ist. Wegen Shephard's Lemma sind die partiellen Preisableitungen der Ausgabenfunktion identisch mit den Hicks-Nachfragefunktionen $\xi(p,z,U)$. Somit ergibt sich aus (8.27) die Darstellung der preisbezogenen Kompensierenden Variation CVP als Integral über die Hicks-Nachfragefunktionen für das ursprüngliche Nutzenniveau

(8.29) $\quad CVP^{0k} = - \int_{p^0}^{p^k} \xi(p, z, U^0) \, dp$.

Auf analoge Weise erhält man die Integralform für die Hickssche Äquivalente Variation.

8.8 Intertemporale Wohlfahrtsmessung

Wie in Kapitel 7 betrachten wir in diesem Abschnitt einen Haushalt, der seinen Konsum über T Perioden t = 1,2, ... ,T plant. Damit muß dieser Haushalt zum Planungszeitpunkt insgesamt N·T verschiedene Marktgütermengen festlegen. Dies führt zu dem Konsumvektor

(8.30) $\quad x = [x_1, x_2, ..., x_T]$

mit $x_t = [x_{1t}, x_{2t}, ..., x_{Nt}]$ für alle t. Unterstellen wir nun, daß der Haushalt zu einem gegebenen Marktzinssatz Ersparnisse anlegen oder Kredite aufnehmen kann, so läßt sich seine Einkommensrestriktion für den gesamten Planungshorizont als Summe der Gegenwartswerte I_t seiner Periodeneinkommen ausdrükken.

Bezeichnet man die Gegenwartswerte der Preise, die sich ohne das zu bewertende Umweltprojekt eingestellt hätten, mit p^0 und die Preise, die sich bei Durchführung des Projekts ergeben, mit p^k, so kann man wie im komparativstatischen Fall eine auf die gesamte Zeitspanne von T Perioden bezogene intertemporale Kompensierende Variation

(8.32) $\quad CV^{0k} = e(p^k, z, U^k) - e(p^k, z, U^0) = I^k - e(p^k, z, U^0)$

definieren. Hierbei bezeichnet U^0 das auf die T Perioden bezogene Nutzenniveau, das der Haushalt ohne Steuerreform realisiert hätte, während U^k das sich bei Durchführung des Umweltprojekts ergebende Nutzenniveau symbolisiert. In (8.32) wird wieder unterstellt, daß das Umweltgüterangebot z von der zu bewertenden ökologischen Steuerreform nicht tangiert wird, so daß hier $z^0 = z^k = z$ gilt. Die hier mit e(p,z,U) bezeichnete intertemporale Ausgabenfunktion beschreibt den Gegenwartswert der Ausgaben, die der betrachtete Haushalt bei Gültigkeit des Preisvektors p und der Kollektivgütermengen z mindestens tätigen müßte, um das Gesamtnutzenniveau U zu realisieren. Damit beschreibt die Differenz $I^k - e(p^k, z, U^0)$ den Gegenwartswert desjenigen Geldbetrags, den der Haushalt bei einem für ihn positiven Projekt maximal für dessen Durchführung zu zahlen bereit wäre, beziehungsweise des Geldbetrags, den man ihm mindestens als Kompensation für ein für ihn negatives Projekt geben müßte.

Analog zur Kompensierenden Variation kann man die intertemporale Äquivalente Variation als

(8.33) $\quad EV^{0k} = e(p^0, z, U^k) - e(p^0, z, U^0) = e(p^0, z, U^k) - I^0$

definieren. Sie bezeichnet den Gegenwartswert des kleinsten Geldbetrags, mit dem man einen Haushalt für den Verzicht auf ein für ihn positives Projekt kompensieren könnte, oder des größten Geldbetrags, den er für die Verhinderung eines für ihn negativen Projekts zu zahlen bereit wäre. Wegen der strengen Monotonie der intertemporalen Ausgabenfunktion im Nutzenniveau U sind sowohl die Kompensierende als auch die Äquivalente Variation theoretisch zuverlässige Wohlfahrtsmaße im Sinne der Indikatorbedingung.

Unterstellt man nun eine additiv-separable Nutzenfunktion, so läßt sich die auf eine Periode t bezogene Kompensierende Variation mit Hilfe der periodenspezifischen Ausgabenfunktionen $e_t(p_t, z, U_t)$ als

(8.34) $\quad CV_t^{0k} = e_t(p_t^k, z, U_t^k) - e_t(p_t^k, z, U_t^0)$

darstellen. Die Funktion $e_t(p_t, z, U_t)$ bezeichnet dabei den Gegenwartswert derjenigen Ausgaben, die der Haushalt bei Gültigkeit der (in Gegenwartswerten ausgedrückten) Periodenpreise p_t und der Kollektivgütermengen z mindestens tätigen muß, um in Periode t das Nutzenniveau U_t zu realisieren. Die periodenbezogene Äquivalente Variation läßt sich analog durch

(8.35) $\quad EV_t^{0k} = e_t(p_t^0, z, U_t^k) - e_t(p_t^0, z, U_t^0)$

definieren. Aus der Definition der Ausgabenfunktion folgt, daß

(8.36) $\quad \sum_{t=1}^{T} e_t(p_t^0, z, U_t^0) = I^0 \text{ und } \sum_{t=1}^{T} e_t(p_t^k, z, U_t^k) = I^k.$

Der für die Berechnung der periodenbezogenen Hicks-Maße CV_t^{0k} und EV_t^{0k} geforderte Kompensationsmechanismus verlangt, wie aus (8.24) und (8.33) hervorgeht, einen Nutzenausgleich für jede einzelne Planungsperiode t. Er ist somit erheblich restriktiver als das für die Berechnung der Gesamt-Hicks-Maße CV und EV unterstellte Kompensationsschema, das nur die intertemporalen Gesamtnutzenniveaus U^0 und U^k vorschreibt, aber keine konkreten Periodennutzenniveaus U_t postuliert. Daher kann die Summe der für die Messung der periodenbezogenen Hicks-Maße erforderlichen (fiktiven) Minimaleinkommen $e_t(p_t^k, z, U_t^0)$ beziehungsweise $e_t(p_t^0, z, U_t^k)$ nicht kleiner sein als das bei der Messung der intertemporalen Gesamtmaße unterstellte fiktive Einkommen $e(p^0,z,U^k)$ bzw. $e(p^k,z,U^0)$. Somit gilt:

(8.37) $\quad \sum_{t=1}^{T} e_t(p_t^0, z, U^k) \geq e(p^0,z,U^k)$ und $\sum_{t=1}^{T} e_t(p_t^k, z, U^0) \geq e(p^k, z, U^0)$.

Aus (8.32) bis (8.37) ergeben sich die Abschätzungen

$$\sum_{t=1}^{T} CV_t^{0k} \leq CV^{0k} \text{ und } \sum_{t=1}^{T} EV_t^{0k} \geq EV^{0k}.$$

Für einen ausführlichen und exakten Beweis dieser Zusammenhänge sei auf den Originalartikel von Blackorby, Donaldson und Moloney (1984) verwiesen.

8.9 Die Bewertung von Änderungen der Umweltqualität

Aus der Zerlegung der Kompensierenden Variation in ihre Einzeleffekte ergibt sich die Kompensierende Variation einer isolierten Änderung der Umweltqualität (ausgedrückt durch die Änderung der Umweltgütermengen z) als

(8.38) $\quad CVZ^{0k} = e(p,z^0,U^0) - e(p,z^k,U^0)$.

Falls die Ausgabenfunktion zweimal stetig differenzierbar in den Umweltgütermengen ist, kann der Hauptsatz der Differential- und Integralrechnung angewandt werden. Damit gilt

(8.39) $\quad CVZ^{0k} = \int_{z^k}^{z^0} \nabla_z e(p, z, U^0) \, dz$,

wobei $\nabla_z e(p,z,U^0)$ der Gradient der Ausgabenfunktion bezüglich der Umweltgütermengen z ist. Wendet man Shephard's Lemma auf die Umweltgütermengen an, so ergibt sich, daß die partiellen Ableitungen der Ausgabenfunktion nach den Umweltgütermengen identisch zum Negativen der Schattenpreis- beziehungsweise Zahlungsbereitschaftsfunktionen des betreffenden Haushalts sind. Für ausführlichere Erläuterungen dieser Zusammenhänge sei auf Ahlheim (1993) verwiesen.

8.10 Änderungen der Umweltqualität und schwache Komplementarität

Aus der Annahme der schwachen Komplementarität folgt, daß die zur Realisierung des (konstanten) Nutzenniveaus U erforderlichen Mindestausgaben bei Gültigkeit der jeweiligen Prohibitivpreise für beide Umweltqualitäten gleich sind, da bei diesen Preisen das Gut n nicht gekauft und der Nutzen des Individuums durch die Änderung der Umweltqualität nicht tangiert wird. Es gilt also $e(pro_n^0, p_\#, z^0, U) = e(pro_n^k, p_\#, z^k, U)$, wobei $p_\#$ den Vektor p ohne Koordinate n bezeichnet. Damit läßt sich die Kompensierende Variation einer reinen Umweltqualitätsänderung bei Konstanz des aktuellen Marktpreises p_n^a darstellen als

$$
\begin{aligned}
CVZ^{0k} &= e(p_n^a, p_\#, z^0, U) - e(p_n^a, p_\#, z^k, U) \\
(8.40) \qquad &= e(p_n^a, p_\#, z^0, U) - e(pro_n^0, p_\#, z^0, U) + \\
&\quad e(pro_n^k, p_\#, z^k, U) - e(p_n^a, p_\#, z^k, U).
\end{aligned}
$$

Wegen des Hauptsatzes der Differential und Integralrechnung ist dies gleich der Differenz

$$
(8.41) \qquad CVZ^{0k} = \int_{p_n^a}^{pro_n^k} \xi_n(p_n, p_\#, z^k, U)\, dp_n - \int_{p_n^a}^{pro_n^0} \xi_n(p_n, p_\#, z^0, U)\, dp_n\ .
$$

Für eine ausführliche Darstellung dieser Zusammenhänge siehe Mäler (1974, S. 183ff.) oder Freeman (1993, S. 105 ff.).

9. LITERATURHINWEISE

Adamowicz, W., J. Fletcher und T. Graham-Tomasi (1989): "Functional Form and the Statistical Properties of Welfare Measures." American Journal of Agricultural Economics 71:414-421.

Ahlheim, M. (1993): Zur Theorie rationierter Haushalte, Ein Beitrag über die Berücksichtigung limitierter staatlicher Subventionsprogramme in der Haushaltstheorie. Studies in Contemporary Economics, Heidelberg.

Ahlheim, M. (1994): "On the Use of the Distance Function for Measuring Welfare in Regimes with Quantity Constraints and Public Goods." In: W. Eichhorn (Hrsg.): Models and Measurement of Welfare and Inequality. Berlin.

Ahlheim, M. und J. Schneider (1996): "Altruismus und die Bewertung öffentlicher Güter, Ein Beitrag zur Kontroverse um die Kontingente Evaluierungsmethode." Erscheint in Jahrbücher für Nationalökonomie und Statistik.

Ahlheim, M. und G. Wagenhals (1988): "Exakte Wohlfahrtsmaße in der Nutzen-Kosten-Analyse." Zeitschrift für Wirtschafts- und Sozialwissenschaften 108:169-193.

Andreoni, J. (1989): "Giving with Impure Altruism: Applications to Charity and Ricardian Equivalence." Journal of Political Economy 97:1447-1458.

Arrow, K. (1974): "Gifts and Exchanges." Philosophy and Public Affairs 1:343-362.

Arrow, K. and R. Solow (1993): Report of the NOAA Panel on Contingent Valuation. Washington.

Ayres, R. (1995): "Thermodynamics and Process Analysis for Future Economic Scenarios." Environmental and Resource Economics 6:207-230.

Ayres, R. und A. Kneese (1989): "Externalities: Economics and Thermodynamics." In: F. Archibugi und P. Nijkamp (Hrsg.): Economy and Ecology: Towards Sustainable Development. Dordrecht.

Baumol, W. und W. Oates (1971): "The Use of Standards and Prices for Protection of the Environment." Swedish Journal of Economics 73:160-173.

Becker, G.S. (1965): "A Theory of the Allocation of Time." Economic Journal 75:493-517.

Becker, G.S. (1983): "A Theory of Competition Among Pressure Groups for Political Influence." Quaterly Journal of Economics 97:371-400.

Becker, G.S. und G.J. Stigler (1977): "De Gustibus non est Disputandum." American Economic Review 67:76-90.

Bernholz, P. und F. Breyer (1993): Grundlagen der Politischen Ökonomie I. Tübingen.

Binswanger, H.C., M. Faber und R. Manstetten (1990): "The Dilemma of Modern Man and Nature: An Exploration of the Faustian Imperative." Ecological Economics 2:197-223.

Binswanger, M. (1994): "Das Entropiegesetz als Grundlage einer ökologischen Ökonomie." In: F. Beckenbach und H. Diefenbacher (Hrsg.): Zwischen Entropie und Selbstorganisation. Marburg.

Birnie, P.W. und A.E. Boyle (1992): International Law and the Environment. Oxford.

Bishop, R.C. und T.A. Heberlein (1979): "Measuring Values of Extra-Market Goods: Are Indirect Measures Biased?" American Journal of Agricultural Economics 61:926-930.

Bishop, R.C., P.A. Champ und D.J. Mullarkey (1995): "Contingent Valuation." In: D.W Bromley (Hrsg.): The Handbook of Environmental Economics. Cambridge.

Blackorby, C. und D. Donaldson (1988): "Money Metric Utility: A Harmless Normalization?" Journal of Economic Theory 46:120-129.

Blackorby, C., D. Donaldson und D. Moloney (1984): "Consumer's Surplus and Welfare Change in a Simple Dynamic Model." Review of Economic Studies 60:171-176.

Blinder, A.S. (1987): Hard Heads, Soft Heads. Reading.

Blundell, R., P. Pashardes und G. Weber (1993): "What Do We Learn About Consumer Demand Patterns From Micro Data?" American Economic Review 83: 570-597.

Boadway, R.W. (1974): "The Welfare Foundations of Cost-Benefit Analysis." Economic Journal 84:926-939.

Bockstael, N.E. (1995): "Travel Cost Models." In: D.W. Bromley (Hrsg.): The Handbook of Environmental Economics. Cambridge.

Bockstael, N.E., K.E. McConnell und I. Strand (1991): "Recreation." In: J.B. Braden und C.D. Kolstad (Hrgs.): Measuring the Demand for Environmental Quality. Amsterdam.

Bonus, H. (1991): Umweltpolitik in der sozialen Marktwirtschaft. Manuskript, Fachtagung Umweltökonomie, Mannheim 1.5. - 3.5.1991.

Bornschier, V. (1988): Westliche Gesellschaft im Wandel. Frankfurt am Main.

Bovenberg, A.L. und R.A. de Mooij (1994): "Environmental Levies and Distortionary Taxation." American Economic Review 84:1085-1089.

Brennan, G. und J.M. Buchanan (1983): "Predictive Power and the Choice among Regimes." Economic Journal 93:89-105.

Breslaw, J.A.und J.B. Smith (1995a): "A Simple and Efficient Method for Estimating the Magnitude and Precision of Welfare Changes." Journal of Applied Econometrics 10:313-327.

Breslaw, J.A. und J.B. Smith (1995b): "Measuring Welfare Changes When Quantity is Constrained." Journal of Business and Economic Statistics 13:95-103.

Buchanan, J.M. (1975): The Limits of Liberty. Between Anarchy and Leviathan. Chicago.

Buchanan, J.M. und G. Tullock (1975): "Polluter's Profits and Political Response: Direct Control versus Taxes." American Economic Review 65:139-147.

Cansier, D. (1993): Umweltökonomie. Stuttgart.

Carson, R.T. (1991): "Constructed Markets." In: J.B. Braden und C.D. Kolstad (Hrgs.): Measuring the Demand for Environmental Quality. Amsterdam.

Carson, T.R. und R.C. Mitchell (1989): Using Surveys to Value Public Goods: The Contingent Valuation Method. Resources for the Future. Washington.

Carson, T.R. und R.C. Mitchell (1993): "Contingent Valuation in the Legal Arena." In: R.J. Kopp und V.K. Smith (Hrsg.): Valuing Natural Assets. Resources for the Future. Washington.

Chavas, J.-P. (1991): "On Welfare Analysis under Temporal Uncertainty." Land Economics 67:37-48.

Chichilnisky, G. (1994): "North-South and the Gobal Environment." American Economic Review 84:851-874.

Ciriacy-Wantrup, S.V. (1947): "Capital Returns from Soil-Conservation Practices." Journal of Farm Economics 29:1188-1190.

Clawson, M. (1959): Methods of Measuring the Demand for and Value of Outdoor Recreation. Washington.

Clawson, M. und J.L. Knetsch (1966): Economics of Outdoor Recreation. Baltimore and London.

Common, M.S., R.K. Blamey und T.W. Norton (1993): "Sustainability and Environmental Valuation." Environmental Values 2:299-334.

Cornes, R. (1992): Duality and Modern Economics. Cambridge.

Coase, R.H. (1960): "The Problem of Social Cost." Journal of Law and Economics 3:1-44.

Dales, J. (1968): Pollution, Property and Prices. Toronto.

D'Arge, R., W.D. Schulze und D.S. Brookshire (1982): "Carbon Dioxide and Intergenerational Choice." American Economic Review 72:251-256.

D'Arge, R. (1993): "Making Time with CERCLA: Assessing the Effect of Time on Damages from Hazardous Wastes." In: R.J. Kopp und V.K. Smith (Hrsg.): Valuing Natural Assets. Resources for the Future. Washington.

Dasgupta, P. (1982): The Control of Resources. Cambridge.

Davis, R. (1963): The Value of Outdoor Recreation: An Economic Study of the Maine Woods. Harvard.

De Borger, B. (1989): "Estimating the Welfare Implications of In-Kind Government Programs, A General Numerical Approach." Journal of Public Economics 38:215-226.

Der Rat von Sachverständigen für Umweltfragen (1991): Abfallwirtschaft. Metzler-Poeschel, Stuttgart.

Desvousges, W.H., F.R. Johnson, R.W. Dunford, K.J Boyle, S. Hudson und K. Wilson (1993): "Measuring Natural Resource Damages with Contingent Valuation: Tests of Validity and Reliability." In J.A. Hausman (Hrsg.): Contingent Valuation: A Critical Assessment. Amsterdam.

Diamond, P.A. und J.A. Hausman (1994): "Contingent Valuation: Is Some Number Better Than No Number?" Journal of Economic Perspectives 8:45-64.

Diekmann, A. und A. Franzen (Hrsg.) (1995): Kooperatives Umwelthandeln: Modelle, Erfahrungen, Massnahmen. Chur.

Diekmann, A. und P. Preisendörfer (1992): "Persönliches Umweltverhalten. Diskrepanz zwischen Anspruch und Wirklichkeit." Kölner Zeitschrift für Soziologie und Sozialpsychologie 44:226-251.

Ebeling, W. (1991): "Modelle der Selbstorganisation in ökologischen und ökonomischen Systemen." In: F. Beckenbach (Hrsg.): Die ökologische Herausforderung für die ökonomische Theorie. Marburg.

Endres, A. (1976): Die pareto-optimale Internalisierung externer Effekte. Frankfurt und Bern.

Endres, A. (1994): Umweltökonomie: Eine Einführung. Darmstadt.

Faber, M., R. Mannstetten und J.L.R. Proops (1994): Knowledge, Will and the Environment. Diskussionsschrift Nr.205, Wirtschaftswissenschaftliche Fakultät, Heidelberg.

Faber, M., H. Niemes und G. Stephan (1987): Entropy, Environment and Resources (1st Edition). Heidelberg.

Faber, M., H. Niemes und G. Stephan (1995): Entropy, Environment and Resources (2nd Edition). Heidelberg.

Faber, M. und G. Stephan (1987): "Umweltschutz und Technologiewandel." In: R. Henn (Hrsg.): Technologie, Wachstum und Beschäftigung. Heidelberg.

Faber, M., G. Stephan und P. Michaelis (1989): Umdenken in der Abfallwirtschaft (2te Auflage). Heidelberg.

Field, B.C. (1994): Environmental Economics: An Introduction. New York.

Freeman III, A.M. (1991): "Welfare Measurement and the Benefit-Cost Analysis of Projects Affecting Risks." Southern Economic Journal 58:65-76.

Freeman III, A.M. (1993): The Measurement of Environmental and Resource Values, Theory and Methods. Washington.

Freeman III, A.M. (1993a): "Nonuse Values in Natural Resource Damage Assessment." In: R.J. Kopp und V.K Smith (Hrsg.): Valuing Natural Assets. Resources for the Future. Washington.

Freeman III, A.M. (1995): "Hedonic Pricing Methods." In: D.W. Bromley (Hrsg.): The Handbook of Environmental Economics. Cambridge.

Frey, B.S. (1990): Ökonomie ist Sozialwissenschaft. München.

Frey, B.S. (1992): "Pricing and Regulating Affect Environmental Ethics." Environmental and Resource Economics 4:399-414.

Frey, B.S. und I. Busenhart (1995): "Umweltpolitik: Ökonomie oder Moral." In: A. Diekmann und A. Franzen (Hrsg.): Kooperatives Umwelthandeln: Modelle, Erfahrungen, Massnahmen. Chur.

Frey. R.L. (1993): "Strategien und Instrumente." In: R.L. Frey, E. Staehelin-Witt und H. Blöchlinger (Hrsg.): Mit Ökonomie zur Ökologie (2te Auflage). Basel.

Frey R.L, E. Staehelin-Witt und H. Blöchlinger (Hrsg.) (1993): Mit Ökonomie zur Ökologie (2te Auflage). Basel.

Fritsch, B. (1993): Mensch-Umwelt-Wissen: Evolutionsgeschichtliche Aspekte des Umweltproblems. Stuttgart.

Gerthsen, Ch. (1964): Physik. Heidelberg.

Gessner, W. und R. Kaufmann-Hayoz (1995): "Die Kluft zwischen Wollen und Können." In: U. Fuhrer (Hrsg.): Ökologisches Handeln als sozialer Prozess. Basel.

Goodin, R (1980): "Making Moral Incentives Pay." Policy Science 12:131-145.

Goulder, L. (1995): "Environmental Taxation and the "Double Dividend": A Reader's Guide." In: L. Bovenberg und S. Cnossen (Hrsg): Public Economics and the Environment in an Imperfect World. Dordrecht.

Graham, D.A. (1981): "Cost-Benefit Analysis under Uncertainty." American Economic Review 71:715-725.

Graham, D.A. (1992): "Public Expenditure under Uncertainty: The Net-Benefit Criteria." American Economic Review 82:822-846.

Griliches, Z. (1971): Price Indexes and Quality Change. Cambridge.

Güth, W. (1992): Theorie der Marktwirtschaft. Heidelberg.

Güth, W. (1994): "How to Avoid Intrapersonal Strategic Conflicts in Game Theory?" In: H. Brandstätter und W. Güth (Hrsg.): Essays on Economic Psychology. Heidelberg.

Güth, W., W. Leininger und G. Stephan (1991): "On Supergames and Folk Theorems: A Conceptual Discussion." In: R. Selten (Hrsg.): Game Equilibrium Models II: Methods, Morals, and Markets. Heidelberg.

Haber, W. (1993): Ökologische Grundlagen des Umweltschutzes. Bonn.

Hampicke, U. (1992): Ökologische Ökonomie: Individuum und Natur in der Neoklassik - Natur in der ökonomischen Theorie: Teil 4. Opladen.

Hanemann, W.M. (1994): "Valuing the Environment Through Contingent Valuation." Journal of Economic Perspectives 8:19-43.

Hansmeyer, K.-H. (1993): "Das Spektrum umweltpolitischer Instrumente." In: H. König (Hrsg.): Umweltverträgliches Wirtschaften als Problem von Wissenschaft und Politik. Schriften des Vereins für Socialpolitik, Band 224. Berlin.

Hansmeyer, K.-H. und K.-K. Schneider (1990): Umweltpolitik. Ihre Fortentwicklung unter marktsteuernden Aspekten. Göttingen.

Hanusch, H. (1987): Nutzen-Kosten-Analyse. München.

Harberger, A.C. (1964): "Taxation, Resource Allocation, and Welfare." In: J. Due (Hrsg.): The Role of Direct and Indirect Taxes in the Federal Revenue System. Princeton.

Hartwick, J. und N. Olewiler (1986): The Economics of Natural Resource Use. New York.

Hausman, J.A. (1981): "Exact Consumer's Surplus and Deadweight Loss." American Economic Review 71:662-676.

Hausman, J.A. (Hrsg.) (1993): Contingent Valuation: A Critical Assessment. Amsterdam.

Hawking, S.W. (1988): A Short Story of Time. New York.

Heinemann, V. (1994): "Zur Überführbarkeit des Entropiekonzepts in die Ökonomie." In: F. Beckenbach und H. Diefenbacher (Hrsg.): Zwischen Entropie und Selbstorganisation. Marburg.

Hicks, J.R. (1939a): Value and Capital. London.

Hicks, J.R. (1939b): "Foundations of Welfare Economics." Economic Journal 49:696-712.

Hicks, J.R. (1942): "Consumer's Surplus and Index Numbers." Review of Economic Studies 9:126-137.

Hildenbrand, W. und A.P. Kirman (1988): Equilibrium Analysis. Amsterdam.

Hoevenagel, R. (1994a): "An Assessment of the Contingent Valuation Method." In: R. Pethig (Hrsg.): Valuing the Environment: Methodological and Measurement Issues. Dordrecht.

Hoevenagel, R. (1994b): "A Comparison of Economic Valuation Methods." In: R. Pethig (Hrsg.): Valuing the Environment: Methodological and Measurement Issues. Dordrecht.

Höffe, O. (1995): "Individuum und Gemeinsinn: Thesen zur Sozialethik des 21. Jahrhunderts." NZZ 116:65-66.

Horowitz, J.L. (1984): "Estimating Compensating and Equivalent Income Variations from Hedonic Price Models." Economics Letters 14:303-308.

Horwich, P. (1987): Asymmetries in Time, Problems in the Philosophy of Science. Cambridge.

Jevons, W.St. (1871): The Theory of Political Economy. London.

Johansson, P.-O. (1987): The Economic Theory and Measurement of Environmental Benefits. Cambridge.

Johansson, P.-O. (1993): Cost-Benefit Analysis of Environmental Change. Cambridge.

Johansson, P.-O. (1994): "Valuation and Aggregation." In: R. Pethig. (Hrsg.): Valuing the Environment: Methodological and Measurement Issues. Dordrecht.

Kahneman, D., J.L. Knetsch und R.H. Thaler (1990): "Experimental Tests of the Endowment Effect and the Coase-Theorem." Journal of Political Economy 98:1325-1348.

Kahneman, D. und J.L. Knetsch (1992): "Valuing Public Goods: The Purchase of Moral Satisfaction." Journal of Environmental Economics and Management 22:57-70.

Kahil, E. (1989): Besprechung von Faber, Niemes und Stephan (1987). Journal of Economic Literature 27:647-649.

Kaldor, N. (1939): "Welfare Propositions in Economics." Economic Journal 49:549-552.

Kling, C. (1992): "Some Results on the Variance of Welfare Estimates from Recreation Demand Models." Land Economics 68:318-328.

Knetsch, J.L. (1994): "Environmental Valuation: Some Problems of Wrong Questions and Misleading Answers." Environmental Values 3:351-368.

Klibanoff, P. und J. Morduch (1995): "Decentralization, Externalities and Efficiency." Review of Economic Studies 62:223-347.

Kloepfer, M., E. Rehbinder und E. Schmidt-Assmann (1990): Umweltgesetzbuch: Allgemeiner Teil. Berlin.

Kreps, D. (1990): A Course in Microeconomic Theory. Cambridge.

Krutilla, J. (1967): "Conservation Reconsidered." American Economic Review 56:777-786.

Kümmel, R. (1980): Growth Dynamics and the Energy Dependent Economy. Mathematical Systems in Economics. Königstein.

Lancaster, K. (1966): "A New Approach to Consumer Theory." Journal of Political Economy 74:132-157.

Lankford, R.H. (1988): "Measuring Welfare Changes in Settings with Imposed Quantities." Journal of Environmental Economics and Management 15:45-63.

Madariaga, B. und K.E. McConnell. (1987): "Exploring Existence Value." Water Resources Research 23:936-942.

Mäler, K.-G. (1974): Environmental Economics: A Theoretical Inquiry. Baltimore.

Maltus, T. (1798): An Essay on the Principle of Population. London.

Manne, A.S. (1985): "On the Formulation and Solution of Economic Equilibrium Models." In: A.S. Manne (Hrsg.): Mathematical Programming Study 23. Amsterdam.

Manne, A.S. (1994): "Greenhouse Gas Abatement - toward Pareto-Optimality in Integrated Assessments." Working Paper, Department of Operations Research, Stanford University.

Marshall, J.M. (1989): "Welfare Analysis under Uncertainty." Journal of Risk and Uncertainty 2:385-403.

McKenzie, G.W. (1983): Measuring Economic Welfare: New Methods. Cambridge.

McKenzie, G.W. und D. Ulph (1986): "Exact Welfare Measures." Economic Perspectives 4:1-43.

Meier, C.E. und A. Randall (1991): "Use Value under Uncertainty: Is there a "Correct" Measure?" Land Economics 67:379-389.

Milgrom, P. (1993): "Is Sympathy an Economic Value? Philosophy, Economics, and the Contingent Valuation Method." In: J.A. Hausman (Hrsg): Contingent Valuation: A Critical Assessment. Amsterdam.

Morey, E.R. (1981): "The Demand for Site-Specific Recreational Activities: A Characteristics Approach." Journal of Environmental Economics and Management 8:345-371.

Morey, E.R. (1985): "Characteristics, Consumer Surplus, and New Activities, A Proposed Ski Area." Journal of Public Economics 26:221-236.

Mauch, S.,P., R.Iten, E.U. von Weizsäcker und J. Jesinghaus (1992): Ökologische Steuerreform. Zürich.

Müller-Fürstenberger, G. (1995): Kuppelproduktion: Eine theoretische und empirische Analyse am Beispiel der chemischen Industrie. Heidelberg.

Müller-Fürstenberger, G. und G. Stephan (1996): "Environmental Policy and International Cooperation: Introduction and Overview." Erscheint in Structural Change and Economic Dynamics.

Myerson, R.B. (1991): Game Theory: Analysis of Conflict. Cambridge.

Myerson, R.B. und M.A. Satterthwaite (1983): "Efficient Mechanisms for Bilateral Trading." Journal of Economic Theory 29:265-281.

Newbery, P. (1989): "Missing Markets. Consequences and Remedies." In: F. Hahn (Hrsg.): The Economics of Missing Markets, Information and Games. London.

Nickerson, C.A. (1995): "Does Willingness to Pay Reflect the Purchase of Moral Satisfaction? A Reconsideration of Kahneman and Knetsch." Journal of Environmental Economics and Management 28:126-133.

Nicolis, O. und I. Prigogine (1977): Self-Organization in Non-Equilibrium Systems. New York.

Opschoor, J. (1986): Economic Instruments for Environmental Protection in the Netherlands. ENV/ECO/86.15, OECD.

Palmquist, R.B. (1991): "Hedonic Methods." In: J.B. Braden und C.D. Kolstad (Hrsg.): Measuring the Demand for Environmental Quality. Amsterdam.

Pfister, C. (1995): "Das "1950er Syndrom": Die umweltgeschichtliche Epochenschwelle zwischen Industriegesellschaft und Konsumgesellschaft." In: C. Pfister (Hrsg.): Das 1950er Sydrom: Der Weg in die Konsumgesellschaft. Bern.

Phlips, L. (1983): Applied Consumption Analysis. Revised and Enlarged Edition. Amsterdam.

Pigou, A.,C. (1932): The Economics of Welfare (3te Auflage). London.

Pollak, R.A. (1978): "Welfare Evaluation and the Cost-of-Living Index in the Household Production Model." American Economic Review 68:285-299.

Pommerehne, W.W. (1987): Präferenzen für öffentliche Güter, Ansätze zu ihrer Erfassung. Tübingen.

Querner, I. (1994): "The Need for Alternatives to the Expected Utility Approach in Environmental Risk Economics or 'Who is Afraid of Russian Roulette?'" In: R. Pethig (Hrsg.): Valuing the Environment: Methodological and Measurement Issues. Dordrecht.

Randall, A. (1991): "Total and Nonuse Values." In: J.B. Braden und C.D. Kolstad (Hrsg.): Measuring the Demand for Environmental Quality. Amsterdam.

Rawls, J. (1972): A Theory of Justice. Oxford.

Ready, R.C. (1995): "Environmental Valuation under Uncertainty." In: D. Bromley (Hrsg.): The Handbook of Evironmental Eonomics. Cambridge.

Reichmann, H. (1994): Umweltabgaben. Frankfurt am Main.

Ricardo, D. (1817): Principles of Political Economy and Taxation. London.

Richter, W. und W. Wiegard: "Zwanzig Jahre „Neue Finanzwissenschaft" - Teil I: Überblick und Theorie des Marktversagens." Zeitschrift für Wirtschafts- und Sozialpolitik 113:169-224.

Ridker, R.G. (1967): Economic Costs of Air Pollution: Studies In Measurement. New York.

Rosen, H.S. (1974): "Hedonic Prices and Implicit Markets: Product Differentiation in Pure Competition." Journal of Political Economy 82:34-55.

Ruth, M. (1995): "Thermodynamic Implications for Natural Resource Extraction and Technical Change in U.S. Copper Mining." Environmental and Resource Economics 6:187-206.

Sagoff, M. (1988): The Economy of the Earth. Cambridge.

Sagoff, M. (1994): "Four Dogmas of Environmental Economics." Environmental Values 3:285-310.

Samuelson, P.A. und S. Swamy (1974): "Invariant Economic Index Numbers and Canonical Duality: Survey and Synthesis." American Economic Review

64:566-593.

Schelling, T. (1983): Incentives for Environmental Protection. Cambridge.

Schkade, D.A. und J.W. Payne (1994): "How People Respond to Contingent Valuation Questions: A Verbal Protocol Analysis of Willingness to Pay for an Environmental Regulation." Journal of Environmental Economics and Management 26:88-109.

Schöb, R. (1994): "Zur Bedeutung des Ökosteueraufkommens: Die Double-Dividend-Hypothese." Zeitschrift für Wirtschafts- und Sozialwissenschaften 115:93-117.

Schöb, R. (1995): Ökologische Steuersysteme: Umweltökonomie und optimale Besteuerung. Frankfurt am Main.

Schrödinger, E. (1944): What is Life? Cambridge.

Schwab, R.M. (1985): "The Benefits of In-Kind Government Programs." Journal of Public Economics 27:195-210.

Schweizer, U. (1988): "Externalities and the Coase-Theorem: Hypothesis or Result?" Journal of Institutional and Theoretical Economics 144:245-266.

Scitovsky, T. (1941): "A Note on Welfare Propositions in Economics." Review of Economic Studies 9:77-88.

Shechter, M. und S. Freeman (1994): "Nonuse Value: Reflections on the Definition and Measurement." In: R. Pethig (Hrsg.): Valuing the Environment: Methodological and Measurement Issues. Dordrecht.

Smith, V.K. (1991): "Household Production Functions and Environmental Benefit Estimation." In: J.B. Braden und C.D. Kolstad (Hrsg.): Measuring the Demand for Environmental Quality. Amsterdam.

Smith, V. K. (1993): "Welfare Effects, Omitted Variables, and the Extent of the Market." Land Economics 69:121-131.

Smith, V. K. und W.H. Desvousges (1986): Measuring Water Quality Benefits. Boston.

Smith, V.K. und J.C. Huang (1993): "Hedonic Models and Air Pollution: Twenty-five Years and Counting." Environmental and Resource Economics 3:381-394

Solow, R.M. (1986): "On the Intergenerational Allocation of Natural Resources." Scandinavian Journal of Economics 88:141-149.

Stahmer, C. (1992): "Integrierte Volkswirtschaftliche und Umweltgesamtrechnung." Wirtschaft und Statistik 9:577 ff.

Stahmer, C. (1993): "Umweltbezogene Erweiterungen der Volkswirtschaftlichen Gesamtrechnungen: Die Konzeption der Vereinten Nationen mit Input-Output-Anwendungen." In: H. Schnabl (Hrsg.): Ökointegrative Gesamtrechnung - Ansätze, Probleme, Prognosen. Berlin.

Stahmer, C. (1996): "Ökologie und Volkswirtschaftliche Gesamtrechnungen." Erscheint in Bertelsmann Stiftung (Hrsg.), Ökologie und Marktwirtschaft.

Stähler, F. (1991): Kollektive Umweltnutzung und individuelle Bewertung. Heidelberg.

Stephan, G. (1988): "Minderschätzung künftiger Bedürfnisse. Zur Formalisierung eines psychologischen Phänomens." Jahrbücher für Nationalökonomie und Statistik 205:348-362.

Stephan, G. (1989): Pollution Control, Economic Adjustment and Long-Run Equilibrium. Heidelberg.

Stephan, G. (1991): "Ökologisch orientierte Wirtschaftsforschung heute: Was kann ein entropie-theoretisch orientierter Ansatz leisten?" In: F. Beckenbach (Hrsg.): Die ökologische Herausforderung für die ökonomische Theorie. Marburg.

Stephan, G. (1992): "Entropie, Umweltschutz und Rohstoffverbrauch: Ein thermodynamischer Ansatz in der Umweltökonomik." In: M. von Hauf und U. Schmid (Hrsg.): Ökonomie und Ökologie. Stuttgart.

Stephan, G. (1992a): "Environmental Regulations and Innovation." In: T. Sterner (Hrsg.): International Energy Economics. London.

Stephan, G. (1992b): "Ökonomische Aspekte des Abfallproblems: die Abfallabgabe als Instrument zur Mengenreduktion." In: Bayerische Akademie der Wissenschaften (Hrsg): Stand und Entwicklungsmöglichkeiten der Verwertung von Müll. München.

Stephan, G., R. van Nieuwkoop und T. Wiedmer (1992): "Social Incidence and Economic Costs of Carbon Limits: A Computable Equilibrium Analysis for Switzerland." Environmental and Resource Economics 2:569-591.

Stephan, G. (1995): "Das "1950er Syndrom" und Handlungsspielräume: Eine wirtschaftswissenschaftliche Betrachtung." In: C. Pfister (Hrsg.): Das 1950er Sydrom: Der Weg in die Konsumgesellschaft. Bern.

Stephan, G. (1995a): Introduction into Capital Theory: A neo-Austrian Perspective. Heidelberg.

Stephan, G. (1995b): "Ökonomie der Abfallwirtschaft." In: M. Junkernheinrich, P. Klemmer und G.R. Wagner (Hrsg.): Handbuch zur Umweltökonomie. Berlin.

Stephan, G. und D. Imboden (1995): "Laissez-faire, Kooperation oder Alleingang: Klimapolitik in der Schweiz." Schweizerische Zeitschrift für Volkswirtschaft und Statistik 131:203-226.

Stephan, G., S. Steffen und T. Wiedmer (1994): "Umwelt, Bewußtsein und Handeln: eine ökonomische Analyse." GAIA 3:36-43.

Stokes, K.M. (1994): Man and the Biosphere: Toward a Coevolutionary Political Economy. New York.

Streissler, E. (1993) "Das Problem der Internalisierung." In: H. König (Hrsg.): Umweltverträgliches Wirtschaften als Problem von Wissenschaft und Politik, Schriften des Vereins für Socialpolitik, Band 224. Berlin.

Svento, R. (1994): "Welfare Measurement under Uncertainty." In: R. Pethig (Hrsg.): Valuing the Environment: Methodological and Measurement Issues. Dordrecht.

Swap, W.P (1991): "Psychological Factors in Environmental Decision Making: Social Dilemmas." In: R.A. Chechile und S. Carlisle (Hrsg.): Environmental Decision Making: A Multidisciplinary Perspective. New York.

Tanner, C. und K. Foppa (1995): "Wahrnehmung von Umweltproblemen." In: A. Diekmann und A. Franzen (Hrsg.): Kooperatives Umwelthandeln: Modelle, Erfahrungen, Massnahmen. Chur.

Turner, K., D. Pearce and I. Bateman (1994): Environmental Economics: A Elementary Introduction. Cornwall.

Umweltbundesamt (1989): Daten zur Umwelt 1988/1989. Berlin.

Varian, H. (1984): Microeconomic Analysis. New York.

Vartia, Y.O. (1983): "Efficient Methods of Measuring Welfare Change and Compensated Income in Terms of Ordinary Demand Functions." Econometrica 51:79-98.

Wegehenkel, L. (1991): "Evolution von Wirtschaftssystemen und Internalisierungshierarchie." In: H.-J. Wagner (Hrsg.): Anpassung durch Wandel, Evolution und Transformation von Wirtschaftssystemen. Berlin.

Weimann, J. (1991): Umweltökonomik: Eine theoretische Einführung (2te Auflage). Heidelberg.

Weinberg, S. (1993): Dreams of a Final Theory. New York.

Weisbrod, B.A. (1964): "Collective-Consumption Services of Individual-Consumption Goods." Quarterly Journal of Economics 78:471-477.

Weizsäcker, C.F.von und E.L. von Weizsäcker (1984): "Fehlerfreundlichkeit." In: K. Kornwachs (Hrsg.): Offenheit, Zeitlichkeit, Komplexität. Zur Theorie der offenen Systeme. Frankfurt.

Wenke, M. (1993): Konsumstruktur, Umweltbewußtsein und Umweltpolitik. Berlin.

Wiedmer, T. (1993): "Handelbare CO2-Emissionszertifikate: eine kritische Anmerkung." Zeitschrift für angewandte Umweltforschung 6:556-563.

Whitehead, J.C., G.C. Blomquist, T.J. Hoban und W.B. Clifford (1995): "Assessing the Validity and Reliability of Contingent Values: A Comparison of On-Site Users, Off-Site Users, and Non-Users." Journal of Environmental Economics and Management 29:238-251.

Young, M.D. (1992): Sustainable Investment and Resource Use. UNESCO, Carnforth.

H. Wagner
Europäische Wirtschaftspolitik
Perspektiven einer Europäischen Wirtschafts- und Währungsunion (EWWU)

1995. XI, 278 S. 12 Abb., 6 Tab. Brosch.
DM/sFr **39,80**; öS 290,60. ISBN 3-540-60238-0

Dieses Lehrhandbuch behandelt die makroökonomischen Auswirkungen und die wirtschaftspolitisch-institutionellen Vorkehrungen einer Europäischen Wirtschafts- und Währungsunion und zeigt ihre Chancen und Risiken auf.

P.J.J. Welfens
Grundlagen der Wirtschaftspolitik
1995. XVIII, 529 S. 57 Abb. Brosch. DM **55,-**; öS 429,-; sFr 53,- ISBN 3-540-59289-X

Wirtschaftspolitik als Gestaltung der nationalen bzw. internationalen Wirtschaftsordnung und als Auseinandersetzung mit den Problemen offener Volkswirtschaften steht im Mittelpunkt dieses Buches. Internationale Organisationen, neuere theoretische Ansätze, wirtschaftspolitische Entscheidungsprozesse und Aspekte der neuen politischen Ökonomie werden behandelt.

A. Heertje, H.-D. Wenzel
Grundlagen der Volkswirtschaftslehre
4., durchges. u. aktualisierte Aufl. 1993. XVI, 423 S. 119 Abb., 34 Tab. Brosch. DM/sFr **39,80**; öS 310,50. ISBN 3-540-57147-7

Dieses einführende Lehrbuch bietet eine systematische Darstellung aller relevanten Gebiete der Volkswirtschaftslehre.

G. Tichy
Konjunkturpolitik
Quantitative Stabilisierungspolitik bei Unsicherheit

3., neubearb. Aufl. 1995. XIII, 361 S. 50 Abb., 23 Tab. Brosch. DM/sFr **45,-**; öS 351,-.
ISBN 3-540-59234-2

Dieses Lehrbuch gibt einen Überblick über die moderne Konjunkturpolitik. Es stellt die traditionellen Konzepte dar und liefert eine Diskussion ihrer Wirksamkeit im Lichte der neuesten Konjunkturtheorie. Aktueller Diskussionsstand und die Quantifizierung der Aussagen in Verbindung mit Praxisnähe zeichnen dieses Lehrbuch aus.

J. Weimann
Wirtschaftspolitik
Allokation und kollektive Entscheidung

1996. XVIII, 409 S. 55 Abb. Brosch. DM/sFr **45,-**; öS 328,50; sFr 45,- ISBN 3-540-60859-1

Das Buch befaßt sich mit Wirtschaftspolitik, allokationstheoretischen Fundierung und der Frage, welche prinzipiellen Möglichkeiten für rationale kollektive Entscheidungen bestehen. Dabei wird einerseits eine konsistente ökonomische Sicht „rationaler Politik entwickelt, andererseits werden auch die Grenzen des Ansatzes nicht verschwiegen.

Preisänderungen vorbehalten.

B. Felderer, S. Homburg

Makroökonomik und neue Makroökonomik

6., verb. Aufl. 1994. XV, 455 S. 97 Abb. Brosch.
DM/sFr **39,80**; öS 310,50. ISBN 3-540-57553-7

B. Felderer, S. Homburg

Übungsbuch Makroökonomik

3., verb. Aufl. 1993. VIII, 145 S. 38 Abb. Brosch.
DM/sFr **19,80**; öS 154,50. ISBN 3-540-56701-1

H. Hanusch, T. Kuhn

Einführung in die Volkswirtschaftslehre

Unter Mitarbeit von A. Greiner, F. Kugler

3., überarb. Aufl. 1994. XVI, 468 S. 167 Abb. Brosch.
DM/sFr **45,-**; öS 351,-. ISBN 3-540-58568-0

Das vorliegende Lehrbuch präsentiert eine leicht verständliche und moderne Einführung in die Volkswirtschaftslehre, die den Zugang zu anschließenden Spezialvorlesungen erleichtern soll.

H. Hanusch, T. Kuhn, A. Greiner

Arbeitsbuch zur Einführung in die Volkswirtschaftslehre

1995. VII, 181 S. 18 Abb. Brosch. DM/sFr **25,-**;
öS 195,-. ISBN 3-540-59249-0

Dieses Übungsbuch ist als Ergänzung zu dem Lehrbuch „Einführung in die Volkswirtschaftslehre" konzipiert und soll dem Studenten die Möglichkeit geben, den dort behandelten Lehrstoff zu vertiefen und anzuwenden.

H.-P. Spahn

Makroökonomie

Theoretische Grundlagen und stabilitätspolitische Strategien

1996. X, 328 S. 93 Abb., 21 Tab. Brosch.
DM/sFr **39,80**; öS 290,60 ISBN 3-540-60700-5

Dieses Buch behandelt folgende Themenbereiche: Die Bestimmung von Produktion und Beschäftigung durch Vermögensdispositionen, Einkommensverwendung und Aktionen der Geld- und Fiskalpolitik; Ursachen, Konsequenzen und Bekämpfungsmöglichkeiten der Inflation; mikroökonomische Funktionsprobleme des Arbeitsmarktes und makroökonomische Steuerungsmöglichkeiten des Beschäftigungsniveaus; die durch Außenwirtschaftsbeziehungen begründeten Einflüsse auf die inländische Wirtschaftsentwicklung und den Handlungsspielraum der nationalen Wirtschaftspolitik; Probleme der Wahl und Funktionsweise wirtschaftspolitischer Strategien.

J. Weimann

Umweltökonomik

Eine theorieorientierte Einführung

3., überarb. u. erw. Aufl. 1995. XIV, 325 S. 22 Abb., 5 Tab. Brosch. DM/sFr **45,-**; öS 351,- ISBN 3-540-58764-0

Aus den Besprechungen der Vorauflagen: „Ein frisches und klares Buch, das ökonomisch kompetent analysiert und sein ökologisches Engagement nicht verhehlt."

(Holger Bonus) *Frankfurter Allgemeine Zeitung*

■ ■ ■ ■ ■ ■ ■ ■ ■

Preisänderungen vorbehalten.

DRUCK: STRAUSS OFFSETDRUCK, MÖRLENBACH
BINDEN: SCHÄFFER, GRÜNSTADT

MIX
Papier aus verantwortungsvollen Quellen
Paper from responsible sources
FSC® C105338

If you have any concerns about our products,
you can contact us on
ProductSafety@springernature.com

In case Publisher is established outside the EU,
the EU authorized representative is:
**Springer Nature Customer Service Center GmbH
Europaplatz 3, 69115 Heidelberg, Germany**

Printed by Libri Plureos GmbH
in Hamburg, Germany